Inhaltsverzeichnis

Vorwort

Als ich den „Herr der Ringe" vor 14 Jahren das erste Mal las, ahnte ich noch nicht, dass diese Erzählung um das Abenteuer von neun Gefährten, die ausziehen, um Mittelerde zu retten, mein Leben einmal so stark beeinflussen würde, wie sie es heute tut. Selbstverständlich erhob ich den Roman sofort in den Rang meines Lieblingsbuches und er ist es bis heute. Und schon damals stellte ich mir vor, was für einen wunderbaren Film man aus diesem Roman machen könnte. J.R.R. Tolkiens Beschreibungen und Schilderungen sind so ausgefeilt, dass während des Lesens sehr genaue Bilder entstehen (Kino im Kopf sozusagen) – eine Schöpfung aus Worten, die Realität zu werden scheint. Wie Tausende andere Leser hatte auch ich meine eigenen Vorstellungen von den Orten, Monstern und Personen. Erstaunlicherweise musste ich feststellen, dass sehr viele andere Leser diese Bilder teilten. Auch auf den Darstellungen diverser Künstler entdeckte ich immer wieder Szenerien, die ich mir genau so ausgemalt hatte. Allerdings stieß ich auch nicht selten auf Zeichnungen, die ich so gar nicht nachvollziehen konnte, vor allem dann, wenn der Zeichner Tolkiens Beschreibungen völlig vernachlässigt hatte.

Als ich im August 1998 die offizielle Pressemeldung las, New Line Cinema werde Tolkiens Roman als Trilogie verfilmen, war ich einerseits überglücklich, denn darauf hatte ich schließlich jahrelang gewartet, andererseits stieg eine Angst in mir auf, dass „mein Herr der Ringe" nach den Filmen nie wieder so sein werde wie zuvor. Ich befürchtete, dass Regisseur Peter Jackson zu den „Zeichnern" gehört, die ihre eigene Interpretation in den Vordergrund stellen und denen die Worte Tolkiens nur untergeordnet wichtig sind. Gespannt wartete ich auf die ersten Bilder und suchte vor allem im Internet nach Neuigkeiten, doch meistens recht erfolglos. Also beschloss ich, eine eigene Internetseite mit regelmäßigen News ins Netz zu stellen. Etwa zeitgleich mit einigen anderen amerikanischen Fanseiten ging ich im Herbst 1998 online und ab diesem Zeitpunkt gab es für mich kein anderes Thema mehr. Jede weitere News trieb mich voran, mehr über den Film herauszufinden, über die Darsteller, die Macher und die Locations. Und so geriet ich immer tiefer in den Bann der Verfilmung. Als ich erfuhr, dass die Tolkien-Künstler John Howe und Alan Lee für das Filmdesign engagiert worden waren, wusste ich endgültig: Peter Jackson ist auf dem richtigen Weg. Ich verschlang jedes Gerücht, jede noch so kleine Info und verfolgte die Produktion Tag für Tag vom heimischen Computer aus. Nicht immer konnte ich mich Peter Jacksons Interpretationen ausnahmslos anschließen, aber größtenteils war ich sehr glücklich über seine Sicht von Mittelerde. Seit ich die Fotos des Auenlands, der Kostüme und der Darsteller sah, war ich mir sicher, dass im fernen Neuseeland eine Filmtrilogie geschaffen wird, die in Begriff ist, die Geschichte des Films für immer zu verändern.

Auf Grund meines mittlerweile angehäuften Wissens über diese Mega-Produktion engagierte mich im Frühjahr 2000 der deutsche Filmverleih Kinowelt als Sonderberater in Sachen „Herr der Ringe". Damals hätte ich es mir nie träumen lassen, dass ich Peter Jackson einmal persönlich am Set treffen würde. Dank der Großzügigkeit des Kinowelt Filmverleihs war es dann aber Anfang Dezember 2000 soweit: Ich saß im Flieger gen Mittelerde. 30 Stunden und jede Menge Turbulenzen später stand ich am Flughafen von Wellington, der Heimat der „Herr der Ringe"-Filmproduktion. Ich durfte die Dreharbeiten besuchen und besichtigte einige der Sets. Die gesamte Zeit über wünschte ich mir, dass ich dieses Erlebnis, alle meine Erfahrungen und meine Kenntnisse über die Dreharbeiten und die gesamte Entwicklung des Films mit allen anderen Tolkien-Fans teilen könnte. Zugegeben, dieses SPACE VIEW-Special ist kein Ersatz für einen Besuch am Drehort, aber es ist auf dem besten Wege dorthin. Und vielleicht hilft es Ihnen, sich die Atmosphäre am Set, die Freundschaft unter den Darstellern und den Geist von Mittelerde in Neuseeland etwas besser vorstellen zu können. Aber zuvor sollen Sie den Autor J.R.R. Tolkien und sein Werk näher kennen lernen, um zu verstehen, worauf es bei einer Verfilmung besonders ankommt. Ich wünsche Ihnen viel Spaß bei unserem Blick hinter die Kulissen von Mittelerde.

Stefan Servos
Königswinter, im Oktober 2001

Kapitel 1

J.R.R. Tolkien: Sein Leben

von Andreas Kasprzak

ohl jeder, der sich auch nur oberflächlich für Fantasy interessiert, weiß, wer J.R.R. Tolkien ist – nämlich der Autor von „Der kleine Hobbit" und „Der Herr der Ringe". Doch obwohl „Der Herr der Ringe", das die Grenzen des Genres so nachhaltig definiert hat wie kein anderes Werk davor oder danach, zu den erfolgreichsten Büchern des 20. Jahrhunderts gehört – nur die Bibel verkauft sich noch besser –, wissen bloß die wenigsten etwas über den Mann, der hinter Frodo und Bilbo Beutlin, dem Zauberer Gandalf, Sauron, den Hobbits und den legendären Ringkriegen auf Mittelerde steckt – dem wollen wir in diesem Kapitel Abhilfe schaffen.

Ein ganz gewöhnliches Leben

John Ronald Reuel Tolkien wurde am 3. Januar 1892 als Sohn deutschstämmiger englischer Kolonisten in Bloemfontein im südafrikanischen Oranje-Freistaat geboren. Sein Vater, Arthur Reuel Tolkien, war bei der Bank of Africa angestellt, seine Mutter Mabel, geborene Suffield, besorgte den Haushalt. Zunächst schien es das Schicksal gut mit den Tolkiens zu meinen: Arthurs Stellung erlaubte ihnen einen gehobenen Lebensstil, und die Geburt von Ronalds zwei Jahre jüngerem Bruder Hilary Arthur Reuel am 17. Februar 1894 machte das Glück perfekt. Doch der Schein trog: Ein dunkler Schatten lastete über der Zukunft der jungen Familie. Als Mabel im Frühjahr des Jahres 1895 mit ihren beiden Söhnen nach England aufbrach, um dort nach drei langen Jahren zum ersten Mal ihre Familie wiederzusehen, musste Arthur in Südafrika bleiben, um sich dort um einige Eisenbahnprojekte zu kümmern, in die „seine" Bank investiert hatte. Anfangs fiel das nicht weiter ins Gewicht, da Mabel und ihre Söhne im Haus der Familie Suffield im Villenviertel King's Heath in Birmingham einen schönen Sommer verlebten. Dann erreichte Mabel jedoch die Nachricht, ihr Mann sei an Rheumafieber erkrankt. Zwar hätte er die Krankheit bereits halb überwunden, doch in seinem geschwächten Zustand könne er die lange, anstrengende Reise nach England unmöglich antreten, was Mabel mit großer Sorge erfüllte. Als sie im Januar 1896 erfuhr, dass sich Arthurs Gesundheitszustand noch immer nicht nennenswert verbessert hatte, beschloss sie, sofort nach Bloemfontein zurückzukehren. Dazu kam es aber nicht mehr, denn kurz vor ihrer Abreise erhielt sie ein Telegramm mit der Nachricht, ihr Mann habe einen Blutsturz erlitten, und bereits am folgenden Tag, dem 15. Februar 1896, starb Arthur Reuel Tolkien im Alter von nur 39 Jahren.

Tolkiens Jugend

Nach dem überraschenden Tod ihres Mannes musste Mabel, gerade 26, die Entscheidung treffen, wie es mit ihr und ihren Söhnen weitergehen sollte. Sie wusste, dass sie nicht ewig im Haus ihrer Eltern bleiben konnte, doch das Erbe ihres Mannes war nur klein und reichte nicht aus, um eine Frau mit zwei Kindern für längere Zeit über Wasser zu halten. Zunächst blieben sie in King's Heath, wo der junge Ronald begeistert den Geschichten seines Großvaters lauschte und seinen Vater schon bald zu vergessen begann. Im Sommer 1896 fand Mabel schließlich ein Haus, das günstig genug für sie war, und zog mit ihren Kindern in das Dorf Sarehole, ungefähr eine Meile außerhalb von Birmingham, wo Mabel sich nicht nur um das leibliche Wohl ihrer Söhne kümmerte, sondern sie auch selbst in Latein, Französisch, Deutsch, Mathematik, Musik und Zeichnen unterrichtete, da sie das Schulgeld nicht aufbringen konnte. Außerhalb der Unterrichtsstunden gab sie Ronald viel zu lesen. Er vertiefte sich in „Alice im Wunderland", verspürte jedoch nicht den Wunsch, ähnliche Abenteuer zu erleben, und auch R.L. Stevensons „Schatzinsel" oder die Märchen von Hans Christian Andersen gefielen ihm nicht. Dafür begeisterten ihn die Bücher von Andrew Lang, besonders das „Red Fairy Book", in dem er zum ersten Mal die Geschichte von Sigurd und dem Drachen Fafnir entdeckte, die vor allem auf sein späteres literarisches Schaffen großen Einfluss hatte.

Das Leben in Sarehole war einfach, aber zufrieden stellend, bis Mabel, für die der Glauben nach dem Tod ihres Mannes viel an Bedeutung gewonnen hatte, zusammen mit ihrer Schwester May Incledon 1899 beschloss, zum Katholizismus zu konvertieren, woraufhin sich etliche ihrer anglikanisch-protestantischen Verwandten von ihr abwandten, darunter auch Mays Mann Walter, der sie bis dahin regelmäßig mit etwas Geld unterstützt hatte und die Zahlungen jetzt einstellte. Da auch Arthurs Familie, überzeugte Baptisten, eine Ablehnung gegen den Katholizismus hegte, musste Mabel nun nicht nur gegen die Armut, sondern auch noch gegen die Anfeindungen ihrer Verwandten ankämpfen. Doch sie ließ sich nicht entmutigen und zog die Brüder Ronald und Hilary in streng katholischem Glauben groß.

Im Herbst 1899 absolvierte Ronald die Aufnahmeprüfung der King-Edward's-School, die auch sein Vater besucht hatte, bestand sie jedoch erst ein Jahr später im zweiten Anlauf und wurde zur Jahrhundertwende aufgenommen. Ein Onkel von Seiten der Tolkiens, der Mabel im Gegensatz zur übrigen Familie nach wie vor wohlgesinnt war, bezahlte das Schulgeld für ihn. Da die Schule im Zentrum von Birmingham lag, mehr als vier Meilen von Sarehole entfernt, musste Ronald zunächst jeden Morgen und Abend ein ganzes Stück laufen, denn die Fahrkarten für die Eisenbahn konnte seine Mutter sich nicht leisten. Da das auf Dauer jedoch kein Zustand war, begann Mabel bald damit, ein neues Heim näher am Stadtkern von Birmingham zu suchen, und im November 1900 zog die Familie in ein Haus im Viertel Moseley.

Nach der Stille und Beschaulichkeit von Sarehole erschien das Chaos der Oberschule dem jungen Ronald wie die Hölle. Im ersten Jahr fehlte er häufig aus gesundheitlichen Gründen, doch nach und nach gewöhnte er sich an die neue Umgebung und gliederte sich in den Schulalltag ein. Allerdings mussten die Tolkiens bald wieder aus dem Haus in Moseley ausziehen, das abgerissen werden sollte, um Platz für eine Feuerwehrwache zu schaffen. Diesmal zogen sie in ein kleines Häuschen direkt hinter dem Bahnhof von King's Heath. Doch auch hier blieben sie nicht lange, denn Mabel gefiel es dort nicht, und auch in der katholischen Kirche St. Dunstan, die gleich um die Ecke lag, fühlte sie sich nicht wohl. Sie siedelten in den Vorort Edgbaston um, nahe des St.-Philips-Gymnasiums, wo die Tolkien-Brüder, zehn und acht Jahre alt, eine katholische Erziehung genießen konnten und das Schulgeld zudem um einiges günstiger war als in der King-Edward's-School. Mabels engster Vertrauter in dieser Zeit war der Gemeindepriester Pater Francis Xavier Morgan, der im Haus der Tolkiens bald unentbehrlich wurde.

Allerdings hatte der Umzug nach Edgbaston auch Nachteile, denn bald zeigte sich, dass Ronald seinen Schulkameraden weit überlegen war, weshalb Mabel ihn von der Schule nahm und so lange wieder zu Hause unterrichtete, bis Ronald 1903 ein Stipendium an seiner alten Schule erhielt, wo er nun seine lebenslang andauernde Leidenschaft für Sprachen entdeckte, insbesondere für Griechisch und Angelsächsisch.

Nachdem die Dinge eine Weile recht gut gelaufen waren, verschlechterte sich die Situation Anfang 1904 zusehends. Erst mussten die Brüder mit Masern und Keuchhusten wochenlang das Bett hüten, dann wurde Mabel nach einem Schwächeanfall ins Krankenhaus eingewiesen, wo die Ärzte bei ihr Diabetes feststellten. Da es damals noch keine Insulin-Behandlung für Zuckerkranke gab, war sie gezwungen, bis auf weiteres im Hospital zu bleiben. Das Haus in Edgbaston wurde aufgegeben, und die Brüder kamen vorübergehend bei Verwandten unter – Hilary bei den Großeltern Suffield, Ronald in Hove bei Edvin Neave, einem Versicherungsangestellten, der mit Ronalds Tante Jane verheiratet war. Dort blieb er, bis seine Mutter das Krankenhaus im Sommer endlich wieder verlassen konnte.

Da klar war, dass Mabel noch lange Schonung und Pflege bedurfte, brachte Pater Francis die Familie im Juni 1904 in Rednal unter, einem kleinen Dorf in Worcestershire, und es war, als wären sie nach Sarehole zurückgekehrt, wo sie vier Jahre lang so glücklich gewesen waren. Aber sobald die Ferien zu Ende

waren und Ronald täglich mit dem Zug nach Birmingham fuhr, verschlechterte sich Mabels Gesundheitszustand erneut, ohne dass irgendwer es mitbekam. Anfang November erlitt sie einen Zusammenbruch und fiel ins diabetische Koma. Sechs Tage später, am 14. November 1904, starb sie mit 34 Jahren in dem Haus in Rednal; Pater Francis und ihre Schwester May waren bei ihr. Mabel Tolkien wurde auf dem katholischen Friedhof von Bromsgrove beigesetzt.

Edith

Mabel hatte Pater Francis testamentarisch zum Vormund ihrer Söhne bestimmt, was sich als gute Wahl erwies, da der Pater den Jungen freigebig Hilfe und Freundschaft gewährte und dafür sorgte, dass es ihnen an nichts mangelte. Er brachte sie zunächst im Haus einer ihrer Tanten, Beatrice Suffield, unter, die Zimmer vermietete. Allerdings hatte Tante Beatrice nicht viel für die Kinder übrig, sodass Ronald und Hilary die meiste Zeit mit Pater Francis verbrachten. Inzwischen hatte auch Hilary die Aufnahmeprüfung der King-Edward's-School bestanden, selbst wenn Ronald klar der bessere Schüler von beiden war. Stets führte er die Riege der Klassenbesten an, und es dauerte nicht lange, bis die Lehrer erkannten, dass er eine enorme Begabung für Sprachen besaß. Doch Lateinisch, Griechisch, Französisch und Deutsch sprechen zu können war eine Sache; etwas völlig anderes war es Entstehung und Aufbau dieser Sprachen zu verstehen.

Ronald hatte bereits begonnen, nach den Elementen zu suchen, die ihnen allen gemeinsam waren, als er durch einen seiner Lehrer, George Brewerton, mit dem Angelsächsischen in Berührung kam. Mit Hilfe eines Lehrbuchs machte Tolkien sich autodidaktisch mit den Grundlagen des Altenglischen vertraut, ehe er sich voller Eifer an das Studium des Gedichts „Beowulf" begab. Später kehrte er wieder zum Mittelenglischen zurück und entdeckte das Gedicht „Sir Gawain and the Green Knight" für sich, bevor er sich dem Studium des Altnordischen zuwandte und dabei auf die Urgeschichte des Märchens von Sigurd und Fafnir stieß, das ihn als Kind so fasziniert hatte. Bald verfügte er über ein für einen Schüler höchst ungewöhnliches Maß an Sprachkenntnissen. Da er schon als Kind mit seinem Bruder und seinen Cousinen Mary und Marjorie Incledon eine rudimentäre Privatsprache namens Nevbosh (oder „New Nonsense") erfunden hatte, bei der es sich allerdings bloß um eine Mischung aus verkleidetem Englisch, Latein und Französisch handelte, nahm er sich nun vor, eine eigene Sprache zu erfinden, ernsthafter und besser durchdacht als Nevbosh, die er „Naffarin" nannte.

Unterdessen kam Pater Francis zu dem Schluss, dass die Brüder bei Tante Beatrice nicht glücklich waren, und brachte sie in Birmingham in der Duchess Road 37 in der Pension von Mrs. Faulkner unter. Abgesehen von Mrs. Faulkner und ihrer Familie wohnte auch ein 19-jähriges Mädchen namens Edith Bratt dort, zu der sich der drei Jahre jüngere Ronald von Anfang an hingezogen fühlte – und Edith schien seine Gefühle zu erwidern. Zusammen gingen sie in die Teehäuser von Birmingham, und im Sommer 1909 stellten sie schließlich fest, dass sie sich ineinander verliebt hatten. Allerdings erwartete man von Ronald, dass er auf ein Stipendium für Oxford hinarbeitete, und als sich herumsprach, dass er einen Großteil seiner Zeit mit Edith verbrachte, statt zu lernen, war Pater Francis tief empört. Er verlangte von seinem Schützling, die Liaison sofort zu beenden, und quartierte die Brüder in einem anderen Haus in Birmingham ein, weg von Edith. Als Ronald kurz darauf nach Oxford musste, um die Stipendiatenprüfung abzulegen, fiel er durch, was angesichts der Konkurrenz auf dieser elitären Schule zwar keine große Überraschung war, Pater Francis jedoch in seiner Meinung bestärkte, dass die Beziehung zu Edith für Tolkien schädlich war. Er verbot Ronald jeglichen Kontakt zu Edith, bis er 21 wäre und der Pater als Vormund nicht länger für den Jungen verantwortlich sei. Den damaligen Konventionen der Gesellschaft folgend, beugte Ronald sich schweren Herzens dieser Diktatur, auch wenn das bedeutete, dass er drei lange Jahre Edith nicht sehen würde, die wenig später eine Einladung nach Cheltenham annahm, um dort bei einem Rechtsanwalt und seiner Frau zu wohnen, während Ronald in Birmingham blieb und weiterhin die King-Edward's-School besuchte. Tolkien versuchte, Edith aus seinen Gedanken zu verdrängen und verwandte so viel Zeit wie nur möglich darauf, sich auf die zweite Bewerbung um das Oxford-Stipendium vorzubereiten. Als er im Dezember 1910 wieder nach Oxford fuhr, schaffte er es, eine „Open Classical Exhibition" für das Exeter College zu erlangen. Am Ende der zweiten Oktoberwoche des folgenden Jahres packte er seine Sachen und brach nach Oxford auf.

Studienjahre in Oxford

Obwohl Tolkien sich in Oxford von Anfang an wohl fühlte, war das Leben dort nicht immer einfach, da die Studentenschaft vornehmlich aus den Sprösslingen reicher Familien bestand und es für Tolkien mit seinen begrenzten finanziellen Mitteln nicht leicht war, in einer Umgebung sparsam zu leben, die so auf den Geschmack der Oberschicht ausgerichtet war. Dennoch fand er rasch Freunde, schloss sich dem Essay-Club und der Dialektischen Gesellschaft an seinem College an und gründete bald einen eigenen Verein, der sich „The Apolausticks" („die es sich wohl sein lassen") nannte und in erster Linie aus Neulingen wie ihm selbst bestand, die sich gegenseitig ihre Aufsätze vorlasen, angeregte Debatten führten und hin und wieder extravagante Abendessen abhielten.

Tolkien studierte klassische Philologie, doch es dauerte nicht lange, bis ihn lateinische, griechische und germanische Literatur zu langweilen begannen. Deshalb wählte er als Spezialfach Vergleichende Philologie, das von Joseph Wright abgehalten wurde, einem imposanten „Yorkshireman", der in seinem Leben viel herumgekommen war und seine Leidenschaft für die Philologie an Tolkien weitergab. Neben seinen Studien spielte Ronald Theater und Rugby, bevor er die Sommerferien des Jahres 1912 im Lager des „King Edward's Horse" verbrachte, einem regionalen Kavallerie-Regiment, bei dem er sich nach wenigen Wochen aber schon wieder abmeldete. Etwa zu dieser Zeit entdeckte er das Finnische, doch obwohl er die Sprache nie wirklich beherrschte, waren die Folgen seiner Studien für seine eigenen Spracherfindungen tief greifend, die fortan stark vom Finnischen geprägt wurden und später als „Quenya" oder „Hochelbisch" in Tolkiens literarisches Werk einflossen.

Weihnachten 1912 verbrachte Tolkien bei den Incledons in Birmingham, und wie in der Familie üblich, vertrieb man sich die Zeit mit Theater spielen. Das Stück, das in diesem Jahr „gegeben" wurde, stammte aus Tolkiens Feder. Es trug den Titel „Der Detektiv, der Chef und die Suffragette" und handelt von einem Privatdetektiv namens Professor Joseph Quilter alias Sexton Q. Blake-Holmes, der für seinen Auftraggeber die verschwundene Erbin Gwendoline Goodchild suchen soll, die in der Pension, in der sie wohnt, einen armen Studenten kennen gelernt und sich in ihn verliebt hat. Nun muss sie sich zwei Tage vor ihrem Vater verborgen halten, bis sie 21 wird und ihren Liebsten heiraten kann.

Obwohl das Stück unterhaltsam angelegt ist, war „Der Detektiv, der Chef und die Suffragette" viel inhaltsschwerer, als die Incledons ahnten, denn wenige Tage nach der Aufführung feierte Tolkien selbst seinen 21sten Geburtstag, und er brannte darauf, Edith Bratt wiederzusehen, auf die er drei Jahre lang treu gewartet hatte. Als am 3. Januar 1913 die Uhr Mitternacht schlug, setzte er sich hin und schrieb Edith einen Brief, in dem er seine Liebeserklärung an sie erneuerte und nachfragte, wann sie wieder vereint sein würden. Als Edith ihm antwortete, war die Ernüchterung allerdings groß, denn sie erklärte, dass sie inzwischen mit einem gewissen George Field verlobt sei, dem Bruder ihrer Schulfreundin Molly. Damit gab sich Ronald jedoch nicht zufrieden, da er der Meinung war, dass sie damals in Birmingham Versprechen ausgetauscht hatten, die nicht leichtfertig gebrochen werden durften. Also fuhr er kurz entschlossen nach Cheltenham, wo Edith ihn vom Bahnhof abholte, und als der Tag sich dem Ende zuneigte, war sie bereit, Field zu verlassen und Ronald zu heiraten. Dennoch hielten sie ihre Verlobung vorerst geheim, aus Sorge darüber, wie ihre Familien reagieren würden. Sie wollten warten, bis Ronalds Zukunftsaussichten klarer waren.

Im Exeter-College in Oxford genoss Tolkien seine Ausbildung.

Mit diesem Gedanken im Hinterkopf fuhr Tolkien Ende des Winters nach Oxford zurück, wo er seine ganze Aufmerksamkeit den „Honour Moderations" widmete, der ersten von zwei Prüfungen, mit denen er den Abschluss in klassischer Philologie erlangen konnte. Er versuchte, in sechs Wochen aufzuholen, was er in den vergangenen vier Semestern durch die Sorglosigkeit des Collegelebens versäumt hatte, und es gelang ihm, bei den Prüfungen das zweitbeste Ergebnis zu erzielen. Dennoch war ihm klar, dass er sich damit nicht zufrieden geben durfte, wenn er vorhatte, eine Universitätslaufbahn einzuschlagen. Da er in seinem Spezialfach Vergleichende Philologie eine glatte Eins hingelegt hatte, schlug man ihm seitens der Universität vor, sich fortan ganz auf dieses Gebiet zu konzentrieren. Weil man zudem von seinem Interesse für Alt- und Mittelenglisch sowie für andere germanische Sprachen wusste, empfahl Dr. Farnell, der Rektor von Exeter, Tolkien, auf die Englisch School zu wechseln. Also gab Tolkien die Philologie mit Beginn des Sommersemesters 1913 auf und begann, Anglistik zu studieren.

Inzwischen hatte die junge Beziehung zwischen Ronald und Edith einige Probleme zu meistern, denn wenn ihre Ehe den Segen der Kirche erhalten sollte, musste Edith, bis dahin ein aktives Mitglied der Kirche von England, zum Katholizismus konvertieren. Sie selbst hatte damit zwar keinerlei Probleme, ihr Umfeld jedoch schon, da ihr „Onkel" Jessop, bei dem sie lebte, fanatisch antikatholisch eingestellt war. Als Edith ihm erklärte, dass sie katholisch zu werden gedenke, befahl er ihr, sein Haus zu verlassen. Also zog sie zusammen mit ihrer Cousine Jenny Grove nach Warwick in der Nähe von Birmingham, und am 8. Januar 1914 wurde Edith in die katholische Kirche aufgenommen, ein Datum, das sie zusammen mit Ronald gewählt hatte, weil es der erste Jahrestag ihres Wiedersehens war. Bald darauf fand die kirchliche Verlobung statt. Trotzdem führte Edith in der nächsten Zeit ein ziemlich trübseliges Leben, denn trotz ihres Engagements in einem Kirchenverein zugunsten arbeitender Mädchen fand sie kaum Freundinnen, und auch ihre Gesundheit war nicht die beste.

Der 1. Weltkrieg

Dann brach im Spätsommer 1914 der 1. Weltkrieg herein, und viele junge Männer, darunter auch Hilary Tolkien, folgten dem Ruf zu den Waffen. Ronald hingegen wollte in Oxford bleiben, bis er sein Examen in der Tasche hatte, deshalb meldete er sich stattdessen bei einer Institution an, wo man sich für das Heer ausbilden lassen und gleichzeitig an der Universität bleiben konnte, während die Einberufung bis nach dem Examen verschoben wurde. In den Weihnachtsferien fuhr Tolkien nach London, wo er sich mit einigen alten Schulfreunden traf. Er schrieb nun regelmäßig Gedichte, was er zuvor nur sporadisch getan hatte. Diese Verse waren nicht besonders bemerkenswert, wenn man mal von „The Man in the Moon Came Down Too Soon" und „Goblin Feet" absieht, und auch Tolkien selbst fand, dass das Verfassen von Gedichten ohne ein verbindendes Thema nicht das war, was er wollte. Also nahm

Dank Glück und Grabenfieber überlebte Tolkien das Grauen in Frankreich.

er sich ein Gedicht mit dem Titel „The Voyage of Éarendel the Evening Star" („Die Fahrt Éarendels des Abendsterns") vor, das er im Spätsommer 1914 während eines Ferienaufenthalts in Nottinghamshire zu Papier gebracht hatte, und ging daran, es zu einer längeren Erzählung umzuarbeiten. Auch weil er das Gefühl hatte, dass seine Sprache, an der er jetzt schon seit einiger Zeit arbeitete, eine Geschichte und ein Volk brauchte, das sie sprach. Mit Tolkiens späteren mythologischen Gedanken hatte dies alles zwar noch relativ wenig zu tun, doch finden sich hier bereits verschiedene Elemente, die später im „Silmarillion" wieder auftauchen sollten.

Während in Tolkiens Geist allmählich die ersten Keime seiner Mythologie aufgingen, bereitete er sich auf seine Abschlussprüfung in englischer Sprache und Literatur vor, die in der zweiten Juniwoche 1915 stattfand – Tolkien bestand sie mit Auszeichnung. Damit konnte er einigermaßen sicher sein, nach dem Krieg eine Anstellung an irgendeiner Universität zu finden, doch zunächst musste er nun seinen Dienst als Leutnant bei den „Lancashire Fusiliers" antreten, wo er im 13. Bataillon diente. Seine Ausbildung begann Ende Juni in Bedford. Im August wurde er nach Staffordshire verlegt, und Anfang des folgenden Jahres entschied er sich für eine Spezialausbildung in Nachrichtenübermittlung, denn der Umgang mit Wörtern, Botschaften und Codes reizte ihn wesentlich mehr, als Zugführer zu werden. Er lernte das Morsealphabet, Flaggen- und Scheibensignale, Nachrichtenübermittlung durch Heliographen und Lampen, den Gebrauch von Signalraketen und Feldtelefonen, sogar den Umgang mit Brieftauben. Gleichzeitig rückte seine Einschiffung nach Frankreich immer näher, und da die Liste der Gefallenen des britischen Heeres erschreckend lang war, beschlossen Edith und er, vorher zu heiraten. So wurden John Ronald Reuel Tolkien und Edith Bratt am Mittwoch, den 22. März 1916, während der Frühmesse in der katholischen Kirche von Warwick getraut. Anschließend stiegen sie in den Zug nach Clevedon, um in Somerset ihre Flitterwochen zu verbringen, bevor Tolkien am 4. Juni 1916 seinen Einberufungsbefehl bekam und sich auf den Weg nach London machte, von wo es mit dem Schiff weiter nach Frankreich ging.

Am 6. Juni traf Tolkien in Calais ein und wurde ins Ausgangslager Étaples gebracht, wo er ins 11. Bataillon überstellt wurde und drei öde Wochen totschlagen musste, ehe das Bataillon zur Front aufbrach, wo er an der vordersten Frontlinie als Nachrichtenoffizier Dienst tat. Obwohl die Gefechte längst nicht mehr so erbittert waren wie in den ersten Tagen der Somme-Schlacht, blieben die Verluste der Briten hoch, und viele Soldaten von Tolkien Bataillon kamen ums Leben. Er selbst blieb zwar stets unverletzt, doch je länger er in den Schützengräben lag, desto „besser" wurden seine Chancen, auch auf der Verlustliste zu landen. Die „Rettung" nahte schließlich in Form einer „Pyrexie mit unbekannter Ursache", von den Soldaten schlicht „Grabenfieber" genannt. Von Läusen verbreitet, rief diese Erkrankung hohe Temperatur und andere Fiebersymptome hervor. Als Tolkien vom Grabenfieber befallen wurde, erhielt er nach einem Aufenthalt im Lazarett Genesungsurlaub, sodass er sich am 8. November 1916 an Bord eines Schiffes nach England befand, wo er in ein Krankenhaus

In Leeds war Tolkien sehr beliebt. Lag es an seinen altnordischen Trinkliedern?

in Birmingham eingewiesen wurde. Bis zur dritten Dezemberwoche war er wieder soweit genesen, dass er aus dem Hospital entlassen werden konnte und über Weihnachten nach Great Haywood fuhr, wo seine Frau Edith mit Jenny Grove in einer möblierten Wohnung lebte. Der Tod eines guten Freundes, G.B. Smith, mit dem Tolkien zusammen auf der King-Edward's-School und später in Oxford gewesen war, brachte Tolkien in dieser Zeit dazu, endlich das große Werk zu beginnen, über das er schon so lange nachgedacht hatte, in der Absicht, seinen erfundenen Sprachen eine Geschichte zu geben, in der sie sich entwickeln könnten.

Während seines Genesungsurlaubs nahm er die Arbeit am „Book of Lost Tales" auf, dem „Buch der Verschollenen Geschichten", dem Grundstein des „Silmarillion". Die erste Erzählung, die Anfang 1917 in Great Haywood zu Papier gebracht wurde, war „The Fall of Gondolin", worin vom Angriff Morgoths auf die letzte Feste der Elben berichtet wird. In dieser Zeit wurde Edith zum ersten Mal schwanger. Doch obwohl das Leben in Great Haywood Tolkien zusagte und er mit seiner Frau glücklich war, konnte dieses Idyll nicht andauern, denn er hatte seine Krankheit längst überwunden, und man erwartete, dass er sich zum Dienst in Frankreich zurückmeldete. Aber es kam anders, denn gerade, als sich sein Urlaub dem Ende näherte, wurde er von neuem krank. In den folgenden Monaten musste er mehrmals ins Krankenhaus eingewiesen werden. Da sie sowieso nichts für ihren Mann tun konnte, kehrte Edith nach Cheltenham zurück, um dort eine Klinik für die Entbindung zu suchen. Am 16. November 1917 wurden Ronald und Edith Tolkien Eltern eines Sohnes, dem sie den Namen John Francis Reuel gaben, Pater Francis zu Ehren, der eigens aus Birmingham kam, um das Kind zu taufen.

Trotzdem war das Leben nicht einfach für das junge Paar, denn obwohl Tolkien nicht nach Frankreich zurück musste, war er gezwungen, an vielen verschiedenen Orten Dienst zu tun, bis der Frieden auf dem Kontinent im Oktober 1918, zwei Jahre nach seiner Rückkehr aus den Schützengräben, endlich näher

rückte. Also fuhr Tolkien nach Oxford, um zu sehen, ob es irgendeine Möglichkeit gab, dort eine Anstellung zu finden. Doch obwohl die Chancen schlecht standen, da niemand wusste, wie es mit der Universität weitergehen würde, sobald der Krieg wirklich zu Ende war, hatte der Trip nach Oxford durchaus sein Gutes, denn als Tolkien seinen alten Isländisch-Lehrer William Craigie besuchte, brachte der ihn als Mitarbeiter beim „New English Dictionary" unter. Also suchte sich Tolkien eine Wohnung in der St. John's Street, und Ende des Jahres 1918 ließ er sich zusammen mit Edith, dem Baby und Jenny Grove in Oxford nieder.

Von Oxford nach Leeds und zurück

Da die Arbeit an dem Wörterbuch gut lief und er zudem begonnen hatte, Privatunterricht in Angelsächsisch zu geben, konnte Tolkien sich bald ein kleines Häuschen in der Alfred Street No. 1 (heute Pusey Street) leisten, wo die kleine Familie im Sommer 1919 einzog. Im Frühling 1920 verdiente Tolkien mit seinem Nachhilfeunterricht bereits genügend Geld, um seine Mitarbeit am „New English Dictionary" aufgeben zu können. Ein weiteres wichtiges Ereignis in dieser Zeit war, dass Edith verkündete, sie sei erneut schwanger. Um den Unterhalt seiner Familie zu sichern, bewarb Tolkien sich um eine Dozentenstelle für englische Sprachwissenschaft an der Universität Leeds. Im Grunde rechnete er nicht damit, dass man ihn nehmen würde, doch im Sommer 1920 forderte man ihn auf sich vorzustellen – er bekam den Job. Unmittelbar vor Beginn seines ersten Semesters in Leeds schenkte Edith in Oxford einem zweiten Sohn das Leben, Michael Hilary Reuel, mit dem sie Ende des Jahres 1921 in ein Haus in der St. Mark's Terrace No. 11 in Leeds zogen.

George Gordon, der Leiter der Englischabteilung an der Universität, übertrug Ronald bald die Verantwortung für den gesamten sprachwissenschaftlichen Unterricht seiner Fakultät. Anfang 1922 erhielt der sprachwissenschaftliche Zweig einen neuen Lektor, einen jungen Kanadier namens Eric Valentine Gordon, den Tolkien 1920 selbst in Oxford unterrichtet hatte. Nicht lange nach Gordons Ankunft in Leeds begannen die beiden gemeinsam eine größere philologische Arbeit. Sie hatten vor, eine Neuausgabe des mittelenglischen Gedichts „Sir Gawain and the Green Knight" zusammenzustellen. Während Tolkien sich um den Text und das Glossar kümmerte, war E.V. Gordon für den Großteil der Anmerkungen verantwortlich. Das Manuskript wurde Anfang 1925 von der Clarendon Press veröffentlicht und stellt auch heute noch einen bedeutenden Beitrag zum Studium der mittelalterlichen englischen Literatur dar.

Auch sonst verstand Tolkien sich ausgezeichnet mit E.V. Gordon. Sie teilten denselben Sinn für Humor und sorgten dafür, dass unter den Studenten ein Wikinger-Club gegründet wurde, der zusammenkam, um Bier zu trinken, alte Sagas zu lesen und Lieder zu singen, von denen Tolkien und Gordon viele selbst verfassten. Sie machten rüde Verse über ihre Schüler, übersetzten Kinderreime ins Angelsächsische und stimmten Trinklieder auf Altnordisch an, was ihnen an der Universität große Popularität verschaffte. Auch mit seinem häuslichen Leben war Tolkien im Großen und Ganzen zufrieden. Inzwischen war das „Book of Lost Tales" nahezu fertig, aber statt es zu vollenden und das Manuskript einem Verleger anzubieten, fing er noch einmal ganz von vorne an, fast, als ahnte er bereits, dass es schwierig sein würde, für das ungewöhnliche Werk einen Interessenten zu finden.

Dafür kam seine Karriere in Leeds einen wichtigen Schritt voran. 1922 kehrte George Gordon als Professor für englische Literatur nach Oxford zurück, und Tolkien wurde als Kandidat für den frei gewordenen Lehrstuhl gehandelt. Zwar erhielt die Stelle letztlich ein anderer, doch Michael Sadler, der Vizekanzler der Uni, versprach Tolkien, demnächst eine neue Professur für Englisch eigens für ihn zu schaffen, und er hielt sein Wort: 1924 wurde Tolkien mit gerade 32 Jahren Professor. Im gleichen Jahr kauften die Tolkiens ein Haus am Stadtrand von Leeds, in der Darnley Road No. 2, wo Edith Anfang 1924 feststellte, dass sie von neuem schwanger war. Sie hoffte, dass es diesmal ein Mädchen sein würde, doch als das Kind im November 1924 zur Welt kam, war es wieder ein Junge, den sie auf den Namen Christopher Reuel tauften. Anfang 1925 erhielt Tolkien die Nachricht, dass die Professur für Angelsächsisch in Oxford in Kürze frei werden würde, und obwohl dort heftig gegen ihn intrigiert wurde, setzte Tolkien sich gegen all seine Mitbewerber durch: Er bekam die Stelle. So kehrten die Tolkiens 1926 nach Oxford zurück, wo sie in der Northmoor Road zunächst zur Miete wohnten und später ein Haus kauften, in dem sie 18 Jahre lang leben sollten. Kurz vor dem Umzug von der Northmoor Road 22 nach Nummer 20 kam das vierte und letzte Kind der Tolkiens zur Welt, die Tochter, auf die Edith so lange gewartet hatte – sie nannten sie Priscilla Mary Reuel.

„Der kleine Hobbit"

Das Leben in der Northmoor Road verlief in geordneten Bahnen und ohne die tief greifenden Veränderungen, wie sie in den Jahren zuvor das Leben der Familie geprägt hatten. Tolkien hielt Vorlesungen in Angelsächsisch und Mittelenglisch und bürdete sich dabei manchmal mehr auf als sich bewältigen ließ, sodass es gelegentlich vorkam, dass er Vorlesungsreihen abbrach, weil er einfach nicht genügend Zeit fand, sie vorzubereiten. Seine Stellung verlangte es, dass er graduierte Studenten in ihren Arbeiten anleitete und in der Universität Prüfungen vornahm. Zusätzlich übte er oft die „freiberufliche" Tätigkeit eines externen Prüfers an anderen Hochschulen aus, denn da er vier Kinder zu ernähren hatte und sein Gehalt als Professor nicht gerade großzügig bemessen war, musste er seine Einkünfte aufbessern, wo immer es nur ging. Nebenbei setzte er seine Sprachforschungen fort. Doch da Tolkien Zeit seines Lebens selbst sein strengster Kritiker war, gelangten nur wenige dieser Werke in Druck, sodass alles, was in den 30er Jahren aus Tolkiens Feder veröffentlicht wurde, ein Aufsatz über die Dialekte in Chaucers „Reeve's Tale" war, der auch heute noch als Pflichtlektüre für jeden gilt, der die regionalen Verschiedenheiten im Englisch des vierzehnten Jahrhunderts verstehen will, ebenso wie Tolkiens Vortrag „Beowulf: The Monsters and the Critics".

Nach und nach fand sich in Oxford eine Gruppe von Männern zusammen, die sich die „Inklings" (zu Deutsch: Tintenkleckser) nannten. Obwohl die „Inklings" inzwischen sogar in die moderne Literaturgeschichte eingegangen sind und einiges über sie geschrieben wurde, waren sie im Grunde doch nichts weiter als ein paar Freunde, die sich für Literatur interessierten. Kernfigur des Clubs war Clive Staples Lewis, ein Autor und Literaturwissenschaftler, der sich mit phantastischen Romanen und Kinderbüchern einen Namen gemacht hatte. Ende der 30er Jahre waren die „Inklings" für Tolkien zu einem wichtigen Teil seines Lebens geworden. Privat hingegen standen die Dinge keineswegs alle zum Besten, denn die Beziehung zu Edith war nicht einfach, da Edith als Frau mit nur geringer Schulbildung Schwierigkeiten hatte, sich in das anspruchsvolle Leben in Oxford einzufügen. Zudem wusste sie nicht recht, wie sie die Haushaltsführung ausrichten sollte, da sie in ihrer eigenen Kindheit nur ein sehr eingeschränktes häusliches Leben ohne viele Möglichkeiten gekannt hatte, was dazu führte, dass sie ihre Unsicherheit hinter autoritärem Gebaren versteckte. Sie verlangte strikte Pünktlichkeit bei den Mahlzeiten, die Kinder mussten jeden einzelnen Bissen vom Teller aufessen und die Dienstmädchen hatten ohne Fehl und Tadel zu sein.

Nach einer Weile wurde Tolkien klar, dass Edith mit dem Leben in Oxford unzufrieden war. Außerdem machte er sich Sorgen darüber, dass sie gegen die strenge Etikette der Universitätsstadt verstoßen könnte, was Edith bis zu einem gewissen Grad tatsächlich tat, indem sie beispielsweise keine Teegesellschaften besuchte und auch selbst keine gab, sodass man sie schließlich aus der Gesellschaft „ausschloss". Auch das Verhältnis zu ihrem Mann kühlte ab, was zum Teil daran lag, dass Edith dem Katholizismus gegenüber eine zunehmend ablehnendere Haltung gewann und sich von ihrem Mann nicht beachtet fühlte. Im Grunde lebten Ronald und Edith in der Northmoor Road jeder für sich, mit getrennten Schlafzimmern und unterschiedlicher Tageseinteilung, was jedoch nichts daran ändert, dass zwischen ihnen eine tiefe Zuneigung bestand. Eine wichtige Quelle hierfür war die gemeinsame Liebe zu ihrer Familie, die sie miteinander bis ans Ende ihres Lebens verband und vielleicht die stärkste Kraft in ihrer gesamten Ehe war.

Tolkien verbrachte viel Zeit damit, seinen Kindern Geschichten zu erzählen, von denen er viele später zu Papier brachte und zur Veröffentlichung anbot, wie „Die Abenteuer von Tom Bombadil" und „Der kleine Hobbit", an dem er entweder 1930 oder 1931 zu arbeiten begann. Anfangs hatte er nicht die Absicht, die bürgerlich-behagliche Welt von Bilbo Beutlin in irgendein Verhältnis zum „Silmarillion" zu bringen, doch nach und nach begannen sich immer mehr Elemente seiner Mythologie in das

Werk einzuschleichen, wenn er auch nicht zuließ, dass das Buch allzu ernsthaft wurde. „Der kleine Hobbit" sollte ein Kinderbuch werden, selbst wenn Tolkien es zunächst nicht zu Ende brachte. Erst als Elaine Griffiths, eine ehemalige Studentin Tolkiens, die eine Freundin der Familie geworden war, das Typoskript vom „Kleinen Hobbit" einer Lektorin des Verlages Allen & Unwin gegenüber erwähnte, die es las und Tolkien bat, die Geschichte zu beenden, brachte er den Roman zum Abschluss: Am 21. September 1937 erschien „The Hobbit or There and Back Again" schließlich bei Allen & Unwin.

Die englische Presse war voll des Lobes für das Buch, und bis Weihnachten war die erste Auflage bereits vergriffen. Als einige Monate später die amerikanische Ausgabe des „Hobbit" auf den Markt kam, fand der Roman auch in den USA allgemein breite Zustimmung und wurde von der „New York Herald Tribune" zum „besten Jugendbuch des Jahres" gekürt. Spätestens da wurde Stanley Unwin, einem der beiden Verleger, klar, dass sich aus dieser Sache noch eine ganze Menge mehr machen ließ. Bei einem Essen sprachen er und Tolkien über weitere Projekte. Tolkien bot Unwin seine früher niedergeschriebenen Kindergeschichten wie „Mr. Bliss", „Farmer Giles of Ham" und den unvollendeten Roman „The Lost Road" an, doch obwohl die Erzählungen Unwin gefielen, handelte keine davon von Hobbits, und Unwin war sicher, dass es das war, was die Leser wollten. Also begann Tolkien im Dezember 1937 mit einer neuen Hobbiterzählung, die sich vom Stil her jedoch von Anfang an deutlich vom heiteren Stil des „Kleinen Hobbit" unterschied und stattdessen zur düsteren Welt des „Silmarillion" tendierte.

Nach und nach entstanden die ersten Kapitel des Werkes, ohne dass es einen Titel besaß oder Tolkien wusste, wohin er mit dem Text eigentlich wollte. Dann begann er, sich auf die Frage zu konzentrieren, welche Bewandtnis es mit dem Ring auf sich hatte, den Bilbo Beutlin im „Kleinen Hobbit" dem Höhlenwesen Gollum abgenommen hatte. Und seine Gedanken kamen in Fluss, mit der Folge, dass die Story mehr und mehr aus dem Ruder lief. Etwa zu der Zeit, als Chamberlain das Münchner Abkommen mit Hitler unterzeichnete, beschloss Tolkien schließlich, das Buch „Der Herr der Ringe" zu nennen.

„Der Herr der Ringe"

Es wurde bald deutlich, dass es sich beim „Herrn der Ringe" nicht so sehr um eine Fortsetzung des „Kleinen Hobbit", sondern vielmehr um eine Erweiterung des noch immer unveröffentlichten „Silmarillion" handelte. Jeder einzelne Aspekt dieses älteren Werks reichte in das neue hinüber – die Mythologie, die Elbensprachen und sogar das feanorische Alphabet, in dem Tolkien von 1926 bis 1933 sein Tagebuch geführt hatte.

Bis Anfang 1940 war der „Herr der Ringe" bis zur Mitte des zweiten Buches gediehen. Der Ausbruch des 2. Weltkriegs im September 1939 hatte für das Leben der Tolkiens keine großen Folgen. Trotzdem änderte sich während dieser Zeit so manches

für die Familie, denn die Jungen gingen aus dem Haus. John, der Älteste, der wie sein Vater am Exeter College studiert hatte, ließ sich in Rom zum katholischen Priester ausbilden, während Michael ein Jahr am Trinity College verbrachte und danach Kanonier bei der englischen Flugzeugabwehr wurde. Christoper besuchte wie sein Bruder das Trinity College. Nur Priscilla, die Jüngste, lebte noch zu Hause.

Da Tolkien im Gegensatz zu anderen Professoren nicht zur Arbeit für das Kriegsministerium eingezogen wurde, konnte er sich weiter der Arbeit am „Herrn der Ringe" widmen. Beim Verlag Allen & Unwin hatte man anfangs gehofft, die neue Geschichte nicht lange nach dem „Kleinen Hobbit" veröffentlichen zu können, doch diese Hoffnung gab man bald auf, und 1942 verschwand sogar der „Hobbit" aus dem Buchhandel, als die Restauflage des Romans bei den Bombenangriffen auf London im Lager verbrannte. Nichtsdestotrotz war Stanley Unwin noch immer am „Herrn der Ringe" interessiert, auch, weil Tolkien meinte, bald mit dem Buch zum Ende zu kommen. Aber die Arbeit zog sich immer weiter hin, und irgendwann war der Krieg wieder zu Ende, ohne dass „Der Herr der Ringe" vollendet worden wäre.

Im Herbst 1945 wurde Tolkien zum Merton-Professor für englische Sprache und Literatur ernannt. Zur gleichen Zeit zog die Familie wieder einmal um, da das Haus in der Northmoor Road für sie nach dem Auszug der Jungen zu groß und auch zu kostspielig war. Tolkien mietete ein Haus in der Manor Road, in der Nähe des Stadtzentrums, und trieb mit Eifer die Arbeit am „Herrn der Ringe" voran, was ihn so viel Zeit kostete, dass seine Kollegen schon argwöhnten, er wäre für die Philologie verloren. Gegen Ende des Jahres 1947 kam das Werk endlich zum Abschluss, aber Tolkien überarbeitete, feilte und korrigierte alles wieder und wieder von Anfang an durch, und es dauerte bis zum Herbst 1949, bis das Buch schließlich in einer Fassung vorlag, mit der Tolkien einigermaßen zufrieden war.

Zu diesem Zeitpunkt war sein 60. Geburtstag nicht mehr fern. Er hatte 12 Jahre darauf verwendet, den „Herr der Ringe" zu schreiben, doch nun, da der Roman endlich fertig war, schien er nicht mehr gewillt, ihn bei Allen & Unwin zu veröffentlichen. Zum einen lag dies daran, dass er den „Herr der Ringe" und das „Silmarillion" zusammen herausbringen wollte und der Meinung war, Stanley Unwin würde das nicht tun. Hinzu kam, dass er zwischenzeitlich einen anderen Verleger, Milton Waldman vom Verlag Collins, kennen gelernt hatte, der daran interessiert war, die Rechte an beiden Büchern zu kaufen und auch Tolkiens „Kleinen Hobbit" neu aufzulegen, weshalb Tolkien ganz bewusst versuchte, Unwin abzuschrecken. Er schrieb Unwin, dass „Der Herr der Ringe" entsetzlich lang und düster und für Kinder vollkommen ungeeignet sei, und letztlich gelang es ihm, den beharrlichen Unwin, der die ganzen Jahre über so geduldig auf das Buch gewartet hatte, dazu zu bringen, das Projekt fallen zu lassen.

Zu dieser Zeit stand wieder einmal ein Umzug an. Das Merton College hatte Tolkien ein Haus in der Holywell Street No. 99 angeboten, wohin er im Frühjahr 1950 mit Edith und Priscilla zog, während Christopher, der nun nicht mehr zu Hause wohnte, eine Stellung als Privattutor an der Englisch-Fakultät in Oxford antrat. Währenddessen schritt man bei Collins der Veröffentlichung des „Herrn der Ringe" und des „Silmarillion" entgegen. Alles war reif für den Druckbeginn, doch dann kam Waldman Anfang Mai 1950 nach Oxford, um Tolkien zu erklären, „Der Herr der Ringe" müsse auf jeden Fall gekürzt werden. Obwohl Tolkien darüber verärgert war, erklärte er sich bereit, der Forderung nachzukommen. Kurz darauf reiste Waldman nach Italien ab, wo er für gewöhnlich den größten Teil des Jahres verbrachte. Nur im Frühjahr und Herbst kam er nach London, um hier seine Geschäfte zu regeln, sodass es nun William Collins, dem Verleger, zufiel, sich um Tolkien und seine Bücher zu kümmern. Allerdings konnte Collins mit Tolkiens eigenwilligen Werken nicht viel anfangen, und als Waldman dann auch noch erkrankte und die Veröffentlichung der Bücher sich mehr und mehr verzögerte, wurde Tolkien – der an dieser Verzögerung nicht ganz unschuldig war – allmählich ungehalten. Als es im März 1952 noch immer nicht zu einem Vertragsabschluss mit Collins gekommen war, stellte er dem Verleger ein Ultimatum: Entweder müsse Collins den „Herrn der Ringe" nun sofort herausbringen, oder er würde mit dem Buch zurück zu Allen & Unwin gehen. Genau wie Stanley Unwin war William Collins jedoch kein Mann, der sich auf diese Weise erpressen ließ, und so teilte er Tolkien mit, er hielte es ebenfalls für das Beste für das Buch einen anderen Verlag zu suchen. Also kehrte Tolkien zu Allen & Unwin zurück, wo der Sohn des Verlegers, Rayner Unwin, beschloss, das Buch in drei Teilen zu drucken. Da man bei Allen & Unwin annahm, nicht mehr als ein paar Tausend Exemplare vom „Herrn der Ringe" an den Mann bringen zu können, bot man Tolkien einen Vertrag mit Gewinnteilung an, um das Risiko zu minimieren. Tolkien würde also so lange kein Geld für das Buch bekommen, bis der Absatz die Kosten gedeckt hätte – von da an erhielte er allerdings von allen entstehenden Gewinnen den gleichen Anteil wie der Verlag. Tolkien war einverstanden. Der erste Band „The Fellowship of the Ring" („Die Gefährten") sollte im Sommer 1954 erscheinen, die beiden anderen Teile „The Two Towers" („Die zwei Türme") und „The Return of the King" („Die Rückkehr des Königs") anschließend in kurzen Abständen. Die Auflagen der Bücher waren be-scheiden: Während vom ersten Band 3500 Exemplare gedruckt wurden, sollten die Auflagen der anderen Bände etwas darunter liegen. Beim Verlag ging man davon aus, dass diese begrenzte Anzahl Bücher voll und ganz ausreichen würde, um das Interesse am „Herrn der Ringe" zu befriedigen. Mit der Möglichkeit, dass der Roman Erfolg haben könnte, rechnete niemand.

Vom Bestseller zum Kultroman

Als der erste Teil der Trilogie im Sommer 1954 schließlich in die Läden kam, war es sechzehn Jahre her, seit Tolkien mit der Arbeit am „Herrn der Ringe" begonnen hatte. Er fürchtete, das Publikum würde den Roman nicht wohlwollend aufnehmen, in dem er, wie er sagte, sein „Herz bloßgelegt" hatte. Doch er hätte sich keine Sorgen zu machen brauchen, denn „Die Gefährten" erntete einhelliges Lob von allen Seiten, mit dem Resultat, dass schon sechs Wochen nach dem Erscheinen eine zweite Auflage gedruckt werden musste. Der zweite Band kam Mitte November auf den Markt, und wieder war die englische Kritik begeistert, während die Rezensenten in Übersee sich im Allgemeinen eher zurückhaltend äußerten. Erst eine lobende Kritik von W.H. Auden in der „New York Times" sorgte dafür, dass sich der Absatz der Bücher auch in Amerika allmählich steigerte. Als sich die Veröffentlichung des dritten Bandes verzögerte, weil Tolkien es nicht schaffte, den Anhang trotz der intensiven Mitarbeit seines Sohnes Christopher rechtzeitig fertig zu stellen, gingen immer mehr wütende Briefe beim Verlag ein, wo der Roman bliebe.

Trotzdem kam „The Return of the King" erst am 20. Oktober 1955 heraus, beinahe ein Jahr nach der Veröffentlichung von „The Two Towers", doch da war längst klar, dass man sich bei Allen & Unwin wegen der 1000 Pfund, die man in den „Herrn der Ringe" investiert hatte, keine Sorgen zu machen brauchte, denn die Verkaufszahlen stiegen beharrlich an. Anfang 1956 erhielt Tolkien einen ersten Scheck über 3500 Pfund, was mehr war als sein Jahresgehalt von der Universität. Im Laufe des Jahres verkauften sich die Bücher immer besser, zumal der Verlag die Bücher nun auch im Ausland vertrieb, und im Sommer 1957 galt „Der Herr der Ringe" international als „heiße Ware", was Ende des Jahres ein erstes Filmangebot von drei amerikanischen Geschäftsleuten nach sich zog, die aus dem Roman einen Trickfilm machen wollten. Tolkien lehnte jedoch ab, da er der Meinung war, man würde dort mit seinem Werk nicht respektvoll genug umgehen.

Unterdessen stiegen die Verkaufszahlen immer weiter an, doch erst, als der amerikanische Verlag Ace Books eine unautorisierte Taschenbuchausgabe der drei Bände auf den Markt brachte und darüber ein heftiger Rechtsstreit zwischen dem offiziellen Lizenznehmer Houghton Mifflin und Ace entbrannte, wurde „Der Herr der Ringe" auch in den USA zu einem Bestseller. Denn der Rechtsstreit verursachte beträchtliches Aufsehen und machte Tolkien und sein Werk in Amerika so bekannt, dass Ballantine Books bis Ende 1965 eine Million Exemplare vom „Herrn der Ringe" absetzen konnte. Vor allem unter der amerikanischen Studentenschaft erlangte das Buch bald Kultstatus. Bis 1968 wurden weltweit über drei Millionen Exemplare des Romans abgesetzt, was Tolkien zu einem echten Star machte. Immer mehr Reporter baten ihn um Interviews, die Fans be-

gannen, regelrechte Pilgerfahrten nach Oxford zu unternehmen, um Tolkien zu treffen, und er wurde mit Leserpost förmlich überhäuft. Doch Tolkien gefiel der ganze Wirbel um seine Person überhaupt nicht, und so begann er, sich mehr und mehr aus der Öffentlichkeit zurückzuziehen.

Die letzten Jahre

Zu diesem Zeitpunkt war Tolkien bereits seit fast zehn Jahren pensioniert. Auch wenn es ihn unglücklich machte, sich zunehmend aus dem Umfeld seiner Freunde zurückzuziehen, hatte er nun endlich die Möglichkeit, die Arbeit am „Silmarillion" fortzusetzen, das Allen & Unwin nach dem riesigen Erfolg des „Herrn der Ringe" unbedingt veröffentlichen wollte. Doch das Haus in der Sandfield Road, wo die Tolkiens damals lebten, war nicht der beste Ort für den Ruhestand, da es von dort aus zwei Meilen bis zum Zentrum waren, und die nächste Bushaltestelle war weiter entfernt, als Edith laufen konnte, mit deren Gesundheit es schon seit Jahren nicht zum Besten stand. So beschlossen sie Anfang 1968, nicht lange nach ihrer Goldenen Hochzeit, nach Bournemouth umzuziehen. Bereits einige Jahre zuvor hatten sie begonnen, hier ihre Ferien im „Miramar"-Hotel zu verbringen, einem teuren, komfortablen Etablissement, das Edith gut gefiel. Deshalb kauften sie sich einen Bungalow in der Lakeside Road 19, von dem aus das „Miramar" mit einer kurzen Taxifahrt zu erreichen war.

Das Leben in Bournemouth sagte ihnen zu, und obwohl Tolkien seine Freunde in Oxford immer stärker fehlten, reichte es ihm zu sehen, dass Edith glücklicher war als je zuvor in ihrer Ehe. Auch hatte er Zeit, sich um das „Silmarillion" zu kümmern, das im Prinzip längst fertig war. Um aus seinen Unterlagen eine fortlaufende Erzählung zu machen, musste er nur noch entscheiden, welche Fassung jedes Kapitels er verwenden wollte. Da er jedoch zumeist selbst nicht wusste, welche der vielen Fassungen, die er im Laufe der Jahre geschrieben hatte, die neueste war, und es in den Texten darüber hinaus einige Unstimmigkeiten gab, zog sich die Veröffentlichung des Buches weiter hin. Im Sommer 1971, nach drei Jahren in Bournemouth, hatte Tolkien endlich Fortschritte gemacht – doch bevor er dazu kam, das Projekt endlich zum Abschluss zu bringen, schlug das Schicksal zu: Mitte November 1971 erkrankte Edith an einer Gallenblasenentzündung. Sie wurde sofort ins Krankenhaus eingeliefert, starb dort – doch nach einigen Tagen schweren Leidens am 29. November im Alter von 82 Jahren.

Nachdem sich Tolkien von dem ersten Schock erholt hatte, dass Edith tot war, die Frau, mit der er sein gesamtes Leben verbracht hatte, kam er zu dem Schluss, dass es ihm unmöglich war, in Bournemouth zu bleiben. Er wollte unbedingt zurück nach Oxford. Zunächst war unklar, wo er unterkommen sollte, doch dann bot ihm das Merton College als Ehrenmitglied einige Zimmer in einem College-Gebäude in der Merton Street an. Begeistert nahm Tolkien das Angebot an und zog Anfang März 1972 um. Er hatte unter Ediths Verlust sehr gelitten und war jetzt ein einsamer Mann, doch zum ersten Mal seit vielen Jahren war er frei und konnte so leben, wie es ihm gefiel.

Alles in allem waren es zwei glückliche Jahre in Oxford, nicht zuletzt wegen der vielen Ehrungen, die ihm zuteil wurden. Mehrere amerikanische Universitäten luden ihn zu Besuchen ein, bei denen ihm der Ehrendoktortitel verliehen werden sollte, doch Tolkien lehnte stets mit der Begründung ab, die Reise sei zu anstrengend für ihn.

Auch in seinem Heimatland ehrte man ihn. Im Juni 1973 fuhr Tolkien nach Edinburgh, um dort einen Ehrendoktor in Empfang zu nehmen, nachdem er im Frühjahr 1972 bereits im Buckingham-Palast gewesen war, wo ihm die Königin den Kommandeurs-Orden des britischen Empire verliehen hatte. Am meisten befriedigte ihn jedoch die Verleihung eines Ehrendoktorats der Literatur durch seine eigene Universität Oxford – ausnahmsweise einmal nicht für den „Herrn der Ringe", sondern für seinen Beitrag zur Philologie. Zwischenzeitlich wurde er immer wieder gedrängt, das „Silmarillion" endlich zu Ende zu bringen, doch offenbar ahnte Tolkien, dass ihm die Zeit hierfür nicht mehr blieb, er entschied, dass sein Sohn Christopher diese Aufgabe übernehmen sollte, falls er starb, bevor er das Buch zum Abschluss bringen konnte.

Erste Anzeichen dafür, dass es mit Tolkiens Gesundheit bergab ging, stellten sich Ende 1972 ein. Tolkien begann unter einer schweren Verdauungsstörung zu leiden. Außerdem fühlte er sich einsam, und während der Sommer 1973 dahinging, kamen viele, die ihm nahe standen, zu dem Schluss, dass er trauriger war als sonst und schneller zu altern schien. Dessen ungeachtet schien Tolkien selbst sich nicht übermäßig unwohl zu fühlen, denn im Juli begab er sich nach Cambridge zu einem Essen des Ad-Eundem-Clubs, und kurz darauf fuhr er nach Bournemouth, um Denis und Jocelyn Tolhurst zu besuchen, das Arztehepaar, das sich um Edith und ihn gekümmert hatte, als sie in Bournemouth lebten.

Doch das Ende nahte unaufhaltsam. Am Donnerstag nahm Tolkien an Mrs. Tolhursts Geburtstagsfeier teil, fühlte sich jedoch nicht wohl und mochte nichts essen. In der Nacht bekam er starke Schmerzen, und am nächsten Morgen brachte man ihn in eine Privatklinik, wo ein akutes blutendes Magengeschwür festgestellt wurde. Sein Sohn Michael machte gerade Ferien in der Schweiz und Christopher hielt sich in Frankreich auf, sodass beide nicht mehr rechtzeitig an sein Krankenbett kommen konnten. Dafür waren John und Priscilla bei ihm. Zunächst wurde Tolkiens Zustand von den Ärzten optimistisch beurteilt, am Samstag hatte sich jedoch eine Entzündung in seiner Brust entwickelt, und am Sonntag, dem 2. September 1973, starb Tolkien im Alter von 81 Jahren. Der Leichnam wurde nach Oxford überführt, wo Tolkien auf dem katholischen Teil des Friedhofes von Wolvercote neben seiner Frau beigesetzt wurde. Die Totenmesse hielt man in Oxford, in der Kirche in Headington, die Tolkien häufig besucht hatte. Die Gebete und Bibelstellen waren von seinem Sohn John ausgesucht worden, der auch die Messe las. Es gab keine Predigt und auch keine Lesung aus Tolkiens Werken. Stattdessen kam 1977 Tolkiens „Erbe" auf den Markt, das unvollendete „Silmarillion", das, so, wie Tolkien es gewollt hatte, von Christopher geordnet und posthum bei Allen & Unwin veröffentlicht worden war.

Das „Silmarillion" war Tolkiens Vermächtnis – das Vermächtnis eines Lebens, das nicht so sehr im Zeichen der Literatur als vielmehr in dem Bestreben gestanden hatte, etwas zu schaffen, das seinem Innersten eine Stimme verlieh. Das war alles, was John Ronald Reuel Tolkien je wollte, und das hat er mit seinen unvergesslichen Werken, dem „Silmarillion", dem „Kleinen Hobbit" und dem „Herrn der Ringe", auch geschafft.

Kapitel 2

J.R.R. Tolkien: Sein Werk

von Andreas Kasprzak

Stephen King, der „King of Horror" und einer der produktivsten Autoren der Welt, hat einmal gesagt, dass man zum Schriftsteller geboren wird. Dass man das Handwerk des Schreibens zwar bis zu einem gewissen Grad erlernen könne, dass jedoch nur „geborene" Schriftsteller auch dann Tag und Nacht an der Schreibmaschine säßen, wenn das Schreiben bei Todesstrafe verboten wäre, einfach, weil sie den inneren Drang dazu verspüren, die Geschichten, die ihnen im Kopf rumschwirren, zu Papier zu bringen. In diesem Sinne war J.R.R. Tolkien kein „echter" Schriftsteller, denn sein literarisches Schaffen ist alles andere als umfangreich. Abgesehen von seinem Hauptwerk, dem „Herrn der Ringe", hat er kaum eine Hand voll anderer Bücher veröffentlicht, was zum einen daran lag, dass Tolkien die Schreiberei selbst auf der Höhe seines Erfolgs stets nur als eine Art Hobby neben seiner Fakultätsarbeit ansah, und zum anderen daran, dass er das Schreiben an sich zeitlebens als mühsame Plackerei betrachtete. Tolkien setzte sich nur höchst ungern hin, um zu schreiben, was immer wieder zu massiven Terminverschiebungen führte und unter anderem zur Folge hatte, dass der dritte Band der „Ring"-Trilogie, „Die Rückkehr des Königs", in England mit fast einem Jahr Verspätung auf den Markt kam. Umso mehr sind Tolkiens Bücher es wert, gelesen zu werden, da sie alle ihren Teil zur Mythologie von Mittelerde beitragen und uns an der überragenden Phantasie dieses unvergleichlichen Autors teilhaben lassen, der das Gesicht der Fantasy stärker geprägt hat als irgend jemand vor oder nach ihm.

Willkommen in Mittelerde!

Tolkiens Leben war geprägt von seiner Leidenschaft für Sprachen, nicht bloß, was seine berufliche Laufbahn als Professor für Angelsächsisch anging – für seine Leistungen auf dem Gebiet der germanischen Philologie und für seine Arbeiten über den altenglischen „Beowulf" wurde Tolkien mit insgesamt fünf Ehrendoktortiteln und einem hohen britischen Orden geehrt –, sondern auch in Bezug auf sein schriftstellerisches Wirken.

Tatsächlich müssen Tolkiens bis in seine frühe Jugend zurückreichenden Versuche, eigene Sprachen zu entwickeln, als Grundlage seines gesamten künstlerischen Schaffens betrachtet werden, weil die Mittelerde-Mythologie im Grunde einzig und allein Tolkiens Absicht entstammt, für diese fiktiven Sprachen, zu denen unter anderem die vom Finnischen und Walisischen beeinflussten Elbendialekte Quenya und Sindarin gehörten, einen „realen" Hintergrund zu kreieren. So gesehen, sind Bilbo und Frodo Beutlin, Sauron, Aragorn und Gandalf also „nur" Nebenprodukte Tolkiens sprachwissenschaftlicher Bemühungen.

Erste Gehversuche in dieser noch namenlosen „neuen Welt" unternahm er Anfang 1917, als er während des 1. Weltkriegs wegen der Erkrankung an „Grabenfieber" von der Front in Frankreich nach Hause zurückkehrte. Damals begann er mit der Arbeit am „Book of Lost Tales", dem „Buch der Verschollenen Geschichten", einer Sammlung von Erzählungen, aus denen sehr viel später „Das Silmarillion" („The Silmarillion") werden sollte.

Ein gutes Beispiel dafür, wie sehr Tolkiens Gedanken von Anfang an in eine bestimmte Richtung gingen, vermittelt die Erzählung „Die Geschichte der Kinder Húrins" („The Children of Húrin"). Die Geschichte entstand, als Tolkien im Sommer 1917 nach einem Schwächeanfall in das Offizierskrankenhaus in Hull eingeliefert wurde, gerade, als sich sein Genesungsurlaub in England dem Ende zuneigte und die Aussicht auf eine Rückkehr in die Schützengräben unheilvoll wie ein Damoklesschwert über ihm schwebte. „Die Geschichte der Kinder Húrins" ist eine Verschmelzung isländischer und finnischer Sagenüberlieferungen und erzählt von dem unglücklichen Túrin Turambar und den Widrigkeiten, denen er sich stellen muss, weil sein Vater Húrin einst von Morgoth, dem Schwarzen Feind, mit einem Fluch belegt wurde. Hier lassen sich deutlich Tolkiens literarische Einflüsse erkennen: Der Kampf des Helden mit einem großen Drachen erinnert an Sigurd (Siegfried) und Beowulf,

während Túrins unwissentlicher Inzest mit seiner Schwester und sein Selbstmord am Ende ganz bewusst der Geschichte von Kulvero im „Kalevala" angelehnt sind. Auch erinnerte der Rahmen, der die Geschichten im ersten Entwurf des Buches zusammenhielt und später vielleicht aus genau diesem Grund wieder aufgegeben wurde, stark an William Morris' „The Earthly Paradise" („Das irdische Paradies"). Wie bei Morris kommt ein Seefahrer in ein unbekanntes Land, wo ihm verschiedene Menschen Geschichten erzählen. Damit erschöpfen sich die Gemeinsamkeiten aber auch schon, denn diese

Geschichten, Eriol genannt, lassen sich nicht als bloßes Ergebnis literarischer Einflüsse abwerten. Tolkien schafft hier bereits die ersten Wurzeln einer neuen, einzigartigen Welt, die er in Anlehnung an das nordische Midgard und die gleichbedeutenden Worte im Frühenglischen „Middle-earth" nannte: Mittelerde.

„Der kleine Hobbit"

Dem Publikum präsentierte Tolkien diese wundersame Welt zum ersten Mal 1937 in „Der kleine Hobbit" („The Hobbit or There and Back Again"), einem Buch, das Tolkien ursprünglich als Gutenachtgeschichte für seine Kinder schrieb, wie ein Dutzend anderer Erzählungen auch. Allerdings brachte Tolkien selten eine dieser Geschichten zum Abschluss, da er sie zwar mit großem Enthusiasmus begann, später jedoch häufig die Lust verlor und die Arbeiten unvollendet in der Schublade liegen ließ. So erging es ebenfalls dem „Kleinen Hobbit", dessen Grundstein der Legende nach gelegt wurde, als Tolkien eines Tages – es mag Ende 1930 / Anfang 1931 gewesen sein – beim Korrigieren von Arbeiten seiner Studenten in dem ganzen Wust von Papier gnädigerweise ein unbeschriebenes Blatt fand und, ohne recht zu

wissen, warum, darauf kritzelte: „In einem Loch im Boden, da lebte ein Hobbit ..."

Tolkien schrieb die erste Fassung des „Kleinen Hobbit" innerhalb weniger Wochen nieder. Dabei stellte er fest, dass sich immer mehr Elemente der Mythologie, die er im „Buch der verschollenen Geschichten" skizziert hatte, in das Manuskript einschlichen. Er kam bis zu der Szene, in der der Drache sterben soll, wusste dann jedoch nicht weiter und ließ den Roman ruhen, bis ihn eine seiner ehemaligen Studentinnen, Elaine Griffiths, darum bat, das Buch den Lektoren des Verlags Allen & Unwin in London zeigen zu dürfen, für den sie auf Tolkiens Empfehlung hin Clark Halls Übersetzung des „Beowulf" überarbeiten durfte. Erst als Allen & Unwin Interesse daran zeigte, den „Kleinen Hobbit" zu veröffentlichen, rang Tolkien sich schließlich dazu durch, das Buch zu beenden.

„Der kleine Hobbit" erzählt die Geschichte des Hobbits Bilbo Beutlin, eines kleinen menschenähnlichen Wesens mit großen, behaarten Füßen und einer überaus bürgerlichen Mentalität, der von einigen Zwergen und dem Zauberer Gandalf als „Meisterdieb" angeheuert wird, um ihnen dabei zu helfen, den von einem Drachen bewachten Schatz ihrer Vorväter wieder in ihren Besitz zu bringen. Nach zahlreichen Abenteuern mit Trollen, Elben und Orks kann Bilbo den Zwergen dank eines magischen Rings, den er einem bösartigen Höhlenwesen namens Gollum abluchst, zu ihrem Schatz verhelfen und als reicher Hobbit nach Hobbingen zurückkehren.

Der Reiz dieses Kinderbuchs, das zusammen mit den ersten Entwürfen des „Silmarillion" den Grundstein für den „Herrn der Ringe" legt, liegt vor allem in der märchenhaften Atmosphäre und der stimmigen Verwendung von folkloristischen Motiven. Dabei ist die Moral für eine Kindergeschichte sehr komplex: Tho-

rin, der Anführer der Zwerge, verdankt den Schatz dem menschlichen Helden, der den Drachen getötet hat, weigert sich jedoch, ihm seinen Anteil daran zuzugestehen, obwohl das Untier die Stadt der Menschen in Schutt und Asche gelegt hat. Bilbo, der durch seine Abenteuer an Erfahrung und Verantwortungsbewusstsein gewonnen hat, überlässt den Menschen deshalb ein Erbstück der Zwerge als Pfand, das er wiederum als seinen rechtmäßigen Anteil an der „Beute" deklariert. Die Rechtmäßigkeit von Bilbos Handlungen steht somit zu keinem Zeitpunkt in Frage – Tolkien führt seine jungen Leser durch sämtliche Widrigkeiten und Gefahren zum Happy End.

„Der kleine Hobbit" erwies sich als ansehnlicher, wenn auch nicht überragender Erfolg und führte dazu, dass der Verleger Stanley Unwin Tolkien aufforderte, so bald wie möglich eine Fortsetzung zu schreiben. Zwar war Tolkien einverstanden, doch ihm schwebte von Anfang an ein viel längeres, ausgereifteres Werk vor, mit dem er auch erwachsene Leser würde ansprechen können. Dieser „neue Hobbit" entstand größtenteils während des 2. Weltkriegs und kurz danach, wenn seine Wurzeln auch – genau wie beim „Kleinen Hobbit" – auf Tolkiens frühere Versuche als Mythenschöpfer zurückreichen. Der Titel des Buches: „Der Herr der Ringe".

„Der Herr der Ringe"

Dabei hatte Tolkien anfangs nicht mal eine klare Vorstellung davon, worum es in dem Roman überhaupt gehen sollte. Erst als er sich fragte, was es eigentlich genau mit dem magischen Ring auf sich hat, den Bilbo dem Höhlenwesen Gollum abnimmt, kamen seine Gedanken schließlich in Schwung und seine Feder in Fluss. Zugute kam ihm dabei, dass mittels des Rings auch der Übergang vom Kinder- zum „Erwachsenenbuch" problemlos zu bewerkstelligen war, einfach, indem Tolkien erklärte, dass Bilbo Beutlin im „Kleinen Hobbit" an einer Stelle der Geschichte gelogen hat – dass er nämlich eigentlich unrechtmäßig in den Besitz des Rings gelangt sei. Auf diese Weise macht er aus Bilbos harmlosem Zauberspielzeug den Einen Ring, den Sauron, der Dunkle Herrscher, im ersten der vergangenen Zeitalter schuf, um Macht über alle Dinge zu erlangen. Dieser Ring wurde ihm nach seiner Niederlage durch die vereinten Kräfte von Elben und Menschen entrissen, um lange Zeit als verloren zu gelten. Nun jedoch ist Saurons Macht erneut gewachsen und bedroht die friedlichen Völker von Mittelerde. Allerdings ist seine Kraft ausschließlich auf die Existenz des Einen Rings gegründet, in den er damals einen Großteil seiner Energie einfließen ließ, um die geringeren Ringe der Macht in seinen Bann zu schlagen. Sollte Sauron den Ring zurückerlangen, wird seine Macht ganz Mittelerde verschlingen, würde der Ring aber zerstört, wird auch Sauron dadurch vernichtet.

Der einzige Weg, um den Ring zu vernichten, besteht darin, ihn in dem Feuer zu verbrennen, in dem er geschmiedet wurde: in den Schicksalsklüften des Vulkans Orodruin in Saurons finsterem Reich Mordor. Frodo Beutlin, der junge Vetter von Bilbo,

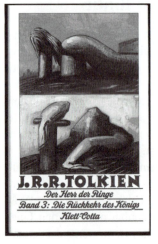

ist für diese Aufgabe auserwählt. Begleitet wird er von einer illustren Schar, zu der neben den Hobbits Sam, Merry und Pippin auch der Zauberer Gandalf und die beiden Menschen Boromir und Aragorn gehören, der noch unerkannte rechtmäßige König von Mittelerde. Außerdem dabei sind noch der Zwerg Gimli und der Elb Legolas als Vertreter der freien Völker. Auf ihrer langen, beschwerlichen Reise zum Schicksalsberg werden Frodo und Sam von den anderen getrennt und setzen ihren Weg nach Mordor auf eigene Faust fort, unterstützt von dem bereits aus dem „Kleinen Hobbit" bekannten Höhlenwesen Gollum, der dem Ring verfallen ist und sich an ihre Fersen geheftet hat, um ihn sich zurückzuholen. Unterdessen betreiben die anderen Gefährten zusammen mit dem Baumvolk der Ents und den Bürgern der Stadt Rohan den Sturz Sarumans, eines von Machtgelüsten korrumpierten bösen Zauberers, in seiner Feste Isengart, sie helfen bei der Niederschlagung einer von Saurons Armeen, die Minas Tirith, die Hauptstadt des Reichs Gondor, belagert, und marschieren mit einem letzten Aufgebot, angeführt von Aragorn, gegen Mordor, um Saurons Aufmerksamkeit von Frodo und Sam abzulenken, die sich, wie sie hoffen, inzwischen dem Orodruin nähern.

Mittlerweile haben die beiden Hobbits den Schicksalsberg nach zahlreichen unangenehmen Erlebnissen und Kämpfen, unter anderem mit der Riesenspinne Kankra, tatsächlich erreicht. Hier soll Frodo seine Aufgabe erfüllen, letztlich ist es jedoch Gollum, der den Einen Ring vernichtet, indem er ihn Frodo vom Finger reißt und damit – unabsichtlich – in die Schicksalsklüfte stürzt, genau in dem Moment, als sich vor den Toren von Mordors Hauptstadt die Schlacht gegen die Truppen des Westens zu wenden droht. Durch die Vernichtung des Rings vergeht Saurons Macht, sein Reich zerfällt, Aragorn wird als neuer König von Mittelerde eingesetzt und die Hobbits kehren in ihr Heimatland zurück. Hier treffen sie auf Saruman, den sie erst einmal vertreiben müssen, ehe es wirklich zum Happy End kommt. Im Epilog, der einige Jahre später spielt, bricht Frodo mit einigen guten Freunden zu den Unsterblichen Landen des Fernen Westens auf, um dort neue, spannende Abenteuer zu bestehen.

Anders als „Der Kleine Hobbit" wurde dieser „neue Hobbit", dessen Niederschrift ganze zwölf Jahre in Anspruch nahm, nicht Tolkiens Kindern erzählt, sondern Tolkiens literarischem Freundeskreis in Oxford vorgetragen, den „Inklings", zu denen unter anderem der Literaturwissenschafter und Autor Clive Staples Lewis gehörte, der unter dem Pseudonym C. Hamilton selbst eine Reihe von Kinderbüchern verfasst hat. Die Inklings nahmen Tolkiens Werk mit großer Begeisterung auf, was zusammen mit den beständigen Nachfragen des Verlags Allen & Unwin dazu führte, dass das Buch im Herbst 1949 endlich fertig wurde. Allerdings sorgten Unstimmigkeiten zwischen Tolkien und seinem Verleger dafür, dass der erste Band der „Trilogie", in die das Buch angesichts des enormen Umfangs umgewandelt werden musste, um auch bloß annähernd die Kosten zu decken, erst im August 1954 auf den Markt kam, fast achtzehn Jahre, nachdem Tolkien mit der Arbeit am „Herrn der Ringe" begonnen hatte. Die beiden anderen Teile folgten im November 1954 und im Oktober 1955.

Doch auch wenn „Der Herr der Ringe" heute als meistverkauftes Buch des 20. Jahrhunderts gilt, kam der Erfolg nicht über Nacht, denn trotz größtenteils ausgesprochen wohlwollender Kritik hielt sich der Absatz zunächst in Grenzen, wenn er über die Jahre hinweg auch beharrlich anstieg. Der große Durchbruch kam erst etwa ein Jahrzehnt nach der Erstveröffentlichung, als sich „Der Herr der Ringe" in den sechziger Jahren vor allem unter amerikanischen Studenten der Vietnam-Generation zu einem regelrechten Kultbuch entwickelte. Weiteren „Zulauf" erhielt das Werk durch das Tamtam um eine nicht autorisierte Taschenbuchausgabe durch den Verlag Ace Books im Jahre 1965, das schließlich dazu führte, dass Ace Books Pleite ging und sowohl Tolkien als auch „Der Herr der Ringe" in den USA in aller Munde waren. Spätestens zu diesem Zeitpunkt wurde deutlich, dass „Der Herr der Ringe" nicht nur ein „normaler" Bestseller war – es war ein Werk, das dazu geeignet schien, Äonen zu überdauern, wenn sich auch niemand so recht erklären konnte, warum eigentlich.

„Das Silmarillion"

Versucht man, dem „Ring"-Phänomen objektiv auf die Spur zu kommen, fällt auf, dass „Der Herr der Ringe", allein schon durch seine handwerkliche Solidität aus der breiten Masse hervorsticht und das sowohl gemessen an älteren wie auch an moderneren Fantasy-Romanen, denen man nur allzu häufig anmerkt, dass sie ausschließlich aus finanziellem Kalkül heraus geschrieben wurden, . Dramaturgie, Spannungsbogen, Atmosphäre, Charakterzeichnung – alles ist in sich absolut stimmig, und jedes noch so kleine Detail wurde liebevoll herausgearbeitet, um sich nahtlos in eine komplexe Weltgeschichte einzufügen, die mehr als sechs Jahrtausende zurückreicht. Die Sprachen der imaginären Völker, insbesondere die der Elben, in denen Tolkien den Elfen der viktorianischen Märchen ein wenig von ihrem früheren Glanz zurückgibt, sind teilweise so weit entwickelt, dass sich darin Unterhaltungen führen lassen. Tolkien hat das umfangreiche Vokabular dieser Sprachen genutzt, um in „Elbisch" Gedichte zu schreiben. Auch wenn diese Werke mit ihrer zuweilen sehr mechanischen Verwendung verschiedener Stilformen oft belächelt werden, gelingt es Tolkien mit seiner „Mittelerde-Lyrik" dennoch ausgezeichnet, die Psychologie der einzelnen Völker und Figuren besser herauszustellen.

Dabei arbeitet Tolkien die ganze Zeit über auf einen gänzlich neuen Heldentypus hin, in dem sich heidnischer Schicksalsglaube und christliches Erlösertum miteinander vermischen. Allerdings erweist Tolkien sich damit keineswegs als „christlicher" Autor wie einige seiner literarischen Mitstreiter aus dem Kreise der „Inklings", da Tolkien in seinen Werken sowohl auf die Handlungsmuster des klassischen Märchens als auch auf die des englischen Abenteuerromans der Jahrhundertwende zurückgreift. Genau das ist ihm von der etablierten Literaturkritik wiederholt vorgeworfen und zusammen mit der exotischen Natur seiner Geschichten immer wieder als Realitätsflucht ausgelegt worden. Tolkien selbst sah in seinem Schaffen, wie er in seinem 1963 erschienenen Essay „Über Märchen" („On Fairy-Stories") schreibt, jedoch weniger eine Flucht, sondern vielmehr eine Wiedererlangung der „wahren Perspektive", ausgelöst durch die Freude über das glückliche Ende, das nach Tolkiens Weltsicht den christlichen Erlösungsmythos widerspiegelt und uns so Einsicht in eine höhere Realität gewährt.

Dieses mystische Element in Tolkiens Werk wird im „Silmarillion" noch deutlicher, das sozusagen die Vorgeschichte zum „Herrn der Ringe" enthält und ursprünglich parallel dazu veröffentlicht werden sollte. Letztlich kam es aber erst 1977, ganze vier Jahre nach Tolkiens Tod, in einer von seinem Sohn Christopher bearbeiteten Form heraus. Und obwohl das Material mit Sicherheit weitgehend authentisch ist, entspricht es in dieser verknappten Form kaum Tolkiens Vorstellungen, die eher in den unter dem Titel „Unfinished Tales" („Nachrichten aus Mittelerde") zusammengefassten Fragmenten deutlich werden. Trotzdem bietet „Das Silmarillion" für die Leser, die mehr über Mittelerde, die drei Zeitalter und die Ringkriege erfahren wollen, viel interessanten Lesestoff. Allen anderen muss man von diesem Werk allerdings abraten, da es schlichtweg zu speziell ist, um einer „normalen" Lektüre zugänglich zu sein.

„Das Silmarillion" beginnt damit, dass Eru, der Eine, Tolkiens transzendenter Gott, aus seinen Gedanken heilige Wesenheiten, die Ainur, erschafft und ihnen das Thema für ein Musikstück vorgibt, in dem die gesamte Geschichte von Mittelerde vorgezeichnet ist. In diesem magischen Gesang formt sich das Bild der Welt, und einige der Ainur sind davon so angetan, dass sie darin eingehen und dadurch zu den Valar werden, personifizierten Naturkräften, zu denen Manwe (Luft), Ulmo (Wasser), Aule (Erde) und auch Melkor (Feuer) zählen, Tolkiens Satansfigur. Später kommen außerdem die Maiar hinzu, Wesen geringerer Ordnung, zu denen Gandalf der Graue und Sauron, der Dunkle Herrscher, gehören. Damit ist der Boden bereitet für das Auftreten der Elben und der Menschen – die einen unsterblich, die anderen sterblich. Mit der Ankunft der Elben im Land der Valar, im äußersten Westen von Mittelerde, beginnen die Legenden, die das eigentliche „Silmarillion" bilden, bei dem es sich im Grunde um nichts anderes als die Geschichte von Feanor handelt, dem kunstfertigsten unter den Elben, der das Licht der beiden Bäume Laurelin und Telperion in drei Edelsteinen einfängt: den Silmarilli. Weiter wird davon berichtet, wie Melkor Unfrieden zwischen den

Elben und den Valar sät, wie er die heiligen Bäume vernichtet und Finsternis über die Welt kommt, wie Feanor den Valar die Silmarilli verweigert, mit denen die Bäume hätten gerettet werden können und wie Melkor, besser bekannt als Morgoth, alles daransetzt, um die kostbaren Steine in seinen Besitz zu bringen. Als ihm dies schließlich gelingt, schwören Feanor und seine Söhne, jedes Geschöpf zur Strecke zu bringen, das sich weigert, ihnen eines der Silmarilli auszuhändigen, was den Elben letztlich zum Verhängnis wird.

In den Geschichten des „Silmarillion" finden sich neben den Wurzeln von Mittelerde ebenfalls die poetischen Kerne von Tolkiens Gesamtwerk: die Verbindung von Sterblichkeit und Unsterblichkeit, bestens dokumentiert an dem Menschenmann Beren und der Elbenmaid Lúthien, die ein idealisiertes Bild von Tolkiens Frau Edith darstellt. Die erste Erzählung des „Silmarillion", die zu Papier kam – „Von Tuor und dem Fall von Gondolin" („The Fall of Gondolin") –, wurde Anfang 1917 niedergeschrieben und hat ihren Platz gegen Ende des Zyklus. Darin geht es um den Angriff Morgoths auf die letzte Feste der Elben. Nach einer verheerenden Schlacht gelingt einigen Bewohnern von Gondolin die Flucht aus der belagerten Stadt, unter ihnen Éarendel, der Enkel des Königs, was diese Erzählung zu einem Bindeglied zwischen den frühen Éarendel-Geschichten, den ersten Skizzen der Mythologie, und dem späteren „Herrn der Ringe" macht. Gleichzeitig schließt sich damit der Kreis, der 1917 mit „Von Tuor und dem Fall von Gondolin" begann und 60 Jahre später mit dem Erscheinen des „Silmarillion" zu Ende geführt wurde.

Das neue Gesicht der Fantasy

Zu einem abschließenden Urteil über Tolkiens Gesamtwerk zu gelangen ist schwierig, da Tolkiens seit über 30 Jahren ungebrochene Popularität im Grunde allein auf den „Herrn der Ringe" zurückzuführen ist. Und obwohl der allgemeine Tenor der Kritik hierzu nach dem Erscheinen der Trilogie insgesamt sehr positiv ausfiel, gab und gibt es Stimmen, die dieses düstere Sittengemälde mit seinen komplexen Genealogien und seinem ernsten, staubtrockenen Pathos als „öde", „langweilig" und „unverständlich" bezeichnen. Am Ende sind es jedoch immer die Leser, die darüber entscheiden, ob ein Werk gut ist oder schlecht, und die Tatsache, dass vom „Herrn der Ringe" weltweit bislang über 50 Millionen Exemplare verkauft wurden, spricht eine deutliche Sprache. Hinzu kommt, dass die moderne Fantasy ohne Tolkien nicht das wäre, was sie heute ist. Jedes ihrer Werke muss sich – im Guten wie im Schlechten – an dem Tolkiens messen lassen. In diesem Zusammenhang ist es bemerkenswert, dass Tolkien zwar nur wenige direkte Nachahmer gefunden hat – von einigen ganz naiven Imitatoren abgesehen –, seine Figuren und Motive jedoch ein fester Bestandteil der Populärkultur des 20. Jahrhunderts geworden sind. Alles in allem kann man daher nur zu dem Schluss gelangen, dass der Einfluss, den Tolkien auf das Fantasy-Genre ausgeübt hat, gar nicht hoch genug bewertet werden kann, ganz zu schweigen davon, dass die Welt ohne den „Kleinen Hobbit" und den „Herrn der Ringe" um zwei wunderbare Geschichten ärmer wäre.

Kapitel 3

Die Verfilmung des größten Fantasy-Epos aller Zeiten

von Stefan Servos

3.1 Einleitung

Am 19. Dezember 2001 ist es endlich so weit. Diesem Tag haben Tolkien-Fans auf der ganzen Welt seit Jahren entgegengefiebert. Die Phantasie wird Wirklichkeit, der erste Teil der „Herr der Ringe"-Trilogie mit dem Titel „Die Gefährten" wird über die Kinoleinwände flimmern. Schon bei dem Gedanken an die Premiere steigen so manchem Fan die Freudentränen in die Augen. Und bereits ein Jahr vorher erhielt die Produktionsfirma täglich Anfragen, ob man schon Premierenkarten kaufen könne. Die Kinolandschaft wird nie wieder so sein wie zuvor, denn diese Filmproduktion stellt vermutlich alles zuvor da Gewesene in den Schatten. Diese Produktion ist nicht nur ein Meilenstein in Sachen Tricktechnik, sondern wird auch dem verpönten Fantasy-Genre eine Frischzellenkur verpassen. Noch nie in der 100-jährigen Geschichte des Films ist jemand das Wagnis eingegangen, gleich drei Teile einer Filmtrilogie gleichzeitig abzudrehen, noch dazu in einem Genre, das in dieser Form noch nie auf der Leinwand zu sehen war.

Das Fantasy-Genre hatte es in der Vergangenheit nicht leicht. Bereits vor 20 Jahren scheiterten erste Versuche, ernste Fantasy-Filme zu drehen. Die Billig-Produktionen landeten meistens irgendwo zwischen Trash und unfreiwilliger Komik. Die niedrigen Budgets hatten schlechte Effekte und minderwertige Ausstattung zur Folge. Die Spezialeffekte verdrängten jede tiefere Handlung und die Charaktere wirkten vielfach blass. Die wenigen Fantasy-Filme, die es im Laufe der Jahre dennoch schafften, einen Platz in der Zuschauergunst zu erlangen, waren eher familienfreundlich und lustig. Keinem Fantasy-Film gelang es bisher, die epische Tiefe eines „Spartacus" oder „Braveheart" zu erreichen. Die bisherigen Produktionen nahmen sich selbst nicht ernst und wurden daher auch sowohl von der Filmindustrie als auch vom Publikum verschmäht. Helden, die im 80er-Muskel-Look durch Pappkulissen stapften, wurden belächelt. Allenfalls als Kinderfilm hatte das Genre Fantasy eine Chance, entsprechend gewürdigt zu werden.

Aber „Die unendliche Geschichte" oder „Der dunkle Kristall" waren eben nicht viel mehr als Kinderfilme.

Aber Tolkiens „Der Herr der Ringe" wollte von Anfang an als Mythos für Erwachsene ernst genommen werden. Die Geschichte ist überdies viel zu komplex, um Kinder zu unterhalten. Tolkiens Mythenschöpfung könnte ohne Probleme in die Fußstapfen der „Edda" oder des „Nibelungenliedes" treten. Diese Richtung soll nun auch die erstmalige Real-Verfilmung des Romans einschlagen. Regisseur Peter Jackson möchte aus dem Schatten der enttäuschenden Fantasy-Film-Ära heraustreten und dem Zuschauer eine Filmtrilogie bieten, die die phantastischen Elemente mit einer historischen Ernsthaftigkeit kombiniert. Sein erster Schritt bestand darin, der Welt zu erklären, dass er keinen Fantasy-Film drehe, sondern ein mythisches Epos verfilme. Die Welt war begeistert, und in der gesamten Filmbranche gab es nur noch ein Thema: Die Verfilmung von Tolkiens „Der Herr der Ringe".

Mission – Top Secret

Noch nie war die Geheimhaltungsstufe bei einem Filmprojekt so hoch wie bei der Verfilmung von „Der Herr der Ringe". Von der Filmproduktionsfirma New Line Cinema wurden im Vorfeld kaum Informationen rausgegeben, und alle Personen, die an der Produktion beteiligt waren, ob Statisten oder Techniker, mussten so genannte „Confidential Agreements" unterschreiben. Das sind Verträge, in denen sie versicherten, über nichts zu sprechen, was sie während der Produktion gehört, gesehen oder getan haben. Auch die Designs der wichtigsten Kreaturen, wie dem Balrog oder von Gollum, werden strengstens unter Verschluss gehalten.

Doch so leicht ließen sich die Tolkien-Fans nicht abwimmeln. Das Bedürfnis nach Informationen und Bildern von Sets und Designs war so hoch, dass eine regelrecht kriminelle Energie entwi-

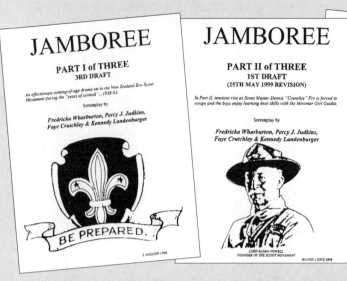

Jacksons „Herr der Ringe"-Verfilmung wurde als Pfadfinderdrama getarnt.

ckelt wurde, um über Umwege an das gewünschte Material zu kommen. Einige Fans kletterten nachts mit Fotoapparaten über den Sicherheitszaun des Bree-Sets, während ihre Freunde den Nachtwächter ablenkten. Andere Fans mieteten sich Hubschrauber, um das abgelegene Hobbingen-Set aus der Luft zu fotografieren. Das Internet leistete die restliche Arbeit. In wenigen Stunden ging jedes Foto einmal um die ganze Welt – die Datenautobahn macht es möglich. Die Produktionsfirma New Line Cinema wurde von der Begeisterung der Tolkien-Fans regelrecht überrumpelt. Der Sicherheitsaufwand wurde enorm erhöht. Die Drehorte wurden gleich von einer ganzen Schar Sicherheitsmänner bewacht.

Drei Security-Firmen arbeiteten rund um die Uhr, um Fans und Paparazzi fern zu halten. Doch die besten Sicherheitsmänner nützen nichts, wenn die Sets von der Straße oder dem benachbarten Gelände aus einsehbar sind. So war es der Geheimhaltung nicht gerade förderlich, dass die Festung von Helms Klamm in einem Steinbruch errichtet worden war, der nur einige Meter von Neuseelands wichtigster Hauptverkehrsstraße entfernt lag. Heute gehört dieses Set wohl zu den meist fotografierten der Filmgeschichte. Täglich tauchten neue Fotoserien von Fans, die zu diesem Drehort gepilgert waren, im Internet auf.

Als die Kulisse für das Set der Stadt Minas Tirith umgebaut wurde, hatte die Filmcrew dazugelernt und errichtete die Kulissen so, dass man von der Straße nur die Rückseiten erkennen konnte. Doch auch die Kulissen-Rückseiten stellten sich als ein begehrtes Foto-Objekt heraus.

Der Wachaufwand wurde weiter verstärkt, aber erneut erwies sich ein Fan als schlauer. Extra wegen der Produktion nach Neuseeland gezogen, ließ er sich vom Wachdienst anheuern und arbeitete von nun an direkt am Set. Immer wieder steckte er Requisiten ein und schoss unzählige Fotos. In seiner Wohnung errichtete er damit einen regelrechten Tolkien-Schrein. Doch bevor er etwas von dem Material im Gesamtwert von 214.000 DM veröffentlichen konnte, flog die Sache auf. New Line Cinema ließ den fanatischen Fan sofort verhaften. Das neuseeländische Gericht verdonnerte ihn zu 250 Sozialstunden.

Doch es sollte noch dicker kommen. Nachdem New Line Cinema mehrere Ebay-Auktionen hatte stoppen lassen, bei denen vermeintliche Requisiten und Filmmaterial auf Videokassetten versteigert worden waren, wurden im Juli 2000

drei weitere Mitarbeiter der Filmproduktion verhaftet. Aus profaner Geldgier hatten sie Videokassetten mit Hunderten von Szenenaufnahmen, Drehbücher, Requisiten und Kostüme gestohlen. Die Polizei von Wellington gab sich als vermeintliche Interessenten aus und kaufte zunächst eine Minute des Filmmaterials für umgerechnet 10.000 DM. Danach verabredeten sie sich mit dem Verkäufer in einem Hotel in Auckland, Neuseeland, um die restlichen beiden Bänder (90 Minuten und 45 Minuten lang) für umgerechnet 190.000 DM zu erwerben. Am 24. Juni 2000 schlug die Polizei zu. Im Haus des Täters wurden 17 weitere Videokassetten gefunden.

Diese Beispiele demonstrieren, wie groß das Bedürfnis der Öffentlichkeit nach Informationen zum „Herr der Ringe" ist, denn bei den meisten Lesern hat der Roman einen prägenden Eindruck hinterlassen und gehört in die Riege der Lieblingsbücher. Dennoch wollte New Line Cinema verständlicherweise eine Übersättigung im Vorfeld verhindern, zeigten doch Marketing-Beispiele aus der Vergangenheit, dass ein zu großer Medien-Hype im Vorfeld einem Film auch schaden kann.

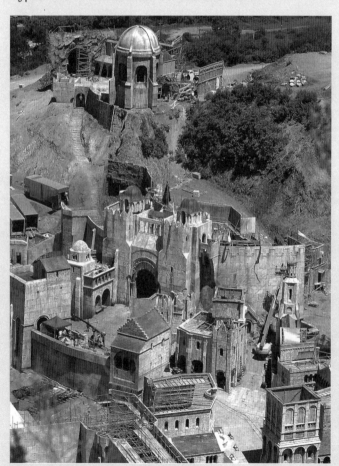

Ob Front- oder Rückseite: Minas Tirith hatte es den Fans angetan.

3.2 Zwischen Kitsch und Kommerz – Ein Blick auf bisherige Verfilmungen

Einer Verfilmung stand Professor Tolkien zu Lebzeiten schon immer sehr kritisch gegenüber, denn dies war eine Sache, die außerhalb seiner Zuständigkeit lag. Als Erster erwarb Walt Disney 1956 die Filmrechte für Tolkiens Meisterwerk, ein übliches Vorgehen des amerikanischen Trickfilmers bei erfolgreichen Kinderbüchern. Als Tolkien zwei Jahre später ein erster Drehbuchentwurf geschickt wurde, war er geschockt. Plötzlich hatten seine Orks Schnäbel und Federn und der Elbenwald Lothlórien verkam zu einer „Schloss Neuschwanstein"-Kopie mit weißen Dächern und Minaretten. Und zu allem Überfluss tauchten die Adler in der Disney-Version alle paar Minuten auf, deren König nun übrigens Radagast hieß. „So darf man den ‚Herr der Ringe' nicht entstellen", schrieb Tolkien in einem wütenden Brief an Forrest J. Ackerman. Schon 1959 zog Disney nach dem Misserfolg seiner ambitionierten Dornröschenverfilmung seine Option wieder zurück. Zehn Jahre später erwarb die amerikanische Filmproduktionsfirma United Artists die Rechte für die Verfilmung. Heiße Favoriten für den Regiestuhl waren damals John Boorman („Excalibur") und Stanley Kubrik („2001 - Odyssee im Weltraum"), doch beide lehnten ab, nachdem ihnen klar geworden war, welchen Ansprüchen sie gerecht werden müssten. Der Roman war viel zu komplex, um als Film umgesetzt zu werden. Eine noch größere Schwierigkeit bereitete allerdings die phantastische Welt Mittelerde mit all ihrer Magie und ihren Kreaturen. Es schien unmöglich, geeignete Darsteller für die zwergenhaften Hobbits zu finden und zusammen mit ihnen hünenhafte Baumwesen durch die Filmkulisse stapfen zu lassen. Immer wieder wurde das Projekt aufgeschoben.

Mitte der 70er Jahre, nach Tolkiens Tod im Jahre 1973, hatte der Trickfilm-Künstler Ralph Bakshi die einfache und vermeintlich geniale Idee, wie man es schaffen könnte, die technischen Herausforderungen zu bewerkstelligen: Er wollte einen Zeichentrickfilm machen. In den Jahren zuvor war er mit den beiden Skandal-Streifen „Fritz the Cat" (1972) und „Heavy Traffic" (1973) bekannt geworden, die sich um Drogen, Sex und Rock n' Roll drehen.

Aber Bakshi überzeugte die Film-Bosse bei United Artists und Produzent Saul Zaentz („Einer flog über's Kuckucksnest"). Er begann den Film im Rotoskopie-Verfahren zu drehen. Bei diesem Verfahren werden zunächst Real-Szenen mit echten Darstellern gedreht, die dann später überzeichnet werden. Der Effekt, den man dadurch erzielt, ist ein Zeichentrickfilm mit sehr realistischen Bewegungen und Abläufen. Als Sprecher engagierte er fähige Schauspieler, für die Stimme des Elben Legolas

beispielsweise Anthony Daniels, der kurz zuvor als C-3PO im ersten Teil der Sternen-Saga „Star Wars" zu sehen gewesen war, und als Aragorn John Hurt, dem als Ingenieur Kane ein Jahr später Ridley Scotts „Alien" aus der Brust platzen sollte.

Nach fünf Jahren Arbeit kam dann 1977 ein zweistündiger Film mit dem Titel „Lord of the Rings" in die Kinos. Doch was da auf der Leinwand zu sehen war, war mehr als enttäuschend für die Tolkien-Fans. In einer lieblos-psychedelischen Märchenlandschaft tummelten sich putzige Kindergarten-Hobbits und Elben, die Barbie-Puppen nicht unähnlich waren. Auch wenn der Film einige atmosphärische Momente bieten kann, wie die Straßen von Bree, so überwiegen doch die enttäuschend lieblos gestalteten Szenerien. Hinzu kamen die totalen Fehlinterpretationen mancher Charaktere. So tritt Boromir, im Roman als edler Krieger in schwarzer Gewandung beschrieben, als ein stumpfsinniger, jähzorniger Wikinger auf, der sich, wie es scheint, seinen Hörnerhelm bei den Bayreuther Wagner-Festspielen geklaut hat.

Über die Musik von Leonard Rosenman lässt sich streiten und tatsächlich gibt es einige gute Momente in seinem Soundtrack, wie die Schlachtlieder der Orks oder die Wanderlieder der Hobbits. Aber spätestens, wenn im Elbenwald Lothlórien der mexikanische Kinderchor einen Song namens „Mithrandir" trällert, ist auch hier der Geduldsfaden eines jeden Tolkien-Fans überspannt. Das so der liebliche Gesang der Elben klingen soll, hätte selbst Professor Tolkien noch vehement aus dem Grabe heraus bestritten. Dabei betonte Regisseur Bakshi immer wieder, dass er sich genau an die Vorlage gehalten habe. Er habe sich mit Tolkiens Erben getroffen und sei in Oxford auf den Spuren des Professors gewandelt. So wie er den Roman wiedergegeben habe, sei es absolut im Sinne des Autors gewesen.

Und kaum ist Gandalf in den Minen von Moria dem Balrog zum Opfer gefallen, scheint es so, als hätten die Zeichner und Storyschreiber überhaupt keine Lust mehr gehabt. Immer öfter sieht man unter den Zeichnungen die realen Schauspieler hervorblitzen, deren Kleidungsstücke in unregelmäßiger Gewohnheit zu wechseln scheinen. Zudem wird die Handlung immer unübersichtlicher und für Laien nicht mehr nachvollziehbar. Als schließlich eine wandelnde Rübe namens Baumbart dem Fan eine unangenehme Gänsehaut über den Rücken jagt, wird offensichtlich, dass der Film auf ganzer Linie versagt hat.

Nach zwei Stunden erreicht das Spektakel seinen Höhepunkt mit der Schlacht um die Hornburg. Die Realszenen für die Schlacht wurden zum Teil in Spanien gedreht, teilweise aber auch aus dem russischen Film „Alexander Nevsky" (1938) geliehen. Sie entschädigen kurzzeitig für die vorhergegangenen Szenen, doch dies ist nicht von langer Dauer. Alsbald folgt der Schock für alle Tolkien-Fans: Mitten in der Handlung bricht der Film ab und der Abspann verkündet, dass der Rest der Geschichte ein andermal erzählt werden soll. 1978 mussten zahllose Filmvorführer dem aufgebrachten Publikum erklären, dass der Film wirklich zu Ende sei. Erst 23 Jahre später gab Bakshi zu: „Ich denke, Tolkien umzusetzen, ist unmöglich. Es ist absolut unmöglich, die Brillanz dessen, was er geschrieben hat, wiederzugeben – nur der Roman selbst kann in Gebiete der Phantasie des Lesers eindringen, die ein Film niemals erreichen wird."

Die Fortsetzung kam einige Jahre später, doch leider, oder Gott sei Dank, nicht mehr ins Kino, sondern nur als japanisch/amerikanische Billigproduktion in die amerikanischen Wohnzimmer. In einem Zug produzierten Arthur Ranking Jr. und Jules Bass die Filme „The Hobbit" (1978) und „The Return of the King" (1980). Die Namen der Regisseure versprachen eigentlich Qualität, sollten sie doch einige Jahre später noch einmal mit dem etwas kitschigen, aber dennoch poetischen Werk „Das letzte

Einhorn" (1982) Aufsehen erregen. Doch was da im Jahre 1978 über die Bildschirme flimmerte, stellt alles bisher da Gewesene an Schlechtigkeit in den Schatten. Das, was Tolkien nie wollte, war Wirklichkeit geworden: Die Orks wirkten wie riesige Ochsenfrösche und die Zwerge schienen geradewegs aus Disneys Schneewittchen entsprungen – ganz zu schweigen von den Wurzelgnomen, die sich Elben schimpften. Aber „The Return of the King" setzte 1980 dem Ganzen die Krone auf. Lächerliche Skelette klapperten als Nazgûl mit den Knochen und Hobbit Sam träumte von Picknicks mit singenden Orks. Das Desaster war perfekt, obwohl man für die Rollen renommierte Sprecher gewinnen konnte, John Huston beispielsweise (Meister Hora aus „Momo") als Gandalf und Orson Bean (zuletzt zu sehen als verwirrter Dr. Lester in „Being John Malkovich") gleichzeitig als Bilbo und Frodo. Arthur Ranking Jr. und Jules Bass waren weit über das Ziel hinausgeschossen und hatten es gleichzeitig um Längen verfehlt. Das Epos war zu einem miserablen Kinderfilm verkommen, der dem Zuschauer höchstens ein schmerzhaftes Lächeln abringen konnte.

3.3 Von Lizenzen, Rechten und Produzenten – Die Geschichte der „Herr der Ringe"-Produktion

Als Lebenstraum bezeichnet Regisseur Peter Jackson die Verfilmung des „Herrn der Ringe". Als 18-Jähriger hatte er den Roman während einer 14-stündigen Zugfahrt nach Auckland (in Neuseeland) gelesen und kam nicht mehr davon los. Ihm gefiel der Gedanke, mit Phantasiewelten zu spielen und er entwickelte ein Gespür dafür, teils schöne, teils albtraumhafte Traumwelten auf

Wer damals schlau war, ist heute vielleicht Teil des größten Fantasy-Epos der Filmgeschichte.

die Leinwand zu zaubern. Ob in „Braindead" oder „The Frighteners", es geht in seinen Filmen immer um eine Verstörung der Realität, um Themen, die sich auf eine überirdische Ebene begeben.

Aber an Tolkiens Epos wagte er sich zunächst nicht. Lange wartete er darauf, dass jemand anders sich dieser schweren Bürde annehmen würde, den „Herr der Ringe" auf die große Leinwand zu bringen. Aber niemand wagte es, und schließlich entschied sich Jackson, mit Blick auf die aktuellen technischen Möglichkeiten, seine eigene brennende Liebe zu diesem Roman in das Mammutprojekt zu stecken. „Am Anfang hatte ich nur ein Ziel: Ich wollte die Zuschauer auf eine Art und Weise nach Mittelerde entführen, die sowohl glaubwürdig als auch imposant ist", erklärt er, „Ich wollte all die großartigen Momente aus dem Roman nehmen und dabei moderne Technologien benutzen, um dem Publikum einen Kinoabend zu bereiten, wie es ihn noch nie zuvor erlebt hat."

1996 kontaktierte Peter Jackson den Hollywood-Mogul Saul Zaentz und berichtete ihm von seiner Idee. Damals hatte er bereits zwei Jahre seines Lebens in das Projekt gesteckt. Saul Zaentz ist seit 25 Jahren der Besitzer der Filmrechte an „Der Herr der Ringe". Der 80-Jährige ist bekannt für sein Gespür für erfolgreiche und intelligente Filme, unter anderem produzierte er die

Das Kleingedruckte für Statisten: Trolle dürfen mit drei Kreuzen unterzeichnen.

Elf, Ork oder Reiter von Rohan? Das ist hier die Frage ...

preisgekrönten Werke „Einer flog über's Kuckucksnest", „Amadeus", „Der Englische Patient" oder „Die Unerträgliche Leichtigkeit des Seins". Saul Zaentz ist aber nicht nur Geschäftsführer der Tolkien Enterprises Inc., sondern auch bekennender Tolkien-Fan. In den frühen 70ern reiste er sogar nach England, um sich dort mit Tolkiens Erben zu treffen, zu denen eine andauernde Freundschaft entstand. Aber mit Ausnahme der Rechte-Verwaltung habe er offiziell rein gar nichts mit der Verfilmung zu tun, gesteht der Drahtzieher immer wieder bescheiden, er wolle daher auch nicht im Abspann auftauchen.

Jackson und Zaentz verabredeten sich zu einem Treffen, bei dem auch Jacksons Frau Fran Walsh (Drehbuch) anwesend war. Zaentz war begeistert von den beiden. „Ich konnte sehen, dass beide sowohl begabt als auch intelligent sind", erzählte Zaentz nach dem Treffen, „Es war ihr Lebenstraum und nur sie haben die Fähigkeit, diese Sache zu bewältigen. Ich denke, Peter Jackson ist der richtige Mann für diese Sache. Sein Film ‚Heavenly Creatures' war wundervoll. Dieser Film demonstrierte, dass er ein Regisseur ist, der Geschichten erzählen kann." Und auf die Geschichte komme es beim „Herr der Ringe" an, einem Projekt, das Gefahr lief, von Spezial-Effekten dominiert zu werden. „Wenn mich Peter Jackson nicht überzeugt hätte, hätte es mit dem Film wohl nicht geklappt. In den letzten zehn Jahren gab es viele verschiedene Interessenten, aber der Richtige war einfach nicht dabei."

1997 verkaufte Zaentz die Optionen für die Verfilmung dann an die Disney-Tochter Miramax, unter der Bedingung, dass Peter Jackson als Regisseur verpflichtet würde. Miramax-Gründer Harvey Weinstein stimmte zu. Doch kurze Zeit später wurde klar, dass Miramax nicht bereit war, drei einzelne Teile zu produzieren. „Das war natürlich ein Unding", empört sich Zaentz, „und er [Peter Jackson] stieg aus. Miramax hätte nun noch mal einen hohen Betrag für die Erneuerung der Option zahlen müssen, aber sie hatten keinen Regisseur mehr." So bewies Jackson früh, dass er hinter seinem Projekt steht und sich nicht von der Hollywood-Maschinerie einwickeln lässt. „Sie wollten alles in einen Film stecken und damit war ich nicht zufrieden", berichtet Jackson über die Zusammenarbeit. Aber die Trennung sei dennoch freundschaftlich verlaufen. Miramax gab Jackson drei Wochen Zeit, eine neue Produktionsfirma zu finden. Jackson pilgerte mit seinem Drehbuch unterm Arm und einem 36-minütigen Demo-Video, auf dem Testversionen von Kreaturen, Bühnenbildern, Make-up und Kostümen zu sehen waren, zu New Line Cinema. Mit der Independent-Produktionsfirma hatte er früher schon einmal gearbeitet und hegte eine langjährige Freundschaft zu Fine Line Features-President Mark Ordesky und dem damaligen Präsidenten Michael DeLuca. Robert Shaye, Vorsitzender von New Line Cinema, telefonierte kurz mit Saul Zaentz, der ihm wiederum die Wichtigkeit von Jackson verdeutlichte, und stimmte dann zu, die Rechte von Miramax für über zehn Millionen Dollar zu erwerben.

Die beiden Miramax Hauptvorsitzenden Harvey und Bob Weinstein entschieden sich, das Projekt auch weiterhin zu unterstützen, und werden im Abspann als „executive producers" zu sehen sein. „Bob Shaye unterschrieb meinen ersten Gehaltsscheck", erzählte Jackson nach Vertragsabschluss, „Jeder bei New Line ist ein Fan der Bücher, deshalb habe ich ein gutes Gefühl mit ihnen."

Sollte die Trilogie erfolgreich sein, was mehr als wahrscheinlich ist, könnte sich dies zu einer unerschöpflichen Goldgrube für New Line entwickeln, denn Robert Shaye erwarb neben den Rechten für die Verfilmung auch die Rechte für den „Hobbit" und weltweites Merchandising. In einer ersten Pressemeldung Mitte 1998 gab sich Shaye zuversichtlich: „Wir haben Peters Drehbuch und sein Demo-Video gesehen und glauben, dass er die Ideen und Technologien hat, dies zu einer Größe zu vereinen, welche die der Fantasy-Filme von vor zehn oder 15 Jahren locker hinter sich lassen wird. Selbst wenn der erste Film ein verhältnismäßiger Flop wird, kann man zwar nicht mehr garantieren, dass es ein einbringendes Geschäft wird, aber wir haben eine Menge Berechnungen gemacht und sehen trotzdem eine gute Chance, trotz des Risikos, Gewinn zu machen."

Das Projekt ist für New Line Cinema etwas Besonderes, da die Independent-Produktionsfirma bisher meist verhältnismäßig billige „Low-Budget"-Filme wie „Spawn", „Dark City" oder „Nightmare on Elmstreet" produziert hat. Einer ihrer bisher teuersten Filme ist „Lost in Space" mit 85 Millionen Dollar, einer der erfolgreichsten „Austin Powers". „Ich bin ein Spieler, wie jeder andere im Filmgeschäft auch, aber dieses Projekt könnte die Phantasie des Publikums weltweit erfassen", so Robert Shaye, der für seine Produktionsfirma einen Erfolg wie für Lucasfilm Ltd. nach „Star Wars" erhofft. Und sollte dieser Erfolg wirklich eintreten, wird New Line zweifellos auch den „Hobbit" finanzieren.

„Wir sind froh, hier in Neuseeland sowohl die Technologie als auch die Landschaft zur Verfügung zu haben, um die einzigartige Welt Mittelerde zum Leben zu erwecken", erzählt Peter Jackson im Interview mit den Fans. „Wir werden nicht nur ein einmaliges Kinoereignis erschaffen, sondern Tolkiens Werk auch mit dem Respekt und der Integrität behandeln, die es verdient."

Er beschreibt den Stil seiner Verfilmung als historisch. Ganz anders als „Der dunkle Kristall" oder „Labyrinth". Man müsse sich die Epik von „Braveheart" mit einem Schuss des visuellen Stiles von „Legende" vorstellen.

Adel verpflichtet: Sir Ian Holm und Sir Ian McKellen (mit Robert Shaye von New Line Cinema) sind vom Erfolg des „Herrn der Ringe" überzeugt.

New Line Cinema

New Line Cinema bezeichnet sich selbst als die führende Independent-Produktions- und Vertriebsfirma für Kinofilme, obwohl sie sich wohl mittlerweile das „Independent" sparen kann, wurde sie doch vom wohl weltgrößten Medienkonzern AOL Time Warner aufgekauft. Gegründet wurde New Line Cinema 1967 von Robert Shaye, der noch heute der Geschäftsführer der Produktionsfirma ist. Ende der 70er Jahre begann die Herstellung erster eigener Filme. Horror-Streifen wie „Tanz der Teufel" und „Nightmare – Mörderische Träume" waren es, die der Firma in den 80ern zu Bekanntheit verhalfen. Inzwischen zählt New Line Cinema zu den ganz Großen in Hollywood, und die Produktion von „Der Herr der Ringe" ist sicherlich ein weiterer, gewaltiger Schritt nach vorne.

3.4 Das stand aber so nicht im Roman – Die Filmadaption

Die Umsetzung eines Mythos vom Format des „Herrn der Ringe" als Film ist eine Herausforderung, wie es sie in der Geschichte des Kinos noch nie gab. Wenn eine Romanvorlage als Drehbuch adaptiert wird, lassen sich Änderungen zwangsläufig nicht verhindern. Die Vorlage muss an das Medium Film angepasst werden und der Film lebt von der Bildsprache. Lange Monologe im Roman, Gedankengänge oder Beschreibungen müssen für den Film in lebendige Aktionen umgesetzt werden. Kaum ein Kinogänger achtet ausschließlich auf die Sprache. Zudem ist es schwer, den Ausführungen eines Kinohelden zu folgen, wenn die Bilder thematisch nicht passen. Eine Eins-zu-eins-Umsetzung des Romans hätte zwangsläufig einen zähflüssigen und langweiligen Film zur Folge gehabt. Und wer erinnert sich nicht an die schwerfälligen Literaturverfilmungen aus dem Deutschunterricht, denen genau dieser Fehler unterlaufen ist.

Ein weiterer Aspekt, der die filmische Umsetzung kompliziert, ist die Tatsache, dass der wahre Bösewicht des Films nur ein kleiner goldener Ring ist. Kein Feuer speiender Drache, kein Kampf-Cyborg und kein weißer Hai, sondern nur ein kleiner Gegenstand. „Das Böse existiert auf einer psychischen Ebene", erklärte Peter Jackson einmal in einem Interview. „Und in Kinofilmen ist es sehr kompliziert, psychologische Aspekte umzusetzen, da sie nicht fassbar sind." Er vermittle die psychologische Seite, indem er die Gesichter und Augen der Personen zeige, die auf den Ring treffen. „Es ist eine Herausforderung, jede Begegnung mit dem Ring anders zu gestalten. Einige Charaktere verfallen dem Ring etwas schneller als andere. Die Musik ist hier ein sehr wichtiger Faktor."

Eine Szene, in der Boromir über den Ring spricht und seine verräterische Absicht immer mehr offenbart, wirkt auf der Leinwand unbestreitbar um einiges besser, wenn Boromir bei seinen Worten auch hasserfüllt auf den Ring blickt. Erst in diesem Augenblick wird dem Zuschauer die Verbindung klar. Die Szene wirkt intensiver, die Absicht wird gebührend vermittelt. Um also dem Kinozuschauer das gleiche Gefühl zu geben, wie es der Leser des Romans hatte, müssen die Szenen geändert werden.

Schon Professor Tolkien hatte zu Lebzeiten nichts gegen Änderungen in einem Film einzuwenden, so lange sie sinnvoll waren. In seinem Brief an Forrest J. Ackerman über eine mögliche Verfilmung schrieb er:

„... Ich wäre sogar von mir aus geneigt, [die Helms-Klamm-Szene] ganz zu streichen, wenn sie nicht kohärenter und zu einem bedeutsameren Teil der Geschichte gemacht werden kann ... Wenn die Ents und die Hornburg nicht beide ausführ-

lich genug behandelt werden können, dass es Sinn ergibt, dann muss eines von beidem verschwinden. Das sollte die Hornburg sein, die für die Handlung nebensächlich ist."

Etwas weiter schreibt er dann, dass die Streichung dieser Szene auch den Vorteil hätte, dass die anderen Schlachten besser zur Geltung kommen.

Als Fran Walsh, Philippa Boyens und Peter Jackson das Drehbuch für die Filmtrilogie schrieben und damit den Handlungsstrang entwarfen, lag es an ihnen, Szenen zu kürzen oder ganz wegzulassen. Da sie alle drei fanatische Tolkien-Fans sind, fiel es ihnen zweifelsohne schwer. Sie führten lange Diskussionen darüber, was den Geist Mittelerdes ausmache und verbrachten ganze Nächte mit der Selektion. Peter Jackson zeichnete sich bei den Gesprächen dadurch aus, dass er nicht nur den „Herr der Ringe" und das „Silmarillion", sondern auch die gesamte

Tolkien wäre bereit gewesen, Helms Klamm zu streichen. Jackson ließ die Schlacht um die Hornburg im Film.

„History of Middle-Earth" (das sind 12 Bände à 1000 Seiten) nahezu auswendig kannte.

Schon in einem der ersten Interviews 1998 kündigte Peter Jackson an, dass man am Anfang die Handlung etwas straffen müsse. Man müsse einige der Originalszenen opfern, um die Charaktere einzuführen, denn im Gegensatz zum Roman, wo man die Personen erst während der Handlung kennen lernt, sollten sie im Film in der ersten halben Stunde vorgestellt werden. Ihre Beziehungen zueinander müssten deutlich werden, so dass der Zuschauer sich mit ihnen identifizieren könne. Aus diesem Grund wird beispielsweise auch die Freundschaft zwischen den Hobbits Merry und Pippin schon zu Beginn des Films deutlich hervorgehoben.

Der Arwen–Faktor

Eine der auffälligsten Änderungen betrifft die Rolle der Elbe Arwen. Zugegebenermaßen leidet der „Herr der Ringe" an chronischem Frauenmangel. Ein paar finden sich zwar, aber entweder sind es wortkarge Walküren (Éowyn) oder unantastbare Marienerscheinungen (Galadriel).

Eine gute Chance bietet da natürlich die Liebesgeschichte zwischen dem Waldläufer Aragorn und der Elbe Arwen, die am Ende der Geschichte ihre Unsterblichkeit opfert, um Aragorn zu heiraten. Von J.R.R. Tolkien wurde diese Hintergrundgeschich-

te fast vollkommen unter den Teppich gekehrt, als wolle er sie dem Leser verheimlichen. Arwen wird nur in wenigen Sätzen am Rande erwähnt und kaum einer der „Erstleser" erinnert sich nach dem letzten Kapitel noch an Elronds Tochter. Erst wenn sich der geneigte Leser den Anhängen des Romans widmet, wird die romantische Tragik der ganzen Liebesgeschichte offenbar. Der unstillbare Schmerz einer Elbe, die sich in einen Menschen verliebt, den sie hat aufwachsen sehen. Eine Liebe, die so groß ist, dass sie ihr Geschenk der Unsterblichkeit opfert, um mit Aragorn zusammen sein zu können und dies, obgleich die Elben und ihr Vater Elrond die Beziehung nicht gutheißen. Eine Liebesgeschichte, die nach dem Zeitempfinden der unsterblichen Elben allzu kurz dauert. Die Tragik am Ende, wenn Aragorn stirbt und Arwen daran zerbricht. Eine Liebesgeschichte nach dem Vorbild von Beren und Lúthien aus Tolkiens „Silmarillion", deren Namen auch den Grabstein von Tolkien und seiner Frau Edith zieren. Aragorn und Arwen sind somit die Personifizierung der Liebe, wie Nicht-Tolkien-Kenner sie höchstens bei „Romeo und Julia" erahnen können.

Und wie soll man diese Dimensionen einer Liebe in einer 9-stündigen Filmtrilogie, die über drei Jahre in den Kinos läuft, auf drei Minuten reduzieren? Unmöglich!

Es scheint durchaus verständlich, dass Peter Jackson dieser Liebesgeschichte, die im „Herrn der Ringe" nur zwischen den Zeilen erzählt wird, im Film etwas mehr Raum geben wollte, ganz zur Freude der Filmbosse in Hollywood, die das Fehlen

Neu im Film: Die ergreifende Liebesgeschichte zwischen Arwen und Aragorn.

einer Liebesgeschichte bereits schmerzlich vermisst hatten. Nun lag es an Peter Jackson, dem Kinozuschauer Arwen vorzustellen und sie so in die Geschichte einzuführen, dass die Handlung nicht beträchtlich verändert würde.

Bei der ersten Begegnung des Lesers mit Arwen sitzt diese bedeutungslos und stumm im Hintergrund unter einem Baldachin. Zielbewusst entschied Peter Jackson, Arwen schon vorher auf die Hobbits und Aragorn treffen zu lassen. Er ersetzte Glorfindel, einen Elb, der den fünf entgegenreitet durch Arwen und schon war sie aktiv an der Handlung beteiligt. In der besagten Szene befinden sich die vier Hobbits, unter ihnen der todkranke Frodo, in Begleitung des Waldläufers Aragorn kurz vor dem Elbental Imladris, wo sie Elrond und Gandalf treffen wollen. Der Elb Glorfindel (und im Film nun eben Arwen) kommt der Gruppe entgegen, um sie zu begrüßen und zu warnen, denn schwarze Reiter folgen ihnen dicht auf der Spur. Und just in diesem Moment tauchen jene auf. Eine hitzige Verfolgungsjagd beginnt, in deren Verlauf Glorfindel (also Arwen) Frodo sein (ihr) Pferd Asfaloth leiht. Und so entgeht Frodo knapp, aber erfolgreich, den unheilvollen Ringgeistern. Die Szene ist so intensiv und spannend, dass der Kinozuschauer sich den Charakter Arwen für die nächsten drei Jahre eingeprägt hat.

Dong-long! Dongelong! Läute laute lillo!

So lautet die erste Zeile des Liedes um den kauzigen Waldbewohner Tom Bombadil, der trotz seines grotesken Auftrittes im Roman, oder gerade deshalb, die Herzen vieler Tolkien-Leser für sich gewinnen konnte. Tom Bombadil ist ein untersetzter kleiner Mann mit gelben Stiefeln und einem hohen Hut, an dem eine blaue Feder steckt. Er trägt einen blauen Mantel und hat einen langen braunen Bart. Wenn er durch seinen Wald streift, dann singt, stampft und tanzt er und es scheint so, als sei er immer fröhlich. Aber eine sonderbare Macht steckt in ihm, denn als er den Einen Ring auf den Finger zieht, zeigt dieser keine Wirkung. Saurons Macht kann Tom nichts anhaben. Niemand weiß genau, wer oder was Tom Bombadil ist, aber eines ist klar: Er ist eines der ältesten Wesen auf Mittelerde und durchbricht auf bizarre Weise den ernsthaften Tenor des Romans. Es gibt viele Vermutungen, wer Tom Bombadil sei. Einige Fans sind der Ansicht, er sei ein Maiar, ein Halbgott in Tolkiens Pantheon, andere, dass es ein Gastauftritt von J.R.R. Tolkien selbst ist, der sich in seinem Roman verewigen wollte.

In einem ersten Interview auf der Film-Internetseite „Ain't It Cool News" (www.aintitcoolnews.com) verriet Regisseur Peter Jackson bereits Dezember 1998, dass Tom Bombadil im Film nicht zu sehen sein werde. „Der Hauptgrund ist nicht die Zeit oder das Tempo, sondern einfach der erzählerische Fokus", erklärte Jackson den Fans. „Die Bombadil-Sequenz hat fast nichts mit Sauron oder dem Ring zu tun und diese Filmzeit zu rechtfertigen, ist sehr kompliziert. Sie gibt uns keine wesentlichen neuen Informationen. Eine der einfachsten Faustregeln, die ich beim Filmemachen berücksichtige, ist es, zu versuchen, die Geschichte von Szene zu Szene voranzutreiben." Unzweifelhaft würde es den Zuschauer unnötig verwirren, wenn ein allmächtiges Wesen für drei Minuten im Film auftritt, aber nichts mit der Handlung zu tun hat. Darüber hinaus ist die Gestalt einfach viel zu märchenhaft, um den ernsthaften Stoff der Geschichte glaubhaft zu vermitteln. Peter Jackson betonte immer wieder, dass er eine Mythologie verfilme und keine Fantasy-Geschichte und da sei ein drolliger Waldbewohner eben fehl am Platz.

Für die Fans ist diese Erfahrung nicht neu, denn es ist nicht das erste Mal, dass Tom Bombadil der Schere zum Opfer fällt. Er wurde bereits in der Bakshi-Verfilmung und auch dem englischen Hörspiel von den Drehbuchautoren aus der Handlung gekürzt. Dennoch reagierten sie prompt und im WorldWide-Web entstand eine regelrechte Tom-Bombadil-Community. Immer mehr Fans outeten sich als Bombadil-Fans und auf unzähligen Fansites wurden Unterschriften gesammelt, die bewirken sollten, dass Tom Bombadil doch noch in die Filmtrilogie eingebracht würde. Doch auch diese Petitionen mit einigen Tausend Unterschriften brachten Peter Jackson nicht von seinem Plan ab. Aber er hatte einen Trost für die Fans: „Nur weil Tom Bombadil nicht auftaucht, heißt das ja nicht, dass es ihn nicht gibt."

Wer zum Teufel ist Lurtz?

Am Ende des ersten Teils „Der Herr der Ringe – Die Gefährten" kommt es zu einer entscheidenden Wendung der Geschichte. Am Amon Hen, dem Berg des Auges, stellt der Waldläufer Aragorn seine Gefährten vor eine Entscheidung. Entweder zieht man mit Boromir nach Westen, um für das Königreich Gondor zu kämpfen oder nach Osten direkt nach Mordor in das Land des Schreckens. Die Entscheidung liegt letztendlich bei Frodo, dem Ringträger. Doch diese Bürde ist schwer und Frodo bittet um eine Stunde Bedenkzeit. Er verlässt die Gruppe, um nachdenken zu können, und steigt die Hänge des Amon Hen empor. Auf einer grasbewachsenen Fläche ruht er sich aus und grübelt. Plötzlich hat er das ungute Gefühl, unfreundliche Augen würden ihn beobachten. Er schreckt auf, aber hinter ihm steht nur sein Gefährte Boromir. Dieser möchte Frodo überreden, den Ring für das Königreich Gondor einzusetzen. Während des Gesprächs verhält sich Boromir immer drohender und Frodo entdeckt einen seltsamen Glanz in seinen Augen. Über das Zögern des Hobbits wird Boromir wütend und er greift ihn an. Verängstigt springt Frodo zurück und streift den Einen Ring über seinen Finger. Unsichtbar entkommt er dem wutentbrannten Menschen und flieht zum Gipfel des Berges. Dort stößt er auf verfallene Festungsmauern und einen alten steinernen Hochsitz, auf den er klettert und sich erschöpft niederlässt. Er denkt lange nach und fasst dann den Beschluss, die Gemeinschaft zu verlassen und alleine weiterzureisen. Währenddessen warten die Gefährten am Flussufer des Anduin auf Frodo, auch Boromir ist wieder bei der Gruppe, verliert aber kein Wort über seine Begegnung mit dem Hobbit. Frodo kehrt nicht zurück und seine Freunde beginnen sich Sorgen zu machen, als ihnen eine schreckliche Ahnung kommt. Die Suche nach ihm wird eingeleitet. Alle verstreuen sich im Gelände der Umgebung, aber nur Sam kommt auf die Idee, nach den Booten zu schauen, und wirklich, am Ufer trifft er auf Frodo, der das Boot bereits im Wasser hat. Sam springt in den Fluss und schwimmt zu ihm. So machen sich Frodo und Sam gemeinsam zum letzten Abschnitt der Fahrt auf. Die beiden ahnen nicht, dass die anderen Gefährten während der Suche nach Frodo von Orks überfallen wurden. In einem verhängnisvollen Kampf wird Boromir getötet und die beiden Hobbits Merry und Pippin entführt.

Auch wenn diese Szene bereits überaus dramatisch scheint, war sie für Regisseur Peter Jackson noch zu unbefriedigend. Immerhin sollte diese Szene das Ende des ersten Films markieren und da muss dem Zuschauer in Zeiten von Weltraumschlachten und Zombiearmeen mehr geboten werden. Der erste Teil sollte als geschlossener Film funktionieren und der Zuschauer das Gefühl haben, dass die meisten Fragen beantwortet seien.

Also entschieden die drei Drehbuchautoren, dass der Abschied und der Zerfall des Bundes deutlicher werden müssen. Im ersten Film wird Frodo nun nach seiner Begegnung mit Boromir auf der Spitze des Amon Hen noch einmal auf Aragorn treffen, dem er seine Entscheidung mitteilt, kurz bevor eine gewaltige Schar Orks die Gefährten angreift.

Im Roman wird Boromir von namenlosen Uruk-hai-Kriegern getötet, aber im Film funktioniert das nicht. Der Zuschauer braucht einen Bösewicht, auf den er sich fixieren kann. Kurzer-

Nicht unumstritten: Der Tod von Saruman, aufgespießt auf einer Stahlzinne.

hand gab Jackson einem der Uruk-hai-Anführer den Namen Lurtz. Während des Handlungsverlaufs des Films wird Lurtz unregelmäßig gezeigt, bis er schließlich Boromir mit Pfeilen tötet. Dadurch, dass der Gegner ein „Profil" erhält und kein namenloser Ork ist, gewinnt Boromirs Tod an Dramatik und der Kampf der restlichen Gefährten an Spannung.

Tolkien-Experte Bill Welden von der Mythopoetic Society in den USA wurde als Fachmann zur Produktion eingeladen. In einem Bericht beschreibt er seine Erlebnisse bei den Dreharbeiten zu einer Szene in Cirith Ungol. Der Dialog in dieser Szenen sei nicht von Tolkien selbst, aber Tolkiens Stil so nah gewesen, dass er sich erst im Roman vergewissern musste, ob der Dialog wirklich nicht existiere. Und dies gelte für den gesamten Film. Es gibt viele Detailänderungen, teils Interpretation von Peter Jackson, teils aus dramaturgischen Gründen hinzugefügt, aber alle diese Änderungen sind möglichst so umgesetzt, als ob sie von Tolkien selbst stammen würden. Niemals wurde der Geist der Vorlage verlassen, sodass die Aussage und vor allem die Atmosphäre der literarischen Vorlage trotz aller Freiheiten gewahrt geblieben ist. Die Änderungen sind also nicht als Frevel an Tolkien zu werten, sondern als ehrfürchtige Verbeugungen. Davon abgesehen war ein Film selten so nah an der Vorlage. In Anbetracht anderer Buchverfilmungen wie „Fight Club" oder „The Beach" kann der geneigte Kinozuschauer völlig beruhigt sein. Weder das Ende wurde geändert noch wurden Personen willkürlich vertauscht. Und einen Satz von Peter Jackson sollten wir stets im Hinterkopf behalten: „Der Film wird immer nur meine Interpretation des Romans bleiben und ist nicht die offiziell von Tolkien genehmigte Verfilmung."

3.5 Kulissen, Bauten, Set-Design

Wie erbaut man Mittelerde?

„Tolkien hatte die Vision, Jackson und sein Team versuchen, sie zu verwirklichen." – Grant Major

Mittelerde, die Heimat von Hobbit Frodo und seinen Gefährten, ist ein mythischer Kontinent mit phantastischen Landstrichen, gewaltigen Städten, tiefen Wälder und gigantischen Bergen. Um diese Welt, die von Tolkien vor über 80 Jahren erfunden wurde, auf die Leinwand zu bannen, wäre Regisseur Peter Jackson am liebsten mitsamt seiner Crew direkt nach Mittelerde gereist, um dort an den Originalschauplätzen zu drehen. Wie

die Dreharbeiten in dieser Welt dann aussehen würden, beschrieb er im August 1998 bei www.aintitcoolnews.com:

„Stellt euch vor: 7000 Jahre sind vergangen. Wir bringen eine Filmcrew zu Helms Klamm ... Die Festungsanlage sieht verwittert aus, ist aber immer noch überwältigend und wehrhaft. Die Jungs vom Art Department fangen sofort an, füllen Löcher aus, entfernen Hinweisschilder für Touristen. Der jetzige Besitzer ist ein harter Brocken, aber schließlich bekommen wir durch das Geld von New Line die Erlaubnis, sechs Wochen lang zu filmen. Die Feldzeichen von Rohan werden sorgfältig rekon-

www.aintitcoolnews.com

Seit 1996 veröffentlicht ein junger Mann aus Austin (Texas, USA) Kritiken und Gerüchte zu den aktuellsten Kinoproduktionen und hat damit einen riesengroßen Erfolg. Sein Name: Harry Knowles. Aber was ist das Besondere an seinen Kritiken und Gerüchten? Ganz einfach, er veröffentlicht sie schon Wochen oder sogar Monate vor dem offiziellen Kinostart. Er macht Hollywoods bestgehütete Geheimnisse der ganzen Welt zugänglich und deshalb fürchten die Filmbosse ihn. Im Laufe der Jahre baute Harry Knowles ein regelrechtes Spionage-Netzwerk auf, das aus Crewmitgliedern, Test-Zuschauern und anderen Insidern besteht. Sein erstes vernichtendes Urteil galt dem Film „Batman und Robin": „Was immer ihr darüber gehört habt, wie schlecht der Film ist: Nichts bereitet euch auf das Ausmaß dieses Megatonnen-Flops vor." Der Film floppte auf der ganzen Linie und Warner Brothers gab Harry Knowles die Schuld. Mittlerweile versuchen die Hollywood-Mogule Knowles schon im Vorfeld für sich zu gewinnen. So wurde der Texaner ans Set von „Armageddon – Das jüngste Gericht" eingeladen und durfte eine kleine Rolle in „The Faculty" spielen. Natürlich war er auch bei der „Herr der Ringe"-Produktion von Anfang an am Ball. Auf seiner Internet-Seite gab Regisseur Peter Jackson im August 1998 das erste Interview und im Dezember 2000 wurde Knowles sogar für zwei Wochen nach Neuseeland ans Set eingeladen.

Harry Knowles von aint-it-cool-news.

struiert. Théodens Sattel ist in einem Museum – er ist viel zu wertvoll, um im Film verwendet zu werden, aber eine getreue Kopie wird angefertigt. Archäologen haben einen unglaublich gut konservierten Uruk-hai entdeckt und ausgegraben. Wir lassen eine Kopie von dieser heimtückischen Kampfmaschine herstellen und machen aus ihr mit Hilfe der modernen Technik ein 10.000 Mann starkes Uruk-Heer. Wir haben Schauspieler ausgesucht, die Aragorn und Théoden ähnlich sehen. Und ein erstaunlicher Coup ist uns gelungen! Legolas hat sich bereit erklärt, zusammen mit Gimli von Valinor herüberzukommen, um nochmals ihre Rollen in dieser filmischen Rekonstruktion der Ereignisse am Ende des Dritten Zeitalters zu übernehmen. Sie stehen auf dem Klammwall, der Wind bläst ihnen durchs Haar und sie führen eine Statistentruppe an, welche die tapferen Soldaten aus Rohan verkörpern ... Uruk-Trommeln dröhnen das Tal hinauf ... riesige

Lichtmaschinen simulieren Blitze ... Wassertürme schleudern Tonnen von Wasser in die Höhe ... der Regieassistent gibt das Signal und zwanzig 35 mm-Kameras beginnen gleichzeitig zu drehen ... Die Schlacht um Helms Klamm wird auf Film gebannt."

Mittelerde – Down Under

Doch leider existierte Mittelerde bisher nur in den Köpfen der Abermillionen Leser. Peter Jackson und seiner Crew blieb nichts anderes übrig, als Mittelerde schlicht und einfach nachzubauen. Ruinen, Städte, Schlachtfelder mussten in der passenden Umgebung errichtet werden. Und genau diese Umgebung bietet Neuseeland im Südpazifik – das Heimatland von Peter Jackson.

Neuseeland verfügt sowohl über die alpinen Gebirge als auch die Grassteppen und die urwüchsigen Wälder, die von J.R.R. Tolkien in seinem Roman beschrieben werden. Kaum ein Land bietet in seiner Naturbelassenheit und dem landschaftlichen Abwechslungsreichtum auf engstem Raum so hervorragende Möglichkeiten für einen Fantasy-Film. Dies hatte 1988 schon George Lucas erkannt, als er seine Tolkien-Anleihe „Willow" vor neuseeländischer Szenerie drehte. Und auch die Fantasy-Serien „Xena" und „Hercules" wurden in Neuseeland produziert.

Für „Der Herr der Ringe" wurden während der 18-monatigen Dreharbeiten insgesamt 340 Sets an 150 Locations im ganzen Land aufgebaut. Die Dreharbeiten waren eine logistische Herausforderung, wie sie die Filmwelt selten erlebt hat. Straßen und Brücken mussten nur für die Filmproduktion errichtet werden. Die Crew hatte mit Schneestürmen, Überschwemmungen und Erdbeben zu kämpfen. Und an manchen Tagen waren bis zu 20.000 Statisten am Drehort, was vom Aufwand her einer militärischen Operation gleich kam.

Doch zunächst einmal mussten die richtigen Orte gefunden werden. Peter Jackson wollte die Filmstudios in Wellington so

Die abwechslungsreiche Landschaft Neuseelands ist wie geschaffen als Kulisse für Fantasy-Produktionen.

oft es nur ging verlassen und in bestehender Umgebung drehen. „Von Anfang an wollten wir, dass der ‚Herr der Ringe‘ realistisch wirkt, als ob Mittelerde ein echter historischer Ort ist“, erläutert Location-Berater Matt Cooper, „dann hat es epische Breite und dieses gewisse Greifbare. Das bekommt man nur hin, wenn man wirklich vor Ort filmt. Die Darsteller können diese Authentizität besser spielen, wenn sie wirklich in Lórien stehen oder den Caradhras wirklich überqueren.“

Monatelang durchquerte das Team unter Leitung des Location-Scout Dave Comer mit Jeeps und Hubschraubern Neuseeland. Sie streiften durch Wälder, Naturparks und Sümpfe, um den perfekten Landstrich für Rohan, das Nebelgebirge, Mordor oder das Auenland zu finden.

Zeitgleich begann die kreative Arbeit. Supervising Art Director Dan Hennah und Set-Designer Grant Major hatten schon bei den Produktionen „Heavenly Creatures“ und „The Frighteners“ mit Regisseur Peter Jackson zusammengearbeitet, aber diese Trilogie ist nach eigenen Angaben ihre größte Herausforderung. Ihr Ziel ist es, J.R.R. Tolkiens phantastische Erzählungen Wirklichkeit werden zu lassen. „Es ist wichtig, ein einzigartiges Aussehen für Mittelerde zu gestalten, ein Aussehen, das ein Gefühl für die Vergangenheit und die Tiefe dieser Orte vermittelt“, erzählt Grant Major im Interview mit dem Entertainment-Magazin E!Online. „Die Sets müssen glaubwürdig sein, erst dann glauben wir an die Charaktere und die Erzählung und geben uns der Illusion hin, dass diese Orte ihre eigene Vergangenheit haben.“

Unterstützt werden Hennah und Major bei ihrer Arbeit von den renommierten Tolkien-Künstlern Alan Lee und John Howe, die sich beide schon seit Jahren mit Tolkiens Geschichten beschäftigen. Beide zeichneten bereits für unzählige Kalender, Buchcover und Illustrationen verantwortlich. „Alans und Johns Beiträge zu diesem Projekt sind grundlegend für unsere Arbeit“, so Major. „Sie haben uns das Gespür für das Aussehen von Mittelerde vermittelt und besitzen eine Menge Wissen über Tolkiens Werk.“

Neuseeland

Als der Holländer Abel Tasman im Jahre 1642 die neuseeländische Küste erreichte, war ihm schon jemand zuvorgekommen – etwa 600 Jahre vorher hatten die ersten Polynesier die Insel in ihren Kanus erreicht und sich in der grünen Landschaft angesiedelt. Die Maoris gelten noch heute als die Ureinwohner des Landes. Neuseeland liegt im Südpazifik, südöstlich von Australien. Es umfasst zwei große Inseln, die Nordinsel und die Südinsel, und zahlreiche kleinere Inseln, darunter die Stewart-Islands. Das neuseeländische Klima ist dem europäischen sehr ähnlich, dennoch ist die Flora und Fauna des Landes einzigartig. Über 20 Prozent der Pflanzen sind endemisch, das bedeutet, sie kommen nirgendwo anders auf der Erde vor. Außerdem gab es ursprünglich, abgesehen von einigen Fledermäusen, keine Säugetiere in Neuseeland. Erst die Europäer führten im 18. Jahrhundert Schafe, Katzen und andere Haustiere ein.

Hier einige Fakten:
Landesfläche: 270.686 km² · Einwohner: 3,7 Millionen · Hauptstadt: Wellington · Höchste Erhebung: Mount Cook (3764 m)
Währung: Neuseeland-Dollar (1 NZ$ = 1 DM) · Amtssprachen: Englisch, Maori

Wellington, die Hauptstadt Neuseelands.

Ebenso wie Tolkien selbst ließen sich die beiden Künstler bei den Entwürfen stark von real existierenden Stilrichtungen leiten. Bei den Gebäuden der Elben erkennt man eine starke Beeinflussung durch den Jugendstil und die Krieger von Rohan bewegen sich in einem frühen skandinavischen Ambiente. „Wir haben schon vor drei Jahren, bevor das Projekt überhaupt besiegelt wurde, mit dem Design begonnen, während Peter und Fran [Walsh] die ersten Drehbuch-Versionen entwarfen", so Major.

Nach den Entwürfen der beiden Künstler wurden die Designs dann von Grant Major umgesetzt. Wo dies nicht direkt möglich war, wie etwa bei Landschaften, ging der

Das Set von Bree, wo die Hobbits auf Streicher treffen.

Entwurf zu den Modellbauern bei WETA-Workshop. Nach Vorgabe der Skizzen fertigten sie Modelle im Maßstab 1:100, die Peter Jackson dann präsentiert wurden. Mit einer kleinen Fingerkamera prüfte Jackson, ob das Set filmtechnisch funktionierte. Dann ging es zurück zum Zeichenbrett. Alle Fehler wurden ausgebügelt und schließlich das Set in viele Teile zerlegt, die jeweils am Computer oder als Modell realisiert oder direkt vor Ort aufgebaut wurden. „Sie hatten dafür einen hochentwickelten Produktions-Ablauf, sehr kompliziert", erzählt John Howe.

Das Auenland – Heimat der Hobbits

Als der Zauberer Gandalf mit seinem Karren über die Brücke von Wasserau poltert, wissen die Hobbits, dass etwas Besonderes bevorsteht. Ein Wispern und Flüstern geht über den Marktplatz und im Gasthaus „Zum Grünen Drachen" stehen die Zungen nicht mehr still. Der Karren rollt den langen Weg nach Hobbingen entlang, zwischen den sanften, grünen Hügel und saftigen Weiden hindurch. Hier im Auenland leben die Hobbits in komfortablen Wohnhöhlen, bestellen ihre Felder und genießen das Leben.

In einem abgeschiedenen Tal zwischen Matamata und Karapiro auf der Nordinsel Neuseelands fand die Location-Crew hierfür die ideale Umgebung. Zwar erwiesen sich die Weiden und Felder als Privatbesitz, doch die Verhandlungen mit dem Besitzer, dem Farmer Ian Anderson, verliefen nicht allzu schwer. Schon bald konnte der Aufbau des Auenlands beginnen. Wunderlicherweise heißt der neuseeländische Landstrich dort sogar Buckland (Bockland), wie ein Teil der Heimat der Hobbits im Roman.

Der nächste Schritt bestand darin, das Auenland und vor allem den Ort Hobbingen zu entwerfen. Dan Hennah und Grant Major

waren dabei für die praktische Umsetzung zuständig. Ein Jahr bevor die erste Klappe fiel, im September 1998, begann die Crew, unterstützt durch die neuseeländische Armee, Straßen, Brücken und Hobbit-Höhlen zu bauen. Dabei wurde größtmögliche Authentizität angestrebt. Peter Jackson wollte, dass alles so wirkt, als ob die Hobbits schon seit Generationen in diesem Tal lebten. Das Set sollte durch den natürlichen Einfluss des Wetters altern. Brunnenkresse, Sonnenblumen und Radieschen wurden von Gärtnern ausgesetzt und hatten ein Jahr Zeit, wild zu wuchern. Moose sollten sich auf den Zäunen und Türen absetzen. Die Wildblumen begannen zu blühen. Und die einsamen Pappeln am Horizont sahen aus, als seien sie vom Art Department dort platziert worden. „Es waren echtes Moos, echtes Gras, echte Bäume und, dank des hervorragenden Design-Teams, echt wirkende Behausungen", beschreibt Gandalf-Darsteller Ian McKellen seinen ersten Eindruck von diesem Set. „Das idyllische, ländliche Leben der Hobbits wurde Realität. Neuseeland machte es zu einem magischen Ort. Ich meine, ich musste nicht mal meine Phantasie anstrengen, damit Gandalf sich in Hobbingen wohl fühlen kann."

Die Hobbit-Höhlen in Hobbingen waren allerdings nur Attrappen und nicht bewohnbar, wie sich so mancher Fan nach Betrachten der ersten Fotos wünschte. Die typischen, runden Türen führten nur in einen kleinen Hohlraum, der so groß war, dass gerade die Kamera hineinpasste.

Letztendlich hatte das Art Department eine in sich stimmige Landschaft geschaffen. Von Hobbingen führte ein Weg hinunter zu einem See. Über eine Brücke konnte man das Dorf Wasserau erreichen. Im Zentrum des Dorfes stand die Schenke „Zum Grünen Drachen", ansonsten gab es noch einige kleine Häuser, einen Marktplatz und eine Mühle, deren Rad übrigens elektrisch betrieben wurde. Das gesamte Set wirkte überaus realistisch, ganz so, wie es die Absicht von Peter Jackson war.

Edoras – Die Stadt der Rohirrim

Schon aus weiter Ferne kann man das Goldene Dach der Halle Meduseld in der Sonne schimmern sehen. Es ist die Festhalle von Edoras, der Hauptstadt des Reitervolkes von Rohan. Die hölzerne Stadt liegt, umgeben von grünen, fruchtbaren Grassteppen, auf einem einsamen Vorberg, der vom Weißen Gebirge abgesetzt steht. Doch eine dunkle Wolke liegt über der Stadt, denn Théodred, der Sohn des Königs, wird zu Grabe getragen.

Damit die Stadt der Rohirrim authentisch wirkt, wollte Peter Jackson sie auf keinen Fall am Computer erzeugen. Er wollte sie in Original-Größe aufbauen. Um den richtigen Platz für Edoras zu finden, suchte das Team über drei Monate und fand schließlich in den Bergen der Südinsel am Mount Potts ein verborgenes Gletschertal. Unglücklicherweise lag dieses Gebiet abgeschieden von jeder Zivilisation. Es gab keine Straßen dorthin und der nächste Ort Methven war 70 Auto-Minuten entfernt. Um also am Mount Potts drehen zu können, musste Matt Cooper über sechs Monate mit Landbesitzern, örtlichen Regierungen, dem Amt für Umweltschutz und dem ansässigen Maori-Stamm verhandeln. „Wir benötigten dreizehn Treffen mit den Verantwortlichen", erzählt Cooper. „Das Set war so abgelegen, dass wir uns zunächst mit der Zufahrt von der nächsten Stadt beschäftigen mussten. Wir sprachen mit den örtlichen Stadträten, um herauszufinden, wann die Straßen vereist sind, wo Benzin angeboten wird, um unsere Generatoren aufzufüllen, und wo die Schauspieler und die Crew wohnen können. Dann brauchten wir Genehmigungen, um Straßen und Brücken zum Drehort zu bauen, um unsere Ausrüstung dorthin zu schaffen. Mit der Erlaubnis in der Hand und bei Temperaturen um die 15 Grad Minus reiste unser Konstruktionsteam dann zum Mount Potts."

Die gesamten Kulissen mussten mit Stahlseilen im Fels verankert werden, damit sie bei den Windgeschwindigkeiten von etwa 140 km/h nicht weggeblasen würden. Und um den 360° Rundblick von der Stadt nicht zu behindern, wurden Aufent-

haltsräume und Büros in die Kulissen gelegt. So befand sich in der goldenen Halle Meduseld beispielsweise die Kantine für die Statisten. Baumstämme mit einer Gesamtlänge von 48 Kilometern, über 40.000 Quadratmeter Stroh für die Dächer und 40 Tonnen Stahl wurden in Edoras verbaut, bis es im Juli 2000, genau richtig zum Drehstart, endlich fertig war.

Seltene Moose in Mordor

Finster und unheilvoll liegt das schwarze, ausgezehrte Land vor Frodo und Sam. Sie blicken auf eine große Ebene mit unzähligen Kratern, die wie Narben die Oberfläche verunstalten. Unten auf den Straßen tummeln sich Tausende von Orks und Menschen, die wie ein emsiges Ameisenvolk in eine gemeinsame Richtung strömen. Weit am Horizont können sie den Vulkan Orodruin erkennen, den Schicksalsberg, das Ziel ihrer Reise. Dicke Rauchwolken steigen von dem Vulkan auf und hüllen das Land in ein bedrohliches Dämmerlicht.

Um die richtige Landschaft für Mordor, das karge Land des Bösen, mit seiner unfruchtbaren Vegetation und den feurigem Schicksalsberg zu finden, begab man sich zum Vulkan Mount Ruapehu.

Der Mount Ruapehu ist mit fast 3000 Metern der höchste Vulkan im Tongariro Nationalpark, der ein Hochplateau mit mehreren aktiven Vulkanen in der Mitte der Nordinsel Neuseelands umfasst. Von den Maori wird der Vulkan „taonga" genannt, was so viel wie Kostbarkeit bedeutet. Vor mehr als 100 Jahren vermachte ein Maori-Häuptling das Vulkangebiet dem neuseeländischen Volk – mit der Auflage, es als Nationalpark zu schützen. Für die Maoris, die Ureinwohner Neuseelands, sind die Vulkane heilig, ihre Götter leben auf den Gipfeln. Seit Jahrhunderten ist es Tradition der Maori, nicht zum Gipfel eines Berges zu schauen, denn wer ihre Ruhe stört, indem er zum Gipfel blickt, erzürnt die Götter und fordert ihre Rache in Form von Vulkanausbrüchen heraus. Dies gilt auch für einen Kameramann, der durch den Sucher seiner Kamera schaut. Die Crew musste sich also eine Methode überlegen, wie man den Schicksalsberg auf Film bannt, ohne den Glauben der Natureinwohner zu missachten. Jackson schlug dem Ältesten des Stammes vor, später in der Nachbearbeitung einen anderen Gipfel mit digitalen Effekten einzufügen, sodass man den echten Berg nicht mehr erkennen kann. Die Maori waren einverstanden, ließen es sich aber nicht nehmen, den Drehort vor der ersten Aufnahme zu segnen.

Ein Lager der Rohirrim, der Reiter von Rohan.

Dreharbeiten in Mordor.

Cooper und ein kleines Team arbeiteten bis zum ersten morgendlichen Sonnenschein, um den Teppich über das Set auszubreiten. „Wir rollten im wahrsten Sinne des Wortes den roten Teppich für die Crew aus. Wir schützten so die Pflanzen vor den Füßen. Sie wurden zwar zerdrückt, konnten sich aber wieder erholen."

„Man hat seine eigenen privaten Momente der Befriedigung, wenn man um fünf Uhr morgens Teppiche verlegt", erzählt Cooper lachend, „für mich waren es die ersten Sonnenstrahlen und die Aussicht auf einen exzellenten Abschlussbericht der Umweltschutzbehörde. Wir hinterließen nur ein paar Fußabdrücke."

Aber nicht nur die Natur am Boden bereitete der Filmcrew Probleme, auch der Wettergott war dem Unternehmen so manches Mal nicht wohl gesonnen. Bei den Dreharbeiten direkt am Vulkan fing es im April (Herbst in Neuseeland) an zu schneien und das bei einer Szene, in der sich die Hobbits Frodo und Sam durch glühende Hitze bewegen sollten. Mit riesigen Öfen ließ Jackson den Schnee wegschmelzen, um nach kurzer Verzögerung weiterdrehen zu können. Das Motto am Set lautete immerzu: „Sei vorbereitet, vermeide Risiko und erwarte das Unerwartete." „Wenn etwas Unerwartetes passiert, kann das die Dreharbeiten aufhalten und das kostet Zeit und Geld", so Cooper. „Außerdem mussten wir flexibel sein, um Peters Wünschen entsprechen zu können und Pläne über Nacht zu ändern, wenn notwendig." Bei einem weiteren schweren Schneesturm am Ruapehu-Set wurde um drei Uhr morgens das große Versorgungszelt zerstört. „300 Statisten sollten in wenigen Stunden mit Bussen eintreffen und wir mussten sie dann mit Essen versorgen und kostümieren", erzählt Location-Manager Jared Connon. „Wir mussten die ganze Nacht arbeiten, um das Zelt rechtzeitig wieder zu reparieren." Die so genannten „Locationer" sind die wahrscheinlich wichtigsten Leute an einem Drehort. Sie arbeiten rund um die Uhr härter als jeder andere sonst am Set. „Wenn man eine Filmkulisse aufbaut, ist das so, als ob man eine Stadt errichtet", erzählt Connon. Mit der Zeit lerne man alle Tricks, damit die Arbeit effizienter abläuft. Besonders wichtig sei es dabei, das Make-up-Zelt immer direkt neben die Toilette zu platzieren, berichtet er lachend.

Noch vor fünf Jahren war der Mount Ruapehu recht aktiv und daher ähnelt die Natur in der Umgebung auf den ersten Blick einer Mondlandschaft. Auf den zweiten Blick aber offenbart sich dem Betrachter eine Vielfalt von seltenen Moosen und Pflanzen, wie sie nur in dem Lavagestein Neuseelands gedeihen können. Allein um diesen Nationalpark zu durchwandern, braucht man schon eine Sondergenehmigung. Wie aber bringt man nun Hunderte Waffen schwingende Orks und eine Kamera-Crew auf dieses Gelände? Nur die Zusicherung, dem Schutz der Natur absolute Priorität einzuräumen, machte es möglich. „Wir arbeiteten ganz nah an gefährdeter Flora und Fauna und wir mussten den Schaden so klein wie möglich halten", erzählt Location-Manager Robin Murphy.

Tausende von Pflanzen wurden vorsichtig entwurzelt, um Platz für die Set-Bauten zu machen. Sie wurden vorübergehend bei einer großen Baumschule eingepflanzt und nach den Dreharbeiten wieder zurückgepflanzt. „Als wir in Queenstown filmten, brauchten wir sechs Monate, um ein besonders seltenes Moos wieder aufzuziehen", erinnert sich Murphy.

Am felsigen Mount Ruapehu sollten neben Szenen mit Frodo und Sam auch einige gewaltige Schlachten von Orks gegen Elben gedreht werden. Bei diesen Schlachtszenen waren täglich mindestens 1100 Menschen am Set. Für die seltene Vegetation stellten die vielen Füße natürlich eine erhebliche Gefahr dar. „Am ersten Tag der Dreharbeiten war die Naturschutzbehörde etwas besorgt über den möglichen Schaden", berichtet Location-Manager Robin Murphy, daher überlegte sich das LOTR-Team eine ebenso unkonventionelle wie geniale Lösung: Fünf Tonnen Teppiche wurden über Nacht von Wellington angeliefert. Matt

Die Three Foot Six Studios

Alle Kulissen, die man unmöglich in der freien Wildbahn errichten konnte, wurden in Innenstudios aufgebaut. Vor allem die großen Bauten wurden in den Three Foot Six Studios im Wellingtoner Stadtbezirk Miramar errichtet: die Zwergenminen Khazad-dûm ebenso wie das Innere der finsteren Grenzfestung Cirith Ungol.

Auch die Innenräume der Hobbit-Höhlen wurden dort akribisch genau eingerichtet. Liebevoll gestaltete

Familienporträts schmückten die Wände, stilvolle Möbel wurden gezimmert und in den Kaminen entfachte man knisternde Feuer. Die Wohnhöhlen mit ihren typischen runden Türen und ihrer biederen Einrichtung wurden gleich in zweifacher Ausführung aufgebaut. In der ersten Ausführung bekam die Höhle ihre realistische Größe, sodass Gandalf-Darsteller Ian McKellen sich nur in leicht gebückter Haltung hindurch bewegen konnte. Die zweite Ausführung war so groß ausgerichtet, dass alle Darsteller problemlos darin agieren konnten. Bis auf die Größenabmessungen waren beide Höhlen vollkommen identisch. Jeder Einrichtungsgegenstand, ob Möbel, Körbe oder Teller, wurde zweimal angefertigt und selbst vom Obst gab es eine jeweils große und eine kleine Version. Die Dreharbeiten in der kleinen Höhle seien sehr mühsam gewesen, berichtete Ian McKellen später, er habe sich mehr als einmal den Kopf an den Türrahmen gestoßen. Die Aufnahmen in den beiden Höhlen wurden in der Postproduktion so zusammengeschnitten, dass die Illusion entstand, die Hobbits wären nur halb so groß wie Menschen.

Gleich nebenan befanden sich die Innenräume der düsteren Festung Cirith Ungol. In der Geschichte verliert Hobbit Sam (Sean Astin) auf der Suche nach seinem Freund Frodo (Elijah Wood) in dieser Festung völlig die Orientierung. Bei der Gestaltung ließen sich die Designer daher von den Zeichnungen des niederländischen Künstlers M.C. Escher beeinflussen. Das Innere dieses Gebäudes ist sehr asymmetrisch und verwinkelt. Es gibt unzählige Korridore, Durchgänge und Fallen. „Dieses

Set soll sowohl hässlich als auch unübersichtlich sein, es soll das Böse von Mordor widerspiegeln", erzählt Major. Aber man müsse gleichzeitig auch darauf achten, dass sich ein 10-köpfiges Kamerateam ungehindert durch die Gänge bewegen könne. Während der Dreharbeiten mussten die Sets an die jeweiligen Szenen angepasst werden. Bei Kampfszenen beispielsweise wurden die Kulissen durch Stahl verstärkt oder aus einem härteren Material gebaut, um der unrealistischen und außerdem äußerst peinlichen Situation einer durch die Styroporwand gehauenen Waffe vorzubeugen. Letztendlich wurden 1000 Kubikmeter Polystyrol, 30.000 Nägel, 13.000 Quadratmeter Holz, eine Tonne Gips und 2040 Liter Farbe benötigt, um Cirith Ungol zu erschaffen.

Weitere Sets, die im Laufe der Produktion in den Three Foot Six Studios in Wellington aufgebaut wurden, waren unter anderem das Innere der Goldenen Halle von Meduseld, der Fangorn-Wald und das Innere des „Tänzelnden Ponys", der berühmten Schenke von Bree.

Als besonderes Highlight galt Sarumans Thronraum. Das aufwändige Set erinnert mit seinen schwarz-zerklüfteten, sieben Meter hohen Wänden an einen gotischen Dom. Die Kulissenbauer orientierten sich beim Design an den Exoskelett-Rüstungen der Uruk-hai-Krieger, die Saruman (Christopher Lee) in den Tiefen seines Turmes Orthanc züchtet. Dieses Set wird im ersten Teil „Die Gefährten" Schauplatz des spektakulären Kampfes zwischen Saruman (Christopher Lee) und Gandalf (Ian McKellen) sein.

3.6 Die Filmcrew

Am Mittelerde-Set herrschte nahezu ausnahmslos eine ganz spezielle, fast magische Stimmung. Das lag wohl zu großen Teilen daran, dass ein Großteil der „Herr der Ringe"-Crew schon seit Jahren mit Regisseur Peter Jackson zusammenarbeitet. Einige von ihnen rührten sogar schon 1983 für Jacksons Kultsplatterfilm „Bad Taste" die Kotze an – man kennt sich. Besucher am Set spürten sofort, dass es sich bei der Crew um ein eingeschworenes Team handelt, die gerade ein fast ebenso großes Abenteuer wie ihre Hobbits erleben. Obendrein sind viele der Filmemacher leidenschaftliche Tolkien-Fans und gingen mit einer Sorgfalt an die Sache, wie man es bei anderen Filmproduktionen sonst kaum erlebt. Diese Filmtrilogie ist mehr als nur ein Job für die Beleuchter, Kulissenbauer und Maskenbildner – es ist eine Passion.

Peter Jackson *(Regie)*

„Die Arbeit mit Peter Jackson funktioniert sehr gut, weil Peter die Hobbits wirklich versteht. Er ist eigentlich selbst ein Hobbit." – Dominic Monaghan (Merry)

Ein kleiner dicker Mann mit strubbeligen Haaren und einem Vollbart steht seelenruhig vor einem Dutzend Monitore, in der Hand einen Becher mit Kaffee. Um ihn herum wuseln scheinbar ungeordnet eine Menge Menschen, die alle etwas von dem kleinen Mann wollen. Die Hektik scheint ihn aber nicht aus der Ruhe zu bringen, ganz im Gegenteil, seine ruhige Art scheint sich sogar auf die Crew um ihn herum zu übertragen. Man mag es kaum glauben, doch dieser Mann hat alles im Griff. Regisseur Peter Jackson habe während der 18 Monate Dreharbeiten kein einziges Mal gebrüllt, sei kein einziges Mal laut geworden, schwärmen seine Schauspieler. Zwischen den abgelegenen Studios in Wellington pendelte er mit einem kleinen Klapprad hin und her. „Das war manchmal schon ein kurioser Anblick", erinnert sich Boromir-Darsteller Sean Bean lächelnd.

Es mutet geradezu wie eine Omen an, dass Peter Jackson 1961 in einer schaurigen Halloween-Nacht geboren wurde. Er wuchs in dem Küstenort Pukerua Bay, nördlich der neuseeländischen Hauptstadt Wellington, als einziges Kind von Bill und Joan Jackson auf. Von klein auf war er völlig filmverrückt. Mit acht

Jahren schnappte er sich die Super-8-Kamera seiner Eltern und filmte Crashs seiner Modelleisenbahn. Mit zehn drehte er einen Kurzfilm mit dem Titel „The Dwarf Patrol", in dem sich seine Freunde in Soldatenuniformen gegenseitig abmetzelten und bei seinem Werk „World War Two" stach er mit einer Nadel Löcher in den Super-8-Streifen um die Illusion von Maschinengewehrfeuer zu erzeugen. Seinen, wie er sagt, ersten richtigen Film drehte er mit 12. Die Monty-Python-Parodie führte er in der Aula seiner Schule auf und verlangte pro Nase zehn Cent Eintritt. Der Kassensturz am nächsten Tag brachte zwölf Dollar: „Genau so viel, wie mich der Film gekostet hatte."

Er verließ die Schule mit 16 Jahren und wollte sein Hobby zum Beruf machen, was jedoch zunächst nicht klappte. Die neuseeländische Filmindustrie lehnte alle Bewerbungen ab und Jackson begann eine Ausbildung zum Fotolaboranten bei der Tageszeitung ‚The Evening Post' in Wellington. Nebenbei drehte er weitere Kurzfilme, darunter den Vampirfilm „Curse of the Gravewalker" und Stop-Motion-Animationsfilme im Stil von Effekt-Altmeister Ray Harryhausen („Kampf der Giganten"). Trotz ihres künstlerischen Wertes konnten diese Frühwerke aber nie in Kinos gezeigt werden, da sie auf Super-8 produziert worden waren. Also schob Jackson bei der ‚Evening Post' so viele Überstunden, bis er sich schließlich seine erste eigene Bolex-16 mm-Kamera leisten konnte.

Mit dieser Kamera nahm er 1983 sein lang gehegtes Lieblingsprojekt über Aliens in Angriff, die den Erdball besuchen, um Menschen zu fressen. Vier Jahre und 17.000 eigene Dollar später war der Film fertig. Anstatt der geplanten 15 Minuten dauerte der Film mit dem Titel „Bad Taste" nun 75 Minuten. Es geht um den Bösewicht Lord Crumb, der mit seinen Alien-Kollegen in Neuseeland landet, um zerstückelte Menschen an eine Fast-Food-Kette auf seinem Planeten zu verhökern. Eine Spezialeinheit der Queen, darunter Peter Jackson als Waffenfreak, geht nun mit Kettensägen, Pistolen, Raketenwerfern und Maschinengewehren gegen die Alienbrut vor. Seltsamerweise unterstützte die New Zealand Film Commission den Streifen mit einem hübschen Sümmchen an Fördergeldern, die es Jackson ermöglichten, seinen Film in Cannes zu präsentieren. „Bad Taste" schlug ein wie eine Bombe. Mit einem Mal hatte Jackson in der Szene einen Namen.

Während der Dreharbeiten zu diesem Erfolg hatte Peter seine zukünftige Frau Frances Walsh und seinen Freund Stephen Sinclair kennen gelernt, die seine Art des schrägen Humors teilten und mit denen er bereits am nächsten Drehbuch arbeitete. Diesmal waren Tierpuppen und nicht Außerirdische die Hauptdarsteller, dennoch war der Film nicht minder ausgefallen, da die Puppen an eine anarchische Version der Muppets auf Drogen erinnern. Es geht um die Künstlergruppe eines Varietee-Theaters und deren seelische Abgründe. Da gibt es das Karnickel Harry, das sich bei Gruppensex-Orgien im Hinterzimmer eine schreckliche Geschlechtskrankheit zuzieht, eine voyeuristische Paparazzi-Schmeißfliege, einen Frosch, der an einem Vietnam-Trauma leidet und an einer Überdosis verreckt und Heidi, den fettleibigen Star der Feebles, die am Ende mit einem Maschinengewehr Amok läuft und das Varietee-Theater samt Ensemble dem Boden gleich macht. „Meet the Feebles" eroberte die Horror-Festivals rund um die Welt im Sturm.

Endlich hatte Peter Jackson das Budget, um einen Film zu inszenieren, dessen Drehbuch schon lange auf seinem Schreibtisch verstaubte. „Braindead" war in Sachen Splatter-Show der absolute Durchbruch und setzte Maßstäbe für alle Horrorfilme, die noch kommen sollten – eine Gedärmorgie (durchschnittlich zehn Liter Kunstblutverbrauch pro Minute), die mit einer guten Prise Selbstironie und einer richtigen Hintergrundgeschichte (!) gewürzt war. Selbst im Blutrausch verstand Peter Jackson es noch, eine gute Story mit außerordentlichen Charakteren zu erzählen. Der finale Höhepunkt dieses Films ist die berüchtigte Rasenmäherszene, in der der Held Lionel mit einem umgeschnallten Rasenmäher gegen eine ganze Armee von Zombies antritt. Die Metzelszenen wirken so übertrieben, dass es schon wieder lustig ist, und spätestens, wenn Lionel von einem lebendig gewordenen Gedärm verfolgt wird, kann der geneigte Zuschauer ein Lächeln nicht mehr unterdrücken.

Es stellte sich zunehmend heraus, dass sich hinter der extremen Horrorfassade von Jackson ein feinfühliger Geschichtenerzähler versteckte. 1994 ging der Neuseeländer in sich und drehte das sensible Melodram „Heavenly Creatures" über die beiden Mädchen Pauline Parker und Juliet Hulme (Cate Winslet in ihrem Debüt) und ihre Traumwelt, in die sie sich immer mehr zurückziehen. Kurz darauf gab es einen Anruf aus Hollywood. Peter Jackson kaufte sich einen Smoking und kämmte sich das Haar, denn es ging zur Oscar-Verleihung. Sein „Heavenly Creatures"-Drehbuch war für die begehrte Trophäe nominiert.

Michael J. Fox als Geisterjäger der anderen Art in „The Frighteners".

Schon kurz darauf arbeiteten Peter und Fran an der nächsten Geschichte, Geister sollten diesmal die Oberhand gewinnen. Der kauzige Geisterjäger Frank Bannister, unvergleichlich verkörpert von Michael J. Fox, kommt einem bösen Dämon auf die Schliche und eine aberwitzige Achterbahnfahrt beginnt. Unterstützt wird Bannister von ein paar seiner untoten Kumpels aus dem Geisterreich. Irgendwie fiel dieses neue Drehbuch in die Hände von Hollywood-Produzent Robert Zemeckis, der genau zu der Zeit eine Handlung für seine Fernsehserie „Geschichten aus der Gruft" suchte. Doch er war so begeistert von der Geistermär, dass er sie als einzelnen abendfüllenden Kinofilm produzieren wollte. Mit dem vergleichsweise hohen Budget von dreizehn Millionen Dollar schuf Peter Jackson eine für seine Verhältnisse eher harmlose Gruselkomödie. Auf Grund seines schwachen Kinostarts in den USA schaffte es „The Frighteners" bei uns leider nur in die Regale der Videotheken.

Als nächstes wollte Jackson eigentlich ein Remake seines Lieblingsfilms „King Kong" auf die Leinwand bringen, aber nach „Godzilla" und „Jurassic Park" waren die Monsterfilme fürs Erste ausgereizt. Also entschied er sich, einen gewaltigen Schritt zu machen und sich an ein Werk zu wagen, das er bereits mit 18 verschlungen hatte – J.R.R. Tolkiens „Der Herr der Ringe". Für dieses Unterfangen gründete er die Produktionsfirma „Three Foot Six Ltd.", benannt nach der Körpergröße der Hobbits.

Unter Experten gilt der Neuseeländer schon seit längerer Zeit als eines der größten Regietalente der letzten Jahre, aber seine Filme waren bisher einfach immer zu brutal oder zu künstlerisch, nicht für die breite Masse geeignet.

Barrie M. Osborne *(Produzent)*

Es ist sechs Uhr morgens. Durch einen nächtlichen Regen ist das Set völlig aufgeweicht. Ein Mann stapft mit Gummistiefeln und Regenmantel durch den Matsch. Unter der Regenkapuze kann man einen grauen Bart erkennen – es ist Produzent Barrie Osborne.

Spätestens seit dem berühmt-berüchtigten Dreh von „Apocalypse Now" hat Barrie Osborne Erfahrung mit aufwändigen Dreharbeiten. Damals wurden aus sechs geplanten Drehwochen 16 Monate im philippinischen Dschungel und Regisseur Francis Ford Coppola verlor dabei 50 Kilogramm Gewicht. Der Unterschied zum „Herr der Ringe" aber ist, dass diesmal für die Dreharbeiten vorher 18 Monate eingeplant wurden. Barrie Osborne liebt anscheinend die Herausforderung und wird für das Risiko auch immer wieder belohnt. Zuletzt erntete er mit dem Science Fiction-Streifen „Matrix" die volle Anerkennung seiner Kollegen und des Publikums. Seit 30 Jahren ist Osborne im Filmgeschäft und er kennt sein Hollywood sehr genau. Sein Name steht mittlerweile für Erfolg. Der geborene New Yorker machte seinen Magister in Soziologie am Carleton College in Minnesota und stieg bis in den Rang des 1st Lieutenant im Ingenieurkorps der U.S. Army auf, bevor er 1970 als Redaktionsauszubildender und Produktionsassistent in die Filmindustrie einstieg. Er wurde sofort in das Ausbildungsprogramm der „Directors Guild of America" aufgenommen. Während sei-

ner zweijährigen Anstellung als Vizepräsident für Kinoproduktionen bei Walt Disney Pictures überwachte Osborne die Herstellung von 15 Filmen, unter ihnen „Falsches Spiel mit Roger Rabbit" und „Good Morning Vietnam".

Während der Dreharbeiten in Neuseeland war er fast immer persönlich am Set dabei, egal ob es regnete oder schneite. Er äußerte immer wieder, dass es sehr wichtig sei, mit der Romanvorlage sehr sorgsam umzugehen, denn Tolkien habe eine Menge Fans und dies sei für die Produktionsfirma kein Konflikt, sondern eine Verantwortlichkeit. Als Produzent bestand seine Hauptaufgabe darin, ständig auf das Budget zu achten und alles zu koordinieren. Oft hieß es dann, eine billigere Lösung zu finden. Barrie Osborne erzählt: „Bei Queenstown hatten wir ein Set gefunden, das Greenstone genannt wurde, wo wir unbedingt eine Szene mit einem 6000-Mann-Rohirrim-Lager drehen wollten. Aber Queenstown war zwei Autostunden entfernt. Statt also jeden Tag stundenlang mit den Anfahrten zu verbringen, nahmen wir einfach ein Boot über den See, was uns nur eine Stunde kostete. Außerdem mieteten wir sieben Flugzeuge, um die Crew einzufliegen. Das scheint jetzt vielleicht teuer, ist aber kostengünstiger, weil man viel Anreisezeit spart. Und letztendlich hatten wir eine atemberaubende Location." Osborne verzichtete in Neuseeland gerne auf Luxuslimousine und Großraumbüro. Er wollte lieber, dass man später jeden einzelnen Cent auf der Leinwand sehen konnte.

An einen Moment erinnert er sich besonders gerne: „Die Hingabe von Viggo Mortensen war absolut inspirierend. Er ist Aragorn. Einmal wollte ich für eine Szene in ‚Die Gefährten' den Sonnenuntergang und den morgendlichen Sonnenaufgang filmen. Viggo sagte: ‚Ich werde heute Nacht draußen zelten', und ziemlich schnell war plötzlich jeder dabei – die Make-up-Crew, Orlando Bloom und die anderen Schauspieler, die in der Szene überhaupt nicht vorkommen, wie Miranda Otto und Bernard Hill. Wir haben dann ein großes Feuer gemacht, draußen gezeltet, unseren Sonnenaufgang gefilmt und sind dann angeln gegangen. Das war großartig."

Andrew Lesnie *(Kamera)*

In Deutschland schlicht als Kameramann bezeichnet, lautet der Titel in den englischsprachigen Ländern nicht ohne Grund „Director of Photography", also grob übersetzt „Regisseur fürs Bild". Der Kameramann hat fast ebenso großen Einfluss bei einer Filmproduktion wie der Regisseur selbst, denn der Kameramann gilt als der zweitwichtigste Mann der Filmcrew. Er bestimmt, wie der Film nachher wirken wird und welche Farben der Zuschauer auf der Leinwand sieht. Dem Kameramann muss es gelingen, mit seiner Kamera Atmosphäre zu schaffen. Diese Position war bei der „Herr der Ringe"-Produktion exzellent mit dem Australier Andrew Lesnie besetzt. Sein bekanntestes Werk ist der Kinderfilm „Ein Schweinchen namens Babe", der zwar nicht grade epische Qualitäten besitzt, aber optisch zu beeindrucken weiß. Manchmal scheint der romantisch gelegene Bauernhof, wo das Schweinchen lebt, wie von einem alten Ölgemälde und selten sah man so saftige Weiden. Lesnies Bilder bedeuten pure Romantik und brachten ihm unter anderem Preise der „Australian Cinematographers Society" und des „Australian Film Institute" ein. Die Bilder des erfahrenen Kameramanns ergänzen den frischen, ungewohnten Regiestil von Peter Jackson, wie sich die Fans schon in den ersten Trailern überzeugen konnten. Vielleicht ist es der Sache dienlich, dass Andrew Lesnie auch auf dem Sektor des Werbefilms bereits eine Menge Erfahrungen gesammelt hat, kommt es doch in dieser Branche zu 90 % auf die Optik an.

Tim Sanders *(Produzent)*

Tim Sanders machte sich in Neuseeland einen Namen als Produzent für kleinere neuseeländische Kinofilme und einige Fernsehserien. Seinen ersten Kontakt mit Regisseur Peter Jackson hatte er als Koproduzent bei „The Frighteners". Das Ring-Epos war Sanders größte Herausforderung, die sich als zu gewaltig für ihn herausstellen sollte. Sanders war von Anfang an intensiv an der Produktion beteiligt, aber im Januar 2000, nach dreieinhalb Monaten Dreharbeiten, wuchs ihm die Produktion über den Kopf. Am 15. Januar 2000 verkündete er überraschend, dass er die Produktion auf eigenen Wunsch verlassen werde. Diese Mitteilung ließ die Internet-Gerüchteküche wild brodeln. Streit am Set vermuteten die einen, die Produktion sei Pleite gegangen, tuschelten die anderen. Aber nichts von alle-

dem war der Fall. Er sei stolz auf seine Arbeit und sei zuversichtlich, dass die Trilogie ein Erfolg werde, bestätigte Sanders der Presse. Zu Details wollte er sich nicht äußern, aber er habe weder Streit mit Peter Jackson noch mit jemand anderem bei der Produktion. Es handele sich um eine private Angelegenheit.

Fran Walsh *(Drehbuch/Koproduzentin)*

Frances Walsh, geboren im neuseeländischen Wellington, begegnete Peter Jackson 1988 bei den Dreharbeiten zu „Bad Taste" und anscheinend gefiel ihr Jacksons schräger Humor. Sie verliebte sich in den Regisseur und heiratete ihn schließlich. Seitdem arbeitet sie bei jedem seiner Projekte im Hintergrund mit. Aber auch schon vor der Zeit mit Jackson hatte Fran Walsh einen Hang zu schreiben. Bereits als junges Mädchen konnte sie Block und Stift nicht aus der Hand legen. Übung macht bekanntlich den Meister und so wurden Peter Jackson und sie für ihr gemeinsames Drehbuch zu „Heavenly Creatures – Himmlische Kreaturen" für den Oscar nominiert. Weitere, zusammen mit Peter Jackson verfasste Drehbücher sind „Forgotten Silver", „The Frighteners", „Meet The Feebles" und „Braindead". Bei den gemeinsamen Drehbüchern sei Peter immer für die visuelle Umsetzung verantwortlich, erklärte sie in einem frühen Interview. Er habe ein gutes Gespür für die Szenerie. Sie selbst entwickle die Dialoge und die Charaktere. Dadurch würden sich beide sehr

Atemberaubende Kulissen: Die neuseeländischen Alpen.

gut ergänzen. Auf die Frage, wo sie ihre Inspiration hernehme, hat Walsh eine verwunderliche Antwort parat. Sie gesteht, dass sie in ihrer Kindheit eine leidenschaftliche Zuschauerin des 60er-Jahre-Fernsehens war. Die Heldin ihrer Kindheit sei immer die in Leder gekleidete Mrs Emma Peel aus „Mit Schirm, Charme und Melone" gewesen, eine starke Frau, wie sie selbst es ist. Zur Zeit überarbeitet sie das „Braindead"-Drehbuch für die Bühne. Das Splatter-Spektakel soll als Musical um die Welt gehen. Privat spielt sie Bass in den beiden in Wellington ansässigen Bands „Naked Spots Dance" und den „Wallsockets".

Howard Shore schrieb vor „Herr der Ringe" u. a. die Musik für „The Cell".

Philippa Boyens *(Drehbuch)*

Philippa Boyens ist seit ihrer Jugend fanatischer Tolkien-Fan und eine gute Freundin von Peter Jackson und Fran Walsh. Ihre Begeisterung für Tolkiens Werk ist auch der Hauptgrund, warum sie bei der Produktion dabei ist, denn im Filmsektor hatte sie noch überhaupt keine Erfahrung. Die Jahre zuvor arbeitete die Neuseeländerin als Lehrerin, Autorin, Redakteurin und Produzentin am Theater. Durch die „New Zealand Writers Guild" kam Boyens zu erstem Kontakt mit der Filmbranche, gilt aber bereits nach Angaben des Variety-Magazins als eine der viel versprechendsten Drehbuchautorinnen der Welt. Auch Peter Jackson und Fran Walsh, die, wie bereits erwähnt, eine Oscar-Nominierung für ihren Schreibstil erhielten, sind begeistert von Boyens. „Ich war immer ein richtiger Tolkien-Freak, der die Bücher jedes Jahr einmal las", berichtet Boyens auf der offiziellen Filmhomepage. „Das erste Mal bekam ich sie von meiner Mutter, als ich noch sehr jung war. Ich bin damals nicht fertig geworden, aber dann stieß ich auf ‚Der kleine Hobbit'. Das las ich dann und als ich 13 oder 14 war, fing ich wieder mit ‚Der Herr der Ringe' an und liebte es und las es wieder und wieder. Es war eine dieser Welten, in die ich immer wieder zurückkehrte, auch als ich älter wurde". Den Vorwurf, das Ring-Epos leide an Frauenmangel, bestreitet sie vehement. Die Geschichte beschreibe zwar das Abenteuer einer Gruppe von Männern, aber die Frauen, die vorkommen, hätten ein sehr großes Potenzial. Ihre Lieblingsperson sei immer Éowyn gewesen, die in der Filmtrilogie von Miranda Otto gespielt wird. „Sie ist diejenige, mit der ich mich identifizierte, als ich ein Mädchen war, als ich das Buch zum ersten Mal las. Ich bin ihr auch jetzt noch verbunden."

„Der Herr der Ringe" könnte für Boyens ein gewaltiges Sprungbrett sein und einige der Schauspieler munkeln schon leise von einer Oscar-Nominierung.

Howard Shore *(Original Score)*

Lange Zeit war unklar, wer die Musik für den „Herrn der Ringe" schreiben würde. Peter Jackson wollte von Anfang an einen epischen Score mit einem großen Orchester. In die Musik sollten aber auch keltische und exotische Elemente einfließen. Jackson wünschte sich, dass alle Kulturen Mittelerdes in der Musik widergespiegelt werden würden. Wenn es nach den Fans gegangen wäre, hätten James Horner („Willow",

„Braveheart") oder John Williams („Star Wars") den Zuschlag bekommen, aber Jackson wollte etwas Frisches, etwas Neues präsentieren. Als schließlich bekannt wurde, dass Howard Shore den Vertrag unterschrieben hatte, ging Verwunderung durch die Reihen der Fans. „Wer ist denn das?", war die große Frage. Das bisherige Spektrum des Kanadiers umfasst unter anderem die Musik zu Filmen wie „Dogma", „The Cell", „Sie7en", „Das Schweigen der Lämmer" oder „Die Fliege". Alles recht erfolgreiche Kompositionen, die aber nie im Stil dessen waren, was man für den „Herrn der Ringe" erwarten würde. Auf dem Gebiet des epischen Soundtracks hat Shore so gut wie keine Erfahrung, daher wird diese Arbeit zweifelsohne seine größte Herausforderung werden. Shore muss die Musik für alle drei Teile, also über sieben Stunden Material, schreiben, und dies in einem Stil, der komplett neu für ihn ist. Warum also dieser Mann? Peter Jackson wird gewusst haben warum. Und die ersten Töne sind viel versprechend: Bei dem im Frühling 2001 in Cannes vorgeführten Filmmaterial hatte Shore bereits erste Leckerbissen seines Könnens präsentieren können und anwesende Fans waren begeistert. Die Musik sei sehr gewaltig und mitreißend gewesen und als in den Minen von Moria tiefer Zwergengesang (aufgenommen mit einem Maori-Chor) ertönt sei, sei ihnen ein wohliger Schauer über den Rücken gelaufen. Mit etwas Glück und noch mehr Geschick könnte sich das „Herr der Ringe"-Thema zu einer Melodie entwickeln, die ebenso ein Ohrwurm wird wie das berühmte „Star Wars"-Thema.

Peter Owen & Peter King *(Make-up und Hairdesign)*

Peter Owen betreibt zusammen mit Peter King die Firma „Owen & King", die es sich zur Aufgabe gemacht hat, die Stars und Sternchen von Hollywood zu schminken und zu frisieren. Zu ihren Kunden zählen unter anderem Meryl Streep, Michelle

Pfeiffer, John Malkovich, Bruce Willis, Nicole Kidman, Cate Blanchett, Johnny Depp, Robert DeNiro oder Ralph Fiennes.

Beide sind alte Hasen im Showgeschäft und brachten eine Menge Erfahrung mit ans Set von „Der Herr der Ringe". Peter Owen gewann zuletzt den „1st Annual Hollywood Guild of Makeup Artists & Hairstylists – Best Character Makeup, 2000" für seine Leistungen in Tim Burtons „Sleepy Hollow". Owens Karriere begann vor drei Jahrzehnten an der Bristol University. Er arbeitete damals an Theatern und Opern in ganz Europa. Sein Kollege Peter King war von Anfang an dabei. Bevor sie ihre gemeinsame Firma gründeten, zogen sie einige Jahre zusammen durch die Welt.

Für die verschiedenen Charaktere von Mittelerde haben sie in enger Zusammenarbeit mit Peter Jackson ganz spezielle Aussehen kreiert: von blassen, eleganten Elben bis zum wettergegerbten Aragorn mit Dreitagebart. Für jeden Hauptdarsteller wurde eine eigene Perücke gestaltet, die dieser oft in Kombination mit seinen echten Haaren trug. Boromir-Darsteller Sean Bean beispielsweise erhielt eine perfekte dunkelblonde Perücke, sein Bart aber war echt. Die Perücken wurden nahtlos in das Make-up eingepasst. Sie müssen mit der gleichen Umsicht wie echtes Haar gewaschen und gestylt werden. Außer dem Grund-Make-up trugen die beiden Maskenbildner auch jedem der Charaktere Schmutz und Blut auf und versahen sie mit den Narben und Kratzern, die sie im Laufe ihrer entbehrungsreichen Reise davontragen. Schwierig war hierbei, die Form und Art der

Kratzer jeden Drehtag identisch wirken zu lassen. Das ist gar nicht so einfach bei einer Reise, die über ein Jahr dauert.

Bob Anderson
(Kampf-Choreographie)

Für die Choreographie der aufwändigen Schwertkämpfe engagierte Peter Jackson den besten Schwertkämpfer der Welt, den ehemaligen Olympiafechter Bob Anderson. Eine bessere Wahl hätte er wohl kaum treffen können, denn der 78-jährige Veteran brachte schon seinerzeit Errol Flynn das Fechten bei. Er war bei fast allen Zorro-Filmen für die Fechtszenen verantwortlich, hat die Choreographie in den Highlander-Filmen übernommen und steckte sogar als Stunt-Double hinter der schwarzen Maske von Darth Vader. Éomer-Darsteller Karl Urban erinnert sich an die erste Begegnung: „An meinem ersten Tag kam ein Gentleman zu mir und meinte, er würde mir beibringen, wie man mit dem Schwert kämpft. Er zeigte mir ein paar Bewegungen und wir kämpften eine Runde. Nachdem er gegangen war, kam ein junger Stuntman zu mir und meinte: ‚Weißt du wer das war? Das war Bob Anderson.' Ich sagte: ‚Klar.' Er sagte: ‚Darth Vader!' Ich sagte: ‚Oh!'"

Bob Anderson hat zusammen mit Kirk Maxwell, einem Experten für mittelalterliche Waffen, für jedes der tolkienschen Völker einen ganz speziellen Kampfstil entwickelt. Peter Jackson

Auch die Streiter von Gondor wurden von Bob Anderson unterwiesen.

wollte, dass alle Kämpfe realistisch wirken, nicht gestellt, sondern so, als würde es tatsächlich um Leben und Tod gehen. Dabei sollten die Abläufe sehr flüssig wirken. Diese Maxime setzte Anderson um. Während die Elben sehr geschickt und geschmeidig kämpfen, fast wie Raubkatzen, gehen die Zwerge rammbockartig vor, immer mit dem Kopf durch die Wand. Die Hobbits hingegen, eher schwächere Kämpfer, schließen sich automatisch zu Gruppen zusammen und kämpfen Rücken an Rücken, um gemeinsam stärker zu sein. Ganze Einheiten von Stuntmännern bekamen Lehrstunden, um die einzigartigen Kampfstile der Uruk-hai, der Ringgeister oder der Elben zu erlernen.

Ngila Dickson *(Kostüme)*

Ob gemütliche Hobbits auf dem Marktplatz in Wasserau oder die Elben in den Bäumen von Lothlórien, sie alle wollen passend eingekleidet werden. Aber die Kleidung der Völker von Mittelerde sollte mehr als Hose und Hemd sein, sie sollte Ausdruck für Jahrtausende alte Kulturen sein. Kostümdesignerin Ngila Dickson („Heavenly Creatures") war am Set von „Der Herr der Ringe" für die Kostüme zuständig. Die Neuseeländerin hat bereits bei den Fernsehserien „Xena" und „Hercules" Erfahrungen mit phantastischen Kostümen sammeln können, doch die Mode von Mittelerde ist eine Liga für sich. Während bei „Xena" und „Hercules" die Kostüme eher verspielt waren, legte Peter Jackson auch in diesem Bereich der Produktion Wert auf Realismus.

Die Gewandungen der Hobbits seien stark vom Stil des 18. Jahrhunderts in England beeinflusst, erzählt Dickson. Die drolligen Bewohner des Auenlands trügen etwas zu kurze Hosen, kombiniert mit Westen in Grün- und Braun-Tönen. Die zu groß geratenen Knöpfe seien deplatziert und die Krägen zu breit. Es wirke fast so, als ob Kinder versuchten, die Kleidung von Erwachsenen zu tragen, aber zusammen mit den großen, künstlichen Hobbit-Füßen passe alles wieder zusammen.

Die größte Herausforderung sei hingegen das alte weise Volk der Elben gewesen. Die Elben sollten sowohl kraftvoll als auch grazil wirken. „Von Anfang an konnten wir uns diese schönen, androgynen Wesen vorstellen. Doch Vorstellungen sind manchmal nicht so leicht zu realisieren", erzählt Dickson. Die ersten Konzepte der Elbenkleidung hätten eine Menge Glitter enthalten, doch die Elben wirkten dadurch wie in einer kitschigen Disney-Verfilmung. Also wurde das Design verworfen. Regisseur Peter Jackson und Tolkien-Zeichner Alan Lee wollten von Anfang an einen mittelalterlichen Look, eher realistisch als märchenhaft. Dies brachte Ngila Dickson auf die

Idee, die Kleidung der Elben abgenutzt aussehen zu lassen. Die edlen Stoffe, aus denen später die Kostüme entstehen sollten, wurden gewaschen, gebleicht, getrocknet und mit Sandpapier bearbeitet. Prozeduren, die man eigentlich nicht mit Samt und Seide anstellen sollte. Danach wurden Blätter und Pflanzen im Jugendstil-Look mit Säure auf die Stoffe geätzt oder in manchen Fällen sogar gestickt. Dabei achteten die Designer auch auf die unterschiedlichen Elbenvölker. Während die Elben aus Lothlórien eher in Naturfarben gekleidet sind, tragen die Elben in Bruchtal edle, verzierte Stoffe. Goldschmiede fertigten metallene Gürtelschnallen und andere Schmuckstücke mit Naturmotiven an. Besonders wichtig waren die blattförmigen Spangen an den grauen Elbenmänteln der Gefährten.

Ob irisches Leinen, Baumwolle oder Seide, Dickson musste die Kostüme für unzählige Zivilisationen und Rassen herstellen. Über vierzig Schneider, Designer, Schuster, Stickerinnen und Goldschmiede arbeiteten rund um die Uhr, um Hunderte von Statisten und Darstellern in die Bewohner von Mittelerde zu verwandeln. Der größte logistische Aufwand für die Kostümabteilung waren aber nicht die Unmengen an Kostümen, sondern die Hemden der Hobbits. Jeder Hobbit hatte ein Hemd für jeweils eine Station der Reise – von sauber und ordentlich in Hobbingen bis hin zu blutverschmiert und zerrissen am Schicksalsberg. Dazu kamen pro Szene vier weitere Hemden – jeweils eins für das Bodydouble, für den Stuntman, für das Größendouble (also die kleinwüchsigen Darsteller) und für das Reitdouble. Obendrein befanden sich einige der Darsteller immer noch in der körperlichen Entwicklung. Elijah Wood beispielsweise war bei Drehstart erst 19 Jahre alt und durch die physischen Anstrengungen und die Kämpfe entwickelte sein Oberkörper mehr Muskelmasse als geplant.

Wie wichtig die Kostümierung auch für die Darsteller war, haben die Crewmitglieder vor allem an Viggo Mortensen gemerkt, der sein dreckiges Waldläufer-Kostüm oft auch in Drehpausen oder bei privaten Ausritten trug. Er ging sogar so weit, das Kostüm selbst zu waschen und Risse eigenhändig zu nähen. Das Aragorn-Kostüm wurde während der Dreharbeiten zu seiner zweiten Haut. Und auch Elrond-Darsteller Hugo Weaving hatte ein ganz besonderes Verhältnis zu seinem Kostüm. Dickson berichtet, dass der Schauspieler sich gleich ganz anders bewegt habe, nachdem er das Kostüm angelegt hätte.

Kostümdesignerin Ngila Dickson kleidete die Hobbits in etwas zu kurze Hosen, kombiniert mit Westen in Grün- und Brauntönen.

3.7 Die Hexenmeister der Spezial-Effekte

„Von Anfang an wollten Peter [Jackson] und ich so viel reale Aufnahmen wie möglich haben. Letztendlich handelt es sich um einen Kriegsfilm und wir wollten, dass die Kamera immer dicht am Geschehen ist. Wir wollten, dass das Publikum denkt: ‚Wow, die haben in dieser Aufnahme richtig gekämpft.'" – Alex Funke

WETA-Workshop

Schlicht und unscheinbar stehen am Stadtrand von Wellington die Camperdown Studios. Sie wirken von außen wie gewöhnliche Lagerhäuser mit ein paar Parkplätzen davor. Es lässt sich für den unwissenden Betrachter kaum erahnen, dass hinter diesen Mauern die Künstler, Designer und Modellbauer von WETA-Workshop noch bis Ende 2003 Tolkiens phantastischer Welt Mittelerde Leben einhauchen. Seit 1997 steht die junge neuseeländische Spezial-Effekt-Schmiede, benannt nach einem übergroßen neuseeländischen Insekt, ganz und gar im Zeichen des tolkienschen Epos.

Der WETA-Workshop mit einer Crew von über 120 Mitarbeitern setzt sich aus sechs Abteilungen zusammen: Kreaturen, Miniaturen, Physical-Effects, Rüstungen und Waffen, Make-up und Prothesen sowie Miniatur-Effekte.

Sowohl die Qualität als auch die Masse der hergestellten Objekte sind überwältigend: 900 Rüstungen, mehr als 2000 Latex-Waffen, über 100 echte Stahlwaffen, 1600 Paar Hobbit-Füße und mindestens ebenso viele Hobbit-Ohren, 300 handgeknüpfte Perücken und über 20.000 Alltagsgegenstände wurden gefertigt. Jeder Gegenstand wurde von Hand mit komplizierten Ornamenten versehen. Ob die Elbenrunen auf Frodos Schwert Stich oder die mit Prägungen verzierten Lederschwertscheiden, alle Objekte sind erstaunlich detailgetreu angefertigt. Und bei jeder Anfertigung galten Tolkiens Beschreibungen als wichtigste Quelle. Die Romanseiten wurden kopiert und hingen überall an den Wänden der Werkstätten. Tolkiens Geist schwebte immer über der Produktion. Bei vielen Requisiten wird man die kleinen

Ornamente später auf der Kinoleinwand überhaupt nicht erkennen können, aber darauf komme es auch nicht an, erklärt Richard Taylor, Kopf von WETA-Workshop und langjähriger Freund von Peter Jackson. Die Welt in sich müsse stimmig sein, denn auch wenn man die Musterungen am Sattel eines Rohirrim nicht bewusst wahrnehme, so tue man es doch unbewusst. Würden diese fehlen, würde der Zuschauer dies unbewusst spüren, der Zauber von Mittelerde wäre gebrochen.

Für die Produktion des Ring-Epos stockte Taylor sein herkömmliches Team enorm auf: Er rekrutierte erfahrene Effekt-Spezialisten aus der ganzen Welt, darunter ein ganzes Dutzend Techniker vom „Matrix"-Set und Richard Cordobes („Apollo 13", „The Rock") als Koordinator der Spezial-Effekte. „Die meisten Leute, die ich angestellt habe, lieben Tolkiens Werke", berichtet Taylor. Und damit Peter Jacksons Vorsatz „Authentizität zu wahren" eingehalten werden konnte, holte Taylor außerdem eine ganze Crew an Hufschmieden, Lederarbeitern, Waffenschmieden und Bildhauern in die Studios nach Wellington. Der Workshop vereinte alle für den Film benötigten Werkstätten unter einem Dach. Sogar eine Stahlgießerei und eine Schaumstoff- und Latex-Manufaktur, die über ein Jahr rund um die Uhr arbeiteten, gehörten dazu. Alles sollte so real wie möglich wirken und dieses Bestreben wurde peinlich genau in die Tat umgesetzt. Fünf Jahre investierte Richard Taylor in die Umsetzung dieses Projektes, das ist über ein Drittel der Zeit seiner gesamten 14-jährigen Karriere. Der Standard der Produktion wurde so hoch angesetzt, dass man erst erkennen sollte, dass ein Schwert aus Gummi ist, wenn man es berührte. Es wurde eine spezielle Technik entwickelt, um das Gummi wie echtes Metall wirken zu lassen.

Ebenso sorgsam gingen Taylors Leute bei der Herstellung der Kettenhemden vor. Jedes Kettenhemd wurde auf traditionelle Weise von Hand gefertigt, Ring für Ring. Dass die Ringe aus silberglänzendem Fieberglas und nicht aus Stahl bestehen, merkt man noch nicht einmal, wenn man die Kettenhemden berührt. Auf Stahlringe wurde verzichtet, da sie ansonsten für die Stuntmen zu schwer geworden wären. Aber auch in der Fieberglas-Version brachten sie noch immer 12 Kilogramm auf die Waage.

Hinter diesen unscheinbaren Mauern wurde den Effekten Leben eingehaucht.

Die Fratzen des Grauens

Abgesehen von den detaillierten Requisiten war die Mannschaft von WETA-Workshop auch für eine ganze Menge Monster zuständig. Mit phantastischen Kreaturen kennt Richard Taylor sich wirklich aus, denn abgesehen von Jacksons vorherigen Werken wie „Meet the Feebles" oder „The Frighteners" war Taylor auch jahrelang für die Effekte in den Fantasy-Serien „Xena" und „Hercules" zuständig. Auf den Sets dieser TV-Serien konnte er sich kräftig austoben und neue Effekt-Techniken ausfeilen. Der gebürtige Neuseeländer könnte ein heißer Anwärter für eine Oscar-Nominierung im Jahre 2002 werden. Richard Taylor zeichnet nicht nur für eine ganze Reihe Spezial-Effekte verantwortlich, sondern auch für die unzähligen Monstermasken. Vor allem die Masken und Anzüge der Ork-Statisten beschäftigten Taylors Leute einige Monate. Die Elite-Orks von Saruman, die Uruk-hai-Krieger, sollten wie eine Kreuzung aus Rittern und Insekten aussehen. Die WETA-Künstler schufen also Einzelrüstungen, die an Exoskelette von Insekten erinnern. Außerdem wurden über 200 Ork-Masken aus Silikon-Schaum hergestellt und mit Yak-Haaren besetzt. Jede dieser Masken ist sozusagen ein handgefertigtes Unikat.

Nebelwolken, Regenschauer, Flussläufe

Von den nebligen Wäldern Arnors bis hin zu den feurigen Eingeweiden Morias – das Physical-Effect-Team erschuf sowohl im Studio als auch für die Außendrehs jede gewünschte Um-

gebung. Ob Regen, Schnee, Wind oder Stürme, Steve Ingram („The Frighteners"), Richard Cordobes („Twister", „The Rock", „Armageddon") und Blair Foord („Payback") waren die ungekrönten Könige des Wetters. Mit Schläuchen, Wasserkanonen und riesigen Ventilatoren, die nicht selten die Ausmaße eines Autos hatten, konnten sie jede gewünschte Wetterlage simulieren. Steve Ingrams Team baute die größte Windmaschine, die jemals für eine Filmproduktion eingesetzt wurde. Ganze 450 PS Leistung lieferte der Gigant. Der Schnee wurde aus Polystyrol hergestellt und konnte je nach Bedarf dazu gebracht werden, sanft zu rieseln oder wild herumzuwirbeln. Mit unterschiedlichsten chemischen Flüssigkeiten stellte man alle Arten von Nebel, Dampf, Dunst oder Rauch her. Das Physical-Effect-Team erschuf ganze Bäche und Flüsse, die durch falsche Studio-Wälder flossen. Dabei wurden enorme Wassermengen durch künstliche Vertiefungen gepumpt. Das Team simulierte Steinschlag, Geröll und Erdrutsche ebenso wie Fackeln oder gemütliche Hobbit-Kaminfeuer. „Dieses Projekt ist äußerst cool, ich habe nämlich noch nie an einer Fantasy-Produktion gearbeitet", erzählt Richard Cordobes auf der offiziellen Filmseite. „Es ist keiner dieser modernen Filme, wo man viele Schießereien, große Feuerbälle, Autoexplosionen oder Unfälle und so ein Zeug macht, es sind alles viel ruhigere Sachen, nicht unbedingt Riesenexplosionen oder so, aber wir haben dennoch ein paar wirklich große Brände gelegt. Wir haben Hobbingen und den ‚Grünen Drachen' niedergebrannt; wir haben es so aussehen lassen, als würde Hobbingen in einer Traumsequenz des Films zerstört. Und dann haben wir noch viele Flugsequenzen gemacht, wo wir die Schauspieler hoch in die Bäume ziehen, als würden sie von den Elben magisch angehoben." Bei allen Stunts und Effekten wurde Sicherheit immer groß geschrieben. Besonders bei den Explosionen in den Schlachten war es wichtig, dass Menschen und Tiere geschützt waren.

Rüstungen, Waffen und Monstermasken verwandeln harmlose Statisten in kriegerische Orks.

Im Reich der Miniaturen

Jedem Hobbymodellbauer und Tolkien-Fan, der die 8000 Quadratmeter große Halle in den Camperdown Studios auf dem Gelände von WETA-Workshop betreten hätte, wären wahrscheinlich die Freudentränen in die Augen gestiegen, denn in dieser Halle standen die unzähligen Modelle der Filmtrilogie – Bur-

lent gelingt, glänzende Raumschiffe zu erzeugen, aber rostige, dreckige Raumkähne wirkten nur als Modell befriedigend. Wer erinnert sich da nicht gerne an die Atmosphäre in „Blade Runner" oder den Millennium Falcon aus „Star Wars", Relikte der Filmgeschichte, die (noch) kein Computer erzeugen könnte.

Im hinteren Teil der Halle erhebt sich eine weiße Stadt bis unter die Hallendecke – Minas Tirith, die gewaltige Hauptstadt

Aus diesem noch unförmigen Gerippe wird später ein stattlicher Kriegs-Mumakil.

gen, Schiffe und ganze Landstriche – Mittelerde im Maßstab 1:72. Aber warum Modelle? Ganz einfach: Einige der Festungen, Städte und Landschaften im „Herr der Ringe" sind einfach zu gewaltig, um sie in Originalgröße aufzubauen. „Kein Studio wäre groß genug für ganz Khazad-dûm", erklärt Alex Funke („Starship Troopers", „The Abyss"), Koordinator der visuellen Effekte. Es sei einfach physikalisch unmöglich, bodenlose Bergwerke oder kolossale Festungen in der von Tolkien beschriebenen Größe zu bauen. Alex Funke, der für seine Effekte in „Total Recall – Die totale Erinnerung" einen Oscar gewann, ist beeindruckt von Tolkiens Erzählungen und sieht die Erschaffung von Mittelerde als die bisher größte Herausforderung seiner Laufbahn an.

Nun mag man sich die Frage stellen, warum man bei dem gewaltigen Digitalaufwand der Ring-Trilogie nicht auch diese Elemente einfach am Computer erschaffen hat. Bewies doch erst kürzlich Ridley Scotts „Gladiator", wie realistisch ganze Städte aus dem Computer wirken können. Vermutlich störte Peter Jackson die Reinheit dieser Computerbilder – die Beispiele der vergangenen Jahre zeigen, dass es dem Computer exzel-

des Königreiches Gondor, die sich über sieben Stufen an dem Berghang des Mindolluin erstreckt. Jede Stufe der Stadt ist von einer dicken Festungsmauer umgeben. Für die Aufnahmen mit den Schauspielern wurden einige Straßenzüge von Minas Tirith in einem Steinbruch nördlich von Wellington errichtet, aber für die Gesamtansicht der Stadt wurde dieses etwa sechs Meter hohe Modell im Maßstab 1:72 gebaut. Die Modellbauer unter der Leitung von Richard Taylor gingen mit einer solchen Akribie vor, dass selbst die kleinsten Details nicht vernachlässigt wurden: Bäume erheben sich in den Straßen, in den Gassen sieht man Holzfässer stehen und zwischen den Häusern kann man sogar die gespannten Wäscheleinen mit frischer Wäsche darauf erkennen. „Nur bei diesem Maßstab kann man noch alle Gegenstände erfassen", erklärt Funke. Für die Aufnahmen wurden spezielle Motion-Control-Kameras benutzt, welche die Anzahl der Frames pro Aufnahme drosseln können und extra aus Deutschland von der Firma Arri eingeflogen worden waren. „Normale Kameras schießen 24 Frames pro Sekunde, aber das wäre zu schnell für unsere Zwecke", erklärt Funke, „Wir müssen das Ganze langsamer angehen, damit wir die digitalen Effekte besser einfügen können und die Modelle durch das helle Scheinwerferlicht nicht verschwommen wirken."

Auch bei den Aufnahmen von Caras Galadhon, der Heimstatt von Galadriel (Cate Blanchett) und Celeborn (Marton Csokas) in den Wipfeln des Elbenwaldes Lothlórien, benutzte man dieses Verfahren. Die WETA-Künstler fertigten zunächst Modelle der hohen Mallorn-Bäume. Die Stämme und Äste fertigten sie aus metallverstärktem Styropor. Die Oberfläche wurde in mehreren Schichten bemalt und mit Sand bearbeitet, um die Bäume authentisch und alt wirken zu lassen. An den Bäumen wurden kleine Treppen und Stiegen befestigt, die zu der runden Wohnstätte im Wipfel führen. Die Fenster der Elbengebäude wurden von Innen mit sanftem Licht ausgeleuchtet. Bei dem Modell im Maßstab 1:12 stimmt einfach alles, selbst die Säulen der Gebäude wurden mit feinen Natur-Schnitzereien im Jugendstil versehen. Gerade diese kleinen Details seien wichtig, da sie die Glaubwürdigkeit der Orte erhöhen, erklärt Funke. Zuständig für die Regie bei den Miniaturaufnahmen ist David Hardberger („Die Rückkehr der Jedi-Ritter", „Willow", „Alien3"), der dafür sorgen muss, dass sich die Realaufnahme und die Miniaturaufnahme später gut zusammenfügen. In einer Szene beispielsweise sollte Galadriel die Stufen zu einem See hinunterschreiten, direkt hinter ihr der Hobbit Frodo gehen. Die Aufnahmen der Darsteller wurden bereits ein Jahr vorher im Bluescreen-Studio abgedreht. In einer digitalen Vorschau schaut sich Hardberger die Szene an, wie sie später aussehen soll. In dieser Vorschau sind alle wichtigen Motion-Control-Daten gespeichert, damit bei der Modellaufnahme wieder Kamerawinkel und Geschwindigkeit stimmen. Die Daten werden in einen Computer eingeben, der die neuen Koordinaten für die Motion-Control-Kamera berechnet. „Peter [Jackson] hat immer sehr klare Vorstellungen davon, was er will", erzählt Hardberger. „Es macht Spaß, mit ihm zu arbeiten. Unser Job ist es, das Rohmaterial zu liefern und ihm später im Schneideraum möglichst viele Möglichkeiten zu geben."

Die Aufgaben der Miniaturen-Crew sind weit gefächert: Nicht nur Landschaftsmodelle mussten hergestellt werden, sondern auch Miniatureffekte, wie zum Beispiel glühende Lava. In der so genannten „Lava-Lounge" wurde die Lava für einen Vulkanausbruch gemischt. Die flüssige Mixtur wurde dann während der Aufnahme in die vernebelte Luft geschossen und so beleuchtet, dass ein rot glühender Effekt entstand. Die Techniker benutzten zu diesem Zweck ein Gemisch aus Milch und Wasser, da sie herausgefunden hatten, wie gut die weiße Milch das rote Licht reflektiert.

An einem weiteren Mini-Set unter freiem Himmel befand sich Isengart, das Reich des Zauberers Saruman. Sarumans zerklüfteter, schwarzer Turm Orthanc erhob sich in der Mitte etwa 3,5 Meter in die Höhe, umgeben von schwarzem, toten Ödland. Die Crew hatte Krater in die Erde gegraben, in denen man kleine Leitern und mechanische Mühlen erkennen kann, die sich knirschend bewegen. Per Computer wurden später Tausende von Uruk-hai-Kriegern eingefügt. Wie in Tolkiens Erzählungen wurde dann das gesamte Gelände geflutet und der apokalyptische Untergang von Isengart von der Motion-Control-Kamera aus der Vogelperspektive gefilmt.

„Jeder hier erzählt einen anderen Teil der Geschichte", erklärt Alex Funke, „und alle Elemente zusammenge-

fügt ergeben dann den fertigen Film. „Aber", scherzt er, „wir sind die Typen, die alles in die Luft sprengen dürfen."

Die kleinen Hobbits

J.R.R. Tolkien beschreibt die Hobbits, die Hauptprotagonisten des Ring-Epos, als kleine gesellige Gefährten mit pelzigen Füßen, kaum einen Meter groß. Ansonsten sehen sie aus wie normale Menschen und werden daher oft von diesen auf den ersten Blick mit Kindern verwechselt. Peter Jackson stand zu Anfang der Produktion nun vor einer Entscheidung: Entweder konnte er die Rollen der Hobbits mit kleinwüchsigen Darstellern besetzen, so wie es schon George Lucas bei „Willow" getan hatte, oder er wählte normal große Schauspieler aus und musste diese dann auf irgendeine Art und Weise auf der Leinwand schrumpfen lassen. Jackson entschied sich für letztere Variante. Seine Begründung dafür klingt verständlich. Zum einen habe man bei kleinwüchsigen Darstellern nur eine sehr begrenzte Auswahl an Schauspielern, zum anderen stimmen die Proportionen der kleinwüchsigen Akteure nicht mit denen der Hobbits überein. Also besetzte er die Rollen von Frodo, Sam, Merry und Pippin mit durchschnittlich großen Darstellern.

Die Filmemacher in Neuseeland entwickelten daraufhin diverse Methoden, um die Akteure schrumpfen zu lassen, griffen dabei aber auch auf herkömmliche Filmtricks zurück. Die Grundidee war, ständig zwischen traditionellen und bahnbrechenden neuen Techniken zu wechseln, sodass sie nahtlos ineinander über gehen. Charlie McClellan (Produzent für digitale Spezial-Effekte) sagt dazu: „Die Zuschauer werden nicht andauernd denken: ‚Das ist aber eine nette Computer-Bildmischung', sondern sie werden denken: ‚Wie zum Teufel haben die das gemacht?'"

Die „forced perspective" (erzwungene Perspektive) war eine der wichtigsten, aber auch aufwändigsten Methoden, um die Hobbits schrumpfen zu lassen. Es handelt sich um einen neuartigen Kameratrick von Peter Jackson, der sich in der Theorie einfach anhört: Die Hobbit-Darsteller stehen dabei doppelt so weit von der Kamera entfernt wie der Menschen-Darsteller. Dadurch wirken sie kleiner. Natürlich muss die Kameraoptik so eingestellt sein, dass beide Personen scharf im Bild zu erkennen sind. Nun bewegt sich aber die Kamera und die Blickrichtung muss ständig nachkorrigiert werden. Dies erzeugt man durch dynamische Böden, Stühle oder Tische, die sich in die entgegengesetzte Richtung der Kamera bewegen. Wenn alle Bewegungsgeschwindigkeiten und Entfernungen exakt stimmen, erzeugt man die perfekte Illusion.

In einigen Szenen, wie beispielsweise der Verfolgungsjagd an der Furt oder der Flussfahrt auf dem Anduin, wurden für die Hobbits Dummies benutzt, realistische, leblose Puppen.

Obendrein wurden, wie bereits erwähnt, viele der Kulissen in zwei Größen angefertigt. Jeweils für Aufnahmen mit den Hobbits und den Menschen. In der Postproduktion wurden diese Aufnahmen dann so zusammengeschnitten, dass der Eindruck entstand, die Darsteller hätten sich nur an einem Set befunden.

Um die Hobbits von hinten oder in weiter Entfernung zu doubeln, wurden so genannte ,Little People' engagiert, kleinwüchsige Schauspieler aus Indien und Indonesien, aber auch Kinder wurden als Doubles in die Hobbit-Kostüme gesteckt.

WETA-Digital

Sein Gebrüll lässt ganze Bergflanken erzittern und aus seinen Nüstern dringt Feuer. In den unterirdischen Zwergenminen von Moria treffen die Gefährten auf den Balrog, einen riesigen Feuerdämon, dessen lederne Flügel eine gewaltige Spannbreite haben.

Um dieses Wesen aus den Tiefen von Mittelerde glaubhaft auf der Leinwand darzustellen, mussten es die Künstler und Programmierer von WETA-Digital am Computer zum Leben erwecken. Dafür wurden nach den Entwürfen von Tolkien-Künstler John Howe zunächst Modelle im Maßstab 1:100 angefertigt. Diese Modelle wurden dann mit einem 3-D-Scanner abgetastet und die Daten an einen Computer weitergeleitet. Erst am Computer konnten die Digitalkünstler an den Bewegungen des Balrog arbeiten. Ein bewegliches Wireframe-Skelett wurde mit verschiedenen ,Hautschichten' überzogen, auf die später eine Textur, also ein gemaltes Hautmuster, gelegt wurde. Hinzu kamen noch spezielle Feueranimationen für die Feuermähne des Dämons, die nur zu diesem Zweck entwickelt worden waren. Das Computerfeuer sollte nicht von natürlichem Feuer zu unterscheiden sein. Eine Herausforderung für jeden Programmierer.

Ähnlich wurden auch die Trolle und die Ents, große Baumwesen, erschaffen. Peter Jacksons Anforderungen an das Endergebnis waren dabei enorm hoch. „Bei den digitalen Effekten habe ich dieselbe Ideologie wie beim gesamten Design verfolgt", erzählt Peter Jackson. „Ich wollte, dass die Monster real wirken, bis hin zum Dreck unter den Fingernägeln des Höhlentrolls oder den blutunterlaufenen, geschwollenen Augen von Gollum."

Mein Schatzzzzzssss

Der Höhlenbewohner Gollum war eine ganz besondere Herausforderung für das Team von WETA-Digital. Gollum war einst ein Hobbit, ähnlich wie Frodo und Bilbo gewesen, verwandelte sich aber durch den Einfluss des Rings in eine abstoßende, schleimige Kreatur mit großen leuchtenden Augen und Schwimmhäuten zwischen den Zehen. Das Besondere an der Figur ist, dass sie nicht wie die anderen Monster nur für ein oder zwei Szenen im Film auftaucht, sondern vielmehr im zweiten Film zu den Hauptpersonen stößt und die Geschichte bis zum Ende des dritten Teils mit trägt. Zusammen mit den Akteuren begibt sich Gollum auf die Reise zum Schicksalsberg im Lande Mordor. Während dieser langen Reise lernt der Zuschauer eine schizophrene Eigenschaft Gollums kennen. Zwei Seelen streiten sich in seinem Körper – das Furcht einflößende, hinterhältige Monster aus den Ork-Höhlen und der Mitleid erregende, winselnde Sméagol, Gollums ehemaliges Ich. Diese Charaktereigenschaften auf eine computergenerierte Figur zu übertragen war die Aufgabe der Computer-Künstler. „Gollum wird eine der hoch entwickeltsten digitalen Kreationen sein, die man bisher gesehen hat", verspricht Richard Taylor. „Man kann alle alten Vorstellungen von CG-Kreationen über Bord werfen, denn Gollum wird alles in den Schatten stellen."

Gollum wird durch eine Kombination aus herkömmlicher Computeranimation und komplizierter Motion-Capture-Technik zum Leben erweckt. Motion-Capturing ist ein Verfahren, bei dem ein Schauspieler in einem Datenanzug steckt, der jede Bewegung aufzeichnet und an den Computer leitet. WETA-Digital hat dieses Verfahren verbessert, um flüssige, dynamische Bewegungen zu erzeugen. Peter Jackson wollte von Anfang an einen computergenerierten Look verhindern. Damit Gollum realistisch wirkt, wurde ein Drahtgittermodell von seinem Körper entworfen, das auf organischen Muskeln und Knochen basiert. Die WETA-Künstler studierten unzählige Anatomie-Lehrbücher, um realistische Gewebestrukturen und Muskelverläufe zu entwickeln. Der Zuschauer sollte unter der blassen, ausgemergelten Haut die Muskeln und Knochen erkennen können. „WETA hat Unmengen mathematischer Codes für Gollum entwickelt", erzählt Peter Jackson, „Codes für die Körperform, neue Haut-Codes, neue Muskel-Codes. Er wirkt unglaublich lebensecht und wir haben nun die Möglichkeit, ihm eine ganze Palette von Gefühlen zu geben."

Unterstützt wurden die WETA-Künstler dabei von dem Schauspieler Andy Serkis, der Gollum im englischen Original seine Stimme leiht. Der Schauspieler war bei allen Szenen anwesend und schlüpfte auch in den Motion-Capture-Datenanzug, um seine pantomimischen Bewegungen auf die Kreatur Gollum zu übertragen. Zusätzlich wurde Serkis' Gesicht in allen möglichen emotionalen Ausdrucksformen gefilmt und auf das digitale Gesicht von Gollum übertragen. Produzent Barrie Osborne zufolge werde Gollum die realistischste animierte Figur sein, die man je auf der Leinwand gesehen hat. „Es ist zwingend notwendig, Gollum als realen Charakter zu sehen. Er wird zwar per Animation auf die Leinwand gebracht, muss aber die emotionale Vielfalt einer vom Ring geknechteten Figur bieten."

„Wenn man sich den Film ansieht und denkt: ‚Das ist aber ein guter Effekt', dann haben wir versagt", beschreibt Charlie McClellan, Produzent der digitalen Effekte, den Qualitätsanspruch seiner Abteilung. Die Effekte müssten sich in den Film einfügen, sodass man gar nicht auf die Idee kommt, dass die Wolken oder die Bäume nur aus Bits und Bytes bestehen. Denn auch wenn die Computer-Monster die größte Aufmerksamkeit auf WETA-Digital lenken werden, so sind es doch die unauffälligen Effekte, auf die die WETA-Künstler besonders stolz sind: Rauch, Nebel oder Wolken, Bäume oder Gebäude im Hintergrund. Nahezu jeder gefilmte Frame wird am Computer nachbearbeitet. Der Visual Effects Supervisor Jim Rygiel und die WETA-Crew kontrollierten die Dreharbeiten vor Ort oder an den über 150 Miniaturen. Sie ließen große Sorgfalt walten, damit Licht und Kameras am richtigen Ort positioniert wurden. Außerdem mussten die Sets detailgetreu für die digitale Nachbearbeitung des Filmes durch die Digitaldesigner kartografiert

werden. Die Designer haben mit äußerster Genauigkeit Licht, Schatten und Farbvariationen abzugleichen, um die Spezial-Effekte für das bloße Auge unsichtbar zu machen. Jon Labrie, Chief Technical Officer, berichtet, dass die visuellen Effekte in dieser Verfilmung sehr datenintensiv seien. In einer Aufnahme von fünf bis zehn Sekunden seien oft Dutzende digitale Effekte enthalten und manchmal Hunderte von verschiedenen Bildelementen.

Künstliche Intelligenz

Um die gewaltigen Schlachten richtig in Szene zu setzen, entwickelte die WETA-Crew ein AI-Schlachten-Simulations-Programm. „AI" steht in diesem Fall für „Artifical Intelligence" (künstliche Intelligenz). Das Computerprogramm namens „Massive" machte es möglich, 100.000 kreischende Orks, Elbenkrieger oder Menschen künstlich zu erschaffen. Für den Vordergrund wurden herkömmliche Realszenen mit Hunderten von Statisten gedreht, für den entsprechenden Hintergrund sorgte Kollege Computer.

Das Programm zeichnet sich dadurch aus, dass es nicht nur jeden CG-Krieger einzeln berechnet, sondern auch seine individuellen Handlungen. Jede Person verfügt dabei über eine spezifische Waffe und eine breite Palette von interaktiven Angriffs- und Verteidigungsbewegungen. Und erst wenn der Startknopf gedrückt wird, entwickelt sich die immer wieder unvorhersehbare Schlacht. Dabei steht es den Programmierern frei, den Computerkriegern Bäume, Gebäude oder Schluchten in den Weg zu setzen. Die CG-Krieger weichen Hindernissen geschickt aus und suchen sich ihren eigenen Weg. Dieses Verfahren erzeugt eine realistische Schlachtenatmosphäre mit einer Dynamik, wie man sie in dieser Größenordnung nie zuvor auf der Leinwand gesehen hat.

Mit Hilfe des Computers erschuf man 100.000 kreischende Orks, Elbenkrieger oder Menschen. Für den Vordergrund wurden herkömmliche Realszenen mit Hunderten von Statisten gedreht.

Wenn Schauspieler bei einer Filmproduktion mitwirken, dann verbringen sie in der Regel ein bis zwei Wochen an den Drehorten. Sie übernachten in Hotels und verbleiben die Tage über in ihren Wohnwagen am Set. Die Hauptdarsteller eines Films müssen erfahrungsgemäß etwas mehr Zeit investieren und sind oft 90 bis 100 Drehtage vor Ort. Aber auch diese Zeit ist oft nicht ausreichend, um tief gehende Freundschaften aufzubauen. Man begegnet sich als Kollegen bei der Filmpremiere wieder, das war es dann aber auch schon.

Ganz anders verhielt es sich bei den Dreharbeiten in Neuseeland. Bei einer solch gewaltigen Produktion wie dem „Herr der Ringe" entwickelt sich unter den Schauspielern ein ganz besonderes Verhältnis. Fast zwei Jahre lebten und arbeiteten sie zusammen auf der anderen Seite der Welt. Sie wohnten in eigenen Häusern, die ihnen von der Filmproduktion gestellt worden waren, und verbrachten in diesen zwei Jahren nicht nur ihre Arbeitszeit, sondern auch ihre Freizeit zusammen. Gemeinsam gingen die Darsteller durch Höhen und Tiefen und das schweißt bekanntlich zusammen. „Der Herr der Ringe" war für die Hauptdarsteller nicht nur ein Job, sondern wurde zum Lebensinhalt. Ihre Freundschaft begann schon, bevor überhaupt die erste Klappe fiel, erzählt Pippin-Darsteller Billy Boyd: „Schon vor den Dreharbeiten waren wir immer alle zusammen – wir haben im Fitnessstudio trainiert, Schwertkämpfe geübt, sind Kanu gefahren oder hingen einfach zusammen rum." Zur Freude der neuseeländischen Boulevard-Presse ließen sich viele der Darsteller auch regelmäßig in der Öffentlichkeit blicken. Ian McKellen, Liv Tyler und deren Freund Royston Langdon wurden bei diversen Kricket-Spielen in Wellington gesichtet und die Hobbit-Darsteller beteiligten sich zusammen mit Orlando Bloom (Legolas) an einem wohltätigen Badewannenrennen im Hafen von Wellington. „Ich fühle mich hier schon fast zu Hause", erzählte Elijah Wood einem neuseeländischen Journalisten. „Wellington ist zu meiner zweiten Heimat geworden. Ich wohne jetzt hier in einem Haus und habe eine zweite Familie: Dom[inick Monaghan] und Billy [Boyd] und Sean [Astin] und all die anderen Schauspieler. Ich fühle mich sehr wohl. Neuseeland ist ein großartiger Arbeitsplatz. Wir haben hier eine Menge Spaß." Als regelmäßiger Höhepunkt galten die Partys im Haus von Produzent Barrie Osborne am Rand von Wellington. Aber auch die stundenlangen morgendlichen Sitzungen in der Maske wurden für die Darsteller zum Happening: „Wir sind die dicksten Freunde. Wir haben so eng zusammengearbeitet und saßen jeden Tag lange zusammen in der Maske", erzählt Dominic Monaghan. „Wir hingen einfach ab und hielten den anderen bei Laune."

Als am 22. Dezember 2000 die Dreharbeiten beendet waren und sich die Darsteller nach einer großen Abschiedsparty auf die Heimreise machten, flossen hier und da schon einige Tränen. Und manche Akteure konnten sich überhaupt nicht voneinander trennen: Dominic Monaghan, Billy Boyd und Orlando Bloom flogen erst einmal für drei Wochen zusammen in den Surfurlaub nach Florida.

Auf den folgenden Seiten sollen die wichtigsten Schauspieler und ihre bisherigen Arbeiten noch einmal kurz vorgestellt werden.

Elijah Wood *(Frodo Beutlin)*

Seine großen Kulleraugen sind das Markenzeichen des mittlerweile 20-jährigen Ex-Kinderstars. Als er bei den Dreharbeiten zu „The Faculty" von Webmaster Harry Knowles erfuhr, dass Tolkiens Werk verfilmt werden soll, schnappte er sich sofort eine Kamera und seinen Freund George Huang. Er besuchte einen Kostümverleih und lieh sich ein langes Hemd und eine Kniehose, damit wanderte er auf die Hügel von L.A. und drehte ein Bewerbungsvideo für die Rolle des Frodo Beutlin.

Elijah Jordan Wood wurde am 28. Januar 1981 in Cedar Rapids (Iowa, USA) als das mittlere von drei Kindern geboren. Seine Eltern Warren und Debbie Wood förderten den jungen Elijah von klein auf. Als die Woods 1988 nach Los An-

Auswahl-Filmographie

Der Herr der Ringe – Die Rückkehr des Königs (2003) · Der Herr der Ringe – Die zwei Türme (2002) · Der Herr der Ringe – Die Gefährten (2001) · Black and White (1999) · The Faculty (1998) · Deep Impact (1998) · Der Eissturm (1997) · Flipper (1996) · North (1994) · Das Baumhaus (1994) · Die Abenteuer von Huck Finn (1994) · Das zweite Gesicht (1993) · Forever Young (1992) · Flug ins Abenteuer (1992) · Sommerparadies (1991) · Avalon (1990) · Internal Affairs – Trau' ihm, er ist ein Cop (1990) · Zurück in die Zukunft 2 (1989)

geles zogen, trat der Siebenjährige bereits in Modeshows und kleinen Werbespots auf. Sein Agent Mr. Scalzo war begeistert von ihm und besorgte ihm bereits ein Jahr später einen Kurzauftritt in dem Paula Abdul Musik-Video „Forever Your Girl". Die Grundsteine waren gelegt. Es folgte ein erster Auftritt in dem Kinofilm „Zurück in die Zukunft 2" (1989) und nur kurze Zeit später erfolgte der Durchbruch mit „Avalon" (1990). Nun kannte man in Hollywood Elijahs Gesicht und eine Hauptrolle nach der anderen wurde ihm angeboten. Man sah den kleinen Elijah immer öfter an der Seite von berühmten Filmstars wie Bruce Willis, Mel Gibson oder Kevin Costner. Elijah Wood gilt nicht ohne Grund als einer der viel versprechendsten Jung-Schauspieler Hollywoods und wird ohne Zweifel mit „Der Herr der Ringe" seinen absoluten Durchbruch erleben.

Sir Ian McKellen *(Gandalf)*

Ian McKellen scheint geboren für die Rolle des Zauberers Gandalf, denn ihm gelingt es, sowohl den alten gebrechlichen Mann zu spielen als auch den mächtigen Zauberer, der ganze Heere in die Schlacht führt. Ian Murray McKellen begeistert sein Publikum seit über 40 Jahren auf der Bühne wie auch auf der Leinwand. Er wurde am 25. Mai 1939 in Lancashire, England geboren. Mit drei Jahren besuchte er mit seinen Eltern eine „Peter Pan"-Vorstellung im Manchester Opernhaus. Fasziniert vom Spiel auf der Bühne entwickelte sich der kleine Ian zu einem regelmäßigen Theaterbesucher und kam die darauf folgenden Jahre so auch in ersten Kontakt mit Shakespeares Werken. Seine Schulzeit, ebenfalls vom Theaterspiel geprägt, beendete er 1961 bravourös und er beschloss, endgültig Schauspieler zu werden. Ohne eine professionelle Ausbildung an einer Schauspielschule engagierte man ihn sofort am Belgrader Theater für das Stück „A Man for All Seasons". Unzählige Werke sollten folgen. Vor allem Shakespeares Dramen hatten es Ian McKellen angetan.

Auswahl-Filmographie

Der Herr der Ringe – Die Rückkehr des Königs (2003) · Der Herr der Ringe – Die zwei Türme (2002) · Der Herr der Ringe – Die Gefährten (2001) · X-Men (2000) · David Copperfield (1999) · Der Musterschüler (1999) · Gods and Monsters (1998) · Bent (1997) · Amy Foster – Im Meer der Gefühle (1998) · Richard III (1995) · Restoration – Zeit der Sinnlichkeit (1997) · Shadow und der Fluch des Khan (1994) · Little Jo – Eine Frau unter Wölfen (1993) · Das Leben – Ein Sechserpack (1993) · Last Action Hero (1993) · Scandal (1989) · Die unheimliche Macht (1983) · Priest of Love (1981) · Alfred der Große – Bezwinger der Wikinger (1969)

Nicht erst durch seine Aufnahme in die „Royal Shakespeare Company" wurde er zu einem der anerkanntesten britischen Theaterdarsteller. Auch Hollywood klopfte bereits früh an seine Tür. 1988 bekannte er sich in einer Fernseh-Show offen zu seiner Homosexualität und 1989 wurde er von der englischen Königin zum Ritter geschlagen. Für seine Rolle als homosexueller Regisseur in „Gods and Monsters" wurde er 1999 für den Oscar nominiert. McKellen hat mittlerweile über vierzig Filmpreise gewonnen, doch trotz dieses Erfolges ist er nicht arrogant, sondern hält über seine Website www.mckellen.com sogar regelmäßigen Kontakt zu seinen Fans.

Viggo Mortensen *(Aragorn / Streicher)*

Es scheint fast so, als könne Viggo Mortensen in jede beliebige Rolle schlüpfen. Er vermag sich wie ein Chamäleon zu verändern, ob als liebender Künstler, harter Offizier oder der Teufel

Viggo Mortensen wurde am 20. Oktober 1958 in Manhattan, New York als Sohn eines Dänen und einer Amerikanerin geboren. Große Teile seiner Kindheit verbrachte er in Argentinien, Venezuela und Dänemark. Die Reiselust seiner Eltern führte dazu, dass er heute fließend Englisch, Spanisch und Dänisch spricht. Nach seinem Studium an der „Warren Robertson Theater Schule" in New York (1982) spielte er auf verschiedenen Bühnen und durch seinen Umzug nach Los Angeles begann 1985 seine Filmkarriere mit seinem Debüt als Amish-Farmer in „Der Einzige Zeuge". Mortensen ist überdies ein begnadeter Sänger, Dichter und Fotograf. Zur Zeit arbeitet er an seinem dritten Gedichtband und an einer Ausstellung in Los Angeles und in Athen. Aus der gescheiterten Ehe mit Punksängerin Exene Cervenke stammt sein Sohn Henry, der schon einige Gastauftritte in Viggos Filmen absolvierte. Henry ist ein großer Tolkien-Fan und überredete seinen Vater, die Rolle von Aragorn zu übernehmen.

Sean Astin
(Samweis „Sam" Gamdschie)

persönlich – er versteht es, den Zuschauer in seinen Bann zu ziehen. Beinahe hätte der Schauspieler Stuart Townsend den Waldläufer gespielt, aber schon nach ein paar Drehtagen wurde dieser durch Viggo Mortensen ersetzt. Mortensen ging in der Rolle des Waldläufers ganz und gar auf und Peter Jackson gibt offen zu, dass er von Mortensens Leistung am meisten beeindruckt war. Der Amerikaner steigerte sich geradezu in die Rolle hinein und trug manchmal sogar in seiner Freizeit sein Kostüm. Über die Rolle sagt Mortensen selbst: „[Aragorn] kann in der Natur überleben, von ihr leben, ihre Zeichen verstehen und dabei glücklich sein. Er benötigt niemanden, ist unabhängig und vertraut auf sein eigenes Wissen. Es gibt etwas sehr Menschliches in dieser Lebensart, die ich sehr hoch schätze."

Auswahl-Filmographie

Der Herr der Ringe – Die Rückkehr des Königs (2003) · Der Herr der Ringe – Die zwei Türme (2002) · Der Herr der Ringe – Die Gefährten (2001) · 28 Tage (2000) · A Walk on the Moon (1999) · Psycho (1998) · Ein perfekter Mord (1998) · Die Akte Jane (1998) · Daylight (1996) · The Portrait of a Lady (1996) · Die Passion des Darkly Noon (1996) · God's Army – Die letzte Schlacht (1995) · Crimson Tide – In tiefster Gefahr (1995) · Bloodbrother 2 – Champ gegen Champ (1994) · Der Tod lauert in Kairo (1993) · Carlito's Way (1993) · The Indian Runner (1991) · Leatherface: Texas Chainsaw Massacre 3 (1990) · Blaze of Glory – Flammender Ruhm (1990) · Schrei in der Stille (1990) · Der Einzige Zeuge (1985)

„Ist das nicht dieser kleine Junge von den Goonies?", erinnern sich die meisten an den amerikanischen Schauspieler – richtig, aber dieser Junge ist mittlerweile erwachsen geworden. Sean Astin schlüpft in eine verantwortungsvolle Rolle, denn nach Aussage von Professor Tolkien ist Sam die wichtigste Person in der Geschichte. Sam treibt gegen Ende die gesamte Handlung an und nur durch seine Freundschaft zu Frodo kann der Ring schließlich zerstört werden.

Sean Astin wurde am 25. Februar 1971 in Santa Monica (Kalifornien, USA) geboren. Seine Eltern John Astin und Patty Duke sind ebenfalls beide Schauspieler und waren zunächst gar nicht so glücklich darüber, dass der junge Sean eine Karriere in dieser Branche einschlagen wollte. Doch sie respektierten seinen Wunsch, als sie bemerkten, dass es ihm wirklich ernst war, und beschlossen, ihn zu unterstützen. Als seine Mutter eines Tages das Drehbuch für den Fernsehfilm „Please Don't Hit Me, Mom" in den Händen hielt, für den noch ein Hauptdarsteller gesucht wurde, wusste sie, dass dies der beste Start für die Laufbahn ihres Sohnes wäre. Sean spielte in seinem ersten Film mit, er war damals neun Jahre alt.

Fünf Jahre später sollte der Durchbruch erfolgen. Der Abenteuerfilm „Die Goonies" von Richard Donner und Steven Spielberg wurde weltberühmt. Vom Kinderstar entwickelte Sean sich langsam zum Teenie-Idol und bekam eine Rolle nach der anderen. Sein Studium an der „Crossroads High School for Arts" schloss er erfolgreich ab und tauchte neben Hollywoodgrößen wie Kathleen Turner und Michael Douglas in „Der Rosenkrieg" auf.

Auswahl-Filmographie

Der Herr der Ringe – Die Rückkehr des Königs (2003) · Der Herr der Ringe – Die zwei Türme (2002) · Der Herr der Ringe – Die Gefährten (2001) · Deterrence (1998) · Kimberly (1999) · Dish Dogs (1998) · Bulworth (1998) · Ins Gelobte Land (1997) · Mut zur Wahrheit (1997) · Safe Passage (1994) · Touchdown – Sein Ziel ist der Sieg (1993) · Steinzeit Junior (1992) · Boy Soldiers (1991) · Memphis Belle (1990) · Der Rosenkrieg (1989) · Wildwasser Sommer (1987) · Die Goonies (1985)

Am 11. Juli 1992 heiratete er seine große Liebe Christine, mit der er zwei Jahre später den Kurzfilm „Kangaroo Court" produzierte. Sein Regiedebüt sollte sich auszahlen, denn der Film wurde 1995 für den Oscar nominiert. Dies war aber nicht die letzte Oscar-Nacht, die Sean erleben durfte. Die Holocaust-Dokumentation „Ins Gelobte Land", in der er den Part des Sprechers übernahm, gewann 1998 den begehrten Filmpreis.

Der Kontakt zu „Herr der Ringe"-Regisseur Peter Jackson entstand über seinen Vater John, der in Jacksons letztem Film „The Frighteners" einen geisterhaften Richter spielte. Und auch die nächste Generation sollte von diesem Kontakt profitieren: Seans sechsjährige Tochter Alexandra Louise wird im „Herr der Ringe" eine kleine Rolle als Sams Tochter Elanor übernehmen.

Liv Tyler (Arwen Abendstern)

Im allgemeinen Medienrummel um „Der Herr der Ringe" blickt die gesamte Presse geschlossen auf Liv Tyler – geradezu ironisch, wenn man bedenkt, dass sie eine Rolle spielt, die im Roman kaum Beachtung findet. Um die Rolle der Elbe ganz und gar glaubhaft zu verkörpern, lernte sie ausgiebig ihre elbischen Sätze vor dem Spiegel und gab sie bereits in diversen US-Fernsehshows preis.

Liv Tyler wurde am 1. Juli 1977 in Portland (Maine, USA) geboren. Sie ist die Tochter des Models Bebe Buell

und wurde von ihr und ihrem Lebensgefährten Rockstar Todd Rundgren aufgezogen. Bis zu ihrem zwölften Lebensjahr glaubte sie, Rundgren sei ihr leiblicher Vater, doch dann gestand ihr ihre Mutter, dass ihr biologischer Vater der Aerosmith-Leadsänger Steve Tyler ist. Mit 14 Jahren verließ sie mit ihrer Mutter Portland und es ging in die Großstadt New York, wo Liv Tyler begann, als Teenager-Model zu arbeiten. Schon ein Jahr später hatte sie aber die Nase voll vom Modelgeschäft und hegte den Wunsch, Schauspielerin zu werden. Ihr Debüt feierte sie 1995 in dem Film „Stummer Schrei". In kürzester Zeit folgten weitere Filmangebote und 1997 wurde sie vom Magazin „People" zu einem der 50 schönsten Menschen der Welt gekürt. Zur Zeit ist sie mit Royston Langdon, dem Sänger der Punkband „The Spacehogs", verlobt.

Auswahl-Filmographie

Der Herr der Ringe – Die Rückkehr des Königs (2003) · Der Herr der Ringe – Die zwei Türme (2002) · Der Herr der Ringe – Die Gefährten (2001) · Eine Nacht bei McCool's (2001) · Dr. T & the Women (2000) · Onegin – Eine Liebe in St. Petersburg (2000) · Cookie's Fortune – Aufruhr in Holly Springs (1999) · Plunkett & Macleane (1999) · Armageddon – Das jüngste Gericht (1998) · Die Abbotts – Wenn Hass die Liebe tötet (1997) · That Thing You Do! (1996) · Gefühl und Verführung (1996) · Das Empire Team (1995) · Liebeshunger (1995) · Stummer Schrei (1994)

Billy Boyd *(Peregrin „Pippin" Tuk)*

Sein schottischer Akzent wird Pippin in der englischsprachigen Version der Filmtrilogie stark von den anderen Hobbits abheben. In einem Interview berichtete Boyd, dass er die anderthalb Jahre sehr genossen habe: „Das ist der Traum eines jeden Schauspielers. Nicht nur was die Darstellung der charakterlichen Entwicklung über ein Jahr angeht, sondern auch eine so große Vielfalt an Szenen zu spielen, von komischen bis hin zu sehr emotionalen Szenen."

Billy Boyd wurde am 28. August 1968 in Glasgow, Schottland geboren. Ähnlich wie sein Filmkollege Dominic Monaghan (Merry) ist er noch ein unbeschriebenes Blatt in der Filmbranche. In England war er unzählige Male auf den Bildschirmen in Fernsehfilmen und -serien wie „Taggart", „Coming Soon" oder „Chapter and Verse" zu sehen. Auf der Bühne konnte man ihn unter anderem in den Stücken „Kill The Old", „Much Ado About Nothing" oder „Trainspotting" bewundern. Seinen ersten Leinwandauftritt absolvierte er in dem Film „Urban Ghost Story", aber erst mit „Der Herr der Ringe" wird er internationale Aufmerksamkeit erlangen. Ob er den Anforderungen der Rolle gewachsen ist, wird sich dann zeigen. Aber da Peter Jackson berühmt für seinen guten Riecher ist – er hat immerhin Kate Winslet entdeckt – besteht wahrscheinlich kein Grund zur Beunruhigung. Boyd ist außerdem ein begnadeter Musiker. Er spielt Bass, Schlagzeug und Gitarre und singt Bariton und Tenor.

Auswahl-Filmographie

Der Herr der Ringe – Die Rückkehr des Königs (2003) · Der Herr der Ringe – Die zwei Türme (2002) · Der Herr der Ringe – Die Gefährten (2001) · Urban Ghost Story (1998)

Dominic Monaghan *(Meriadoc „Merry" Brandybock)*

Ebenso wie Billy Boyd (Pippin) ist Dominic Monaghan ein völliger Neuling auf der Kinoleinwand. Aber dass er bereits einige Fanclubs im Internet hat, spricht wohl für ihn. Dominic Monaghan wurde am 8. Dezember 1976 in Berlin geboren, wo er die ersten zwölf Jahre aufwuchs. Mit 18 Jahren, nach seinem Schulabschluss am „Sixth Form College", begann er mit der Schauspielerei

an einem Jugendtheater in Manchester. Dort wurde er prompt von einem Agenten entdeckt und kurze Zeit später stand der Nachwuchsdarsteller zusammen mit Patricia Routledge für die BBC-Fernsehserie „Hetty Wainthropp Investigates" vor der Kamera. Es folgten weitere Bühnen- und Fernsehauftritte wie in „Hostile Waters" und „Monsignor Renard". Zusammen mit Rutger Hauer und Martin Sheen war er in dem Fernsehfilm „Bomber" zu sehen, aber erst die „Herr der Ringe"-Trilogie ist Monaghans Leinwand-Debüt .

Zur Zeit lebt er weiterhin in Manchester und ist begeisterter Fan des ansässigen Fußballvereins Manchester United. Tolkiens Roman liebt er schon seit seiner Jugend, er verschlang die über tausend Seiten mit 13 Jahren.

Auswahl-Filmographie

Der Herr der Ringe – Die Rückkehr des Königs (2003) · Der Herr der Ringe – Die zwei Türme (2002) · Der Herr der Ringe – Die Gefährten (2001)

Sir Ian Holm *(Bilbo Beutlin)*

Nur sechs Wochen verbrachte Ian Holm für seine Rolle in Neuseeland und dennoch ist sein Charakter Bilbo eine der außergewöhnlichsten Darbietungen der gesamten Filmtrilogie.

Als einer der talentiertesten und ebenso respektiertesten Schauspieler des britischen Königreichs wurde Sir Ian Holm 1998 von der Queen zum Ritter geschlagen.

Ian Holm Cuthbert wird am 12. September 1931 in einer psychiatrischen Anstalt in Goodmayes, England geboren, die von seinem Vater Dr. James Harvey Cuthbert geleitet wird. Als der kleine Ian sieben Jahre alt ist, nimmt sein Vater ihn mit in eine Aufführung von „Les Misérables" mit Charles Laughton, mit dem Ian Holm später in der „Royal Academy of Dramatic Art" zusammenarbeiten wird. 1954 heiratet er seine erste Frau Lynn Mary Shaw und im gleichen Jahr gibt er sein Bühnendebüt in „Othello". 1965 lernt Holm die Fotografin Bee kennen, mit der er nach der Scheidung von Lynn Mary Shaw zusammenlebt. Ian Holm steigt rasch zu einem der beliebtesten Bühnenschauspieler des Landes auf. Er spielt im Laufe seiner äußerst erfolgreichen Theaterkarriere in fast allen wichtigen Shakespeare-Dramen, aber auch in Klassikern wie Tschechows „Der Kirschgarten" und „Onkel Wanja". Seine zahlreichen Rollen bescheren ihm einen wahren Preissegen, unter anderem einen Tony Award und mehrmals die Auszeichnung des „Londoner Evening Standard" zum besten Schauspieler des Jahres. Auch für sein Leinwanddebüt 1968 in Jack Golds „Ereignisse beim Bewachen der Bofors-Kanone" wird Holm gleich mit einem BAFTA als Bester Nebendarsteller belohnt.

1981 heiratet er seine zweite Frau Sophie Baker, zehn Jahre später (1991) seine dritte Frau Penelope Wilton. Holm ist insgesamt Vater von drei Töchtern (Jessica, Sarah-Jane, Melissa) und zwei Söhnen (Barnaby und Harry)

Die „Herr der Ringe"-Filmtrilogie ist für Holm übrigens nicht der erste Kontakt mit Tolkiens Werken. Bereits 1981 sprach er in der BBC-Hörspielfassung des Fantasy-Ro-

mans die Rolle von Frodo Beutlin. „Es ist immer angenehm, zu einem Buch zurückzukehren, das man kennt und das man liebt. Bilbos Rolle ist im „Herr der Ringe" nicht wirklich umfangreich, mal abgesehen von der Übergabe des Rings. Aber Peter Jackson entschied plötzlich, dass er ein paar Rückblicke im Film haben wollte. Es war sehr interessant, mein jetziges Alter mit einer außergewöhnlichen Maske ins Greisenalter und wieder ganz zurück in Bilbos junge Jahre zu verwandeln. Die Maskenbildner machten ein paar notwendige kleine Straffungen unter mein Kinn. Es ist bemerkenswert, was die alles machen können. Und ich war wieder jung", erzählt er lachend.

Orlando Bloom
(Legolas Grünblatt)

Eigentlich sollte er den Ringträger Frodo verkörpern, aber er passte einfach zu gut in das Gewand des Elben Legolas. Diese Rolle war für Orlando Bloom eine körperliche Herausforderung und nicht zu vergleichen mit den anderen Gefährten. Der Elb bewegt sich während der gesamten Trilogie nach einem bestimmten Schema, das an die Bewegungen einer geschmeidigen Raubkatze erinnert. „Zuerst übte ich mich im Bogenschießen. [...] Die Elbendarsteller mussten die Bewegungen richtig erlernen", erzählt er in einem Interview. „Für Legolas speziell lernte ich den Martial Art Kampf mit zwei Schwertern. Eine Mischung aus historischen europäischen und asiatischen Kampftechniken."

Orlando Bloom wurde am 13. Januar 1977 in Canterbury, Kent geboren. Mit 16 zog er nach London, mit dem Traum,

Schauspieler zu werden. Bloom trat dem „National Youth Theatre" für zwei Saisons bei, erhielt dann aber ein Stipendium an der „British American Drama Academy". Es folgte 1997 ein kurzer Auftritt in dem Kinofilm „Wilde", der ihm die Aufnahme an der „Guildhall School of Music & Drama" in London ermöglichte. Dort studierte er bis 1999, und kaum hatte er seinen Abschluss erhalten, meldete sich Peter Jackson bei ihm, mit dem Angebot, die Rolle des Frodo in „Der Herr der Ringe" zu übernehmen. Heute wissen wir, dass er die Rolle nicht bekommen hat, denn er war der perfekte Legolas.

Christopher Lee *(Saruman)*

Bekannt wurde der britische Schauspieler 1958 durch seinen legendären Auftritt als Graf Dracula in der gleichnamigen Verfilmung. Christopher Frank Carandini Lee wurde am 27. Mai 1922 in London, England geboren. Sein Vater war Oberst des 60. königlichen Gewehr-Korps. Christopher Lee wurde in der privaten „Summer Fields Schule" unterrichtet. Später bekam er ein Stipendium für das Eton und ebenfalls für das Wellington College. Nachdem er die Schule verlassen hatte, arbeitete er für einen wöchentlichen Lohn von einem Pfund als Botenjunge in der Londoner Innenstadt. Während des zweiten Weltkrieges diente Lee in der Royal Air Force und in Spezial-Einheiten. Er wurde für hervorragende Leistungen ausgezeichnet und erwarb den Rang eines Flight Lieutenant.

1947 stieg er ins Filmgeschäft ein und stand einige Zeit unter Vertrag bei der Rank Organisation. Er filmte unter anderem mit Regisseuren wie John Huston, Raoul Walsh, Joseph Losey, George Marshall, Orson Welles, Edward Molinaro, Billy Wilder, Steven Spielberg, Joe Dante, Tim Burton und John Landis. Lee drehte bereits in Russisch, Französisch, Italienisch, Deutsch, Spanisch und arbeitete in zahlreichen anderen Ländern rund um den Erdball. Er wirkte in über 250 Filmen und

Fernsehproduktionen mit, was ihm einen Eintrag ins Guinness-Buch der Rekorde bescherte. Seit 39 Jahren ist er mit dem dänischen Ex-Model Gitte Kroencke verheiratet. Nachdem die beiden einige Jahre in der Schweiz und in Kalifornien gelebt haben, sind sie jetzt in Großbritannien ansässig.

Lee ist seit 40 Jahren Tolkien-Fan und begegnete dem Altmeister sogar einmal in einem Pub in Oxford. „Er kam herein, rauchte eine Pfeife, hatte hell leuchtende Augen und trug eine Weste. Er sah aus wie der typische Countryman, der er im Herzen ja auch war. Er schien sehr schüchtern und bescheiden. Ich hatte so viel Ehrfurcht vor ihm und seinem Werk, dass ich es nicht fertig brachte, ihn anzusprechen. Ich denke, ein Kompliment hätte ihn auch nur in Verlegenheit gebracht." Über das Werk selbst dachte Lee nach der ersten Lektüre: „Was für einen wundervollen Film könnte man aus diesem Stoff machen [...] ich hoffte immer, dass ich dabei sein könnte. Niemals zog ich in Betracht, dass ich dafür 40 Jahre warten müsste, aber hier bin ich." Lee betont stolz, dass nachdem er die Besetzung gesehen und das Drehbuch gelesen hatte, diese Produktion ohne Zweifel ein Meilenstein in der Geschichte des Kinos sein wird.

"Sydney Theater Company" trat sie unter anderem in Caryl Churchills „Top Girls" und David Mamets „Oleanna" auf, für die sie den Sydney Theater Critics Award als beste Darstellerin erhielt. 1998 war Blanchett als Queen Elizabeth 1 in Shekhar Kapurs „Elizabeth" zu bewundern, der von den Kritikern hoch gelobt wurde. Für ihre Glanzleistung erhielt sie den Golden Globe Award als Beste Schauspielerin in der Kategorie Drama und einen BAFTA als Beste Hauptrolle. Überdies wurde sie von der „Chicago Film Critics Association", der „London Film Critics Association", den „On-line Film Critics" und den „Variety Critics" als die Beste Schauspielerin ausgezeichnet und erhielt den UK Empire Award. Von der „Screen Actors Guild" und der „Academy of Motion Picture Arts & Sciences" wurde sie als Beste Schauspielerin nominiert. Im Juni 1997 heiratete sie Andrew Upton, den sie bei den Dreharbeiten zu „Parklands" kennen gelernt hatte.

Cate Blanchett *(Galadriel)*

Um Galadriel, die Herrin von Lothlórien, würdig zu vertreten, musste eine ganz besondere Darstellerin gefunden werden. Diese Rolle erfordert nicht nur Schönheit, sondern auch die Ausstrahlung einer alten Macht und großer Weisheit. Bereits als marienhafte „Elizabeth" bewies Cate Blanchett ihr schauspielerisches Können, immerhin erhielt sie 1998 für diese Rolle den Golden Globe und eine Oscar-Nominierung.

Cate Blanchett wurde am 14. Mai 1969 in Melbourne, Australien geboren. 1992 beendete sie ihre Schauspielausbildung am australischen „National Institute of Dramatic Art", wo schon Mel Gibson und Hugo Weaving (Elrond) ihren Abschluss gemacht hatten. Danach widmete sie sich ganz der Theaterarbeit. Sie ist Mitglied der „Company B in Belvoir St.", einem lockeren Zusammenschluss von Schauspielern. Für die

Sean Bean *(Boromir)*

Zwielichtige Charaktere mit verräterischen Absichten sind anscheinend das Markenzeichen des 42-jährigen Briten mit dem markanten Blick. „Der ‚Herr der Ringe' war etwas, das ich immer machen wollte. Ich habe die Bücher gelesen als ich 25 war, und habe immer gehofft, dass ich dabei bin, wenn das Werk verfilmt wird." Als er von Peter Jackson die Zusage erhielt, sei er überglücklich gewesen.

Sean Bean wurde am 17. April 1959 in Sheffield, Yorkshire (England) geboren. Nach seiner Schauspielausbildung an der „Londoner Royal Academy of Dramatic Art" hatte er mit „Romeo und Julia" sein Bühnen-Debüt im „Watermill Theater". Weitere Auftritte, unter anderem für die „Royal Shakespeare Company" folgten. Weltweite Aufmerksamkeit erregte der Brite durch seine Leinwand-Auftritte meist als Bösewicht, wie etwa als Alec Trevelyn (Agent 006) in „James Bond – GoldenEye".

Wenn es in der Vergangenheit um die Realisation gefährlicher Stunts ging, hatte Bean noch nie Hemmungen, diese selbst durchzuführen. Daher stammt auch die Narbe über seinem linken Auge, die ihm Harrison Ford bei den Dreharbeiten zu „Die Stunde der Patrioten" versehentlich mit einem Stahlhaken verpasste und die mit 8 Stichen genäht werden musste. Bean ist bekennender Anhänger des „Sheffield United Football Club" und ließ sich deren Kennspruch „100 % Blade" auf die linke Schulter tätowieren.

Im November 1997 heiratete Sean Bean die Schauspielerin Abigail Cruttenden und ein Jahr später wurde die gemeinsame Tochter Evie Natasha geboren. Sean hat bereits zwei Töchter, Lorna und Molly, aus seiner zweiten Ehe mit der Schauspielerin Melanie Hill.

John Rhys-Davies
(Gimli/ Stimme von Baumbart)

Obwohl er ganze 1,85 Meter groß ist, wird er den Zwerg Gimli spielen, der kaum anderthalb Meter misst – der Computer macht es möglich. Außerdem wird er dem Ent Baumbart seine tiefe Stimme leihen. John Rhys-Davies ist überzeugt: „Diese Trilogie wird Filmgeschichte schreiben." Von dem kommenden Erfolg und dem Kult um sich lasse er sich aber nicht beeindrucken.

„Ich habe schon einige Heiratsangebote bekommen. Es gibt mehr Fandom als Fanatismus." Aber er liebe die Fans, äußerte er in einem Interview mit der neuseeländischen Presse.

Mit über dreißig Jahren Erfahrung ist John Rhys-Davies schon ein Veteran des Showgeschäfts. Er wurde am 5. Mai 1944 in Salisbury, Wiltshire (England) geboren. Seine Kindheit verbrachte er überwiegend in Afrika und Wales und entdeckte schon früh seine Leidenschaft für klassische Literatur und die Schauspielerei. Er perfektionierte sein Talent an der „Londoner Royal Academy of Dramatic Arts" und seine erste Kinorolle hatte er an der Seite von Michael Caine in „The Black Windmill", wo er allerdings bereits vor der ersten Titelsequenz in die Luft gejagt wurde. 1981 wurde er als Sallah an der Seite von Indiana Jones (Harrison Ford) weltberühmt. Rhys-Davies war auf der Bühne in über hundert Theaterstücken zu sehen, viele davon unter der Schirmherrschaft der „Royal Shakespeare Company". Für seine Rolle in der TV-Serie „Shogun" wurde er für den Emmy nominiert. Der Oldtimer-Sammler hatte schon immer einen Hang zum Phantastischen, ob als Professor Arturo in der Fernsehserie „Sliders" oder Leonardo DaVinci auf dem Holodeck des „Raumschiff Voyager".

Hugo Weaving *(Elrond)*

Jeder kennt sein Gesicht aus dem Cyberthriller „Matrix", in dem er als Agent Smith Keanu Reeves gehörig zusetzte, aber seinen Namen kennt kaum jemand. Hugo Weaving wurde 1960 in Nigeria geboren, zog dann aber 1976 nach Australien, wo er an der „Knox Grammar School" in Sidney seinen Schulabschluss machte.

Hugo Weaving ist mit Katrina Greenwood verheiratet, mit der er zwei Kinder hat. Die beiden tragen die Namen Harry und Holly. Seine Darstellung in „Das Interview" brachte ihm einen Australian Film Institute Award (AFI) und einen World Film Festival Award (Montreal) als Bester Darsteller ein.

Auswahl-Filmographie

The Matrix Reloaded (2002) · Der Herr der Ringe – Die Gefährten (2001) · The Old Man Who Read Love Stories (2000) · Russian Doll (2000) · The Magic Pudding (2000) · Strange Planet (1999) · Matrix (1999) · Kreuz und quer (2000) · Schweinchen Babe in der Großstadt (1999) · The Interview (1998) · True Love and Chaos (1997) · Ein Schweinchen namens Babe (1995) · Priscilla – Königin der Wüste (1994) · Ein schräger Vogel (1993) · Robin Hood Junior (1993) · Proof – Blindes Vertrauen (1992) · Für die Liebe allein (1986) · Maybe This Time (1980)

Weaving erhielt den AFI außerdem für „The Adventures of Priscilla – Queen of the Desert" (Priscilla – Königin der Wüste) und „Proof" (Proof – Blindes Vertrauen). Als Absolvent des „National Institute of Dramatic Arts" hat Weaving in zahlreichen Bühnenstücken gespielt, darunter vielen für die „Sydney Theatre Company".

Andy Serkis *(Sméagol / Gollum)*

Andy Serkis ist dem Kinopublikum noch nicht wirklich bekannt. Seine bisherigen Leinwand-Auftritte beschränken sich auf Rollen in kleineren Filmen. Aber für die Verkörperung von Gollum hatte Regisseur Peter Jackson hohe Ansprüche. „Sie haben jemanden gesucht, der die Fähigkeiten hat, sowohl einer Kreatur seine Stimme zu leihen als auch sie als Mensch zu verkörpern", berichtet der 36-Jährige. Der Umsetzung der gesamten Trilogie sehe er sehr zuversichtlich entgegen. „Ich glaube, das wird phantastisch. Und das sage ich nur sehr, sehr selten über Dinge, die ich mache."

Andy Serkis wurde 1965 geboren und hat eine breite Palette von Rollen in Theatern in ganz Großbritannien gespielt. Besonders auf den Bühnen in London ist er zu Hause. Zu seinen in jüngerer Zeit von Kritikern besonders hervorgehobenen Arbeiten zählen „Mojo" unter Jez Butterworth „King Lear" und „Hush" für das Royal Court Theatre.

Auswahl-Filmographie

Der Herr der Ringe – Die Rückkehr des Königs (2003) · Der Herr der Ringe – Die zwei Türme (2002) · 24 Hour Party People (2001) · Der Herr der Ringe – Die Gefährten (2001) · Shiner (2000) · Pandaemonium (2000) · The Jolly Boys' Last Stand (2000) · Topsy-Turvy (1999) · Among Giants – Zwischen Himmel und Erde (1999) · Loop (1997) · Stella Does Tricks (1997) · Mojo (1997) · Karriere Girls (1997) · Die Hölle nebenan (1996) · Mord in St. Petersburg (1993)

Marton Csokas *(Celeborn)*

„Celeborn ist im Gegensatz zu Galadriel sehr fixiert auf seine Ansichten und seine Prinzipien, was vielleicht sein Fehler ist. Aber als Team sind die beiden großartig, davon abgesehen, dass sie wahrscheinlich nur alle 2000 Jahre Sex haben, oder so." So beschreibt der gebürtige Neuseeländer schmunzelnd seine Rolle als der Herr von Lothlórien.

Komplett-Filmographie

Garage Days (2002) · Star Wars: Episode 2 (2002) · Down and Under (2001) · Der Herr der Ringe – Die Gefährten (2001) · Rain (2001) · Die Affenmaske (2000) · Hurrah (1998) · Broken English (1996) · Der Überflieger (1994)

Als Sohn eines Ungarn wurde er am 30. Juni 1966 in Neuseeland geboren. Nach seinem Abschluss an der „New Zealand Drama School" trat er 1989 eine erfolgreiche Bühnen- und Fernsehkarriere an. Später war er in der beliebten neuseeländischen Soap „Shortland Street" als Arzt und in der Fantasy-Serie „Xena" als Borias und Khrafstar zu sehen. Zu den Bühnenarbeiten von Marton Csokas gehören Produktionen wie „Arcadia", „Angels in America", „Julius Caesar" und „Closer". In Australien trat Csokas auf der Bühne unter anderem in „Clockwork Orange" auf und ging mit „Ladies Night" auf eine Tour durchs Land. Csokas ist Mitbegründer des „Stronghold Theatre", wo er nicht nur auf der Bühne steht, sondern auch Drehbücher schreibt. 1998 gewann er den Chapman Tripp Theatre Award für die Produktion des Jahres. Nach seinem Auftritt in dem ersten „Herr der Ringe"-Teil wird man ihn als planetaren Anführer in „Star Wars: Episode 2" auf der Leinwand sehen können.

Miranda Otto *(Éowyn)*

Éowyn ist gewissermaßen die Jeanne d'Arc von Mittelerde, mit einer gehörigen Portion Liebeskummer gewürzt. „Sie ist aufgebracht", erklärt Miranda Otto. „Ihr Königreich hat eine glorreiche Vergangenheit und sie trägt immer noch diese Ideale in sich, aber sie ist von Krieg und Tod umgeben – und nichts klappt so, wie sie es will. Sie würde sterben, um zu beweisen, dass sie die Kraft und Opferbereitschaft eines Mannes aufbringen kann – oder sogar noch mehr. Aber ihr ist es nur erlaubt, sich passiv zu verhalten. Sie hält ihre Wut und Frustration in sich."

Miranda Otto wurde als Tochter des australischen Schauspielers Barry Otto geboren. Wie viele ihrer namhaften Landsleute

Auswahl-Filmographie

Der Herr der Ringe – Die Rückkehr des Königs (2003) · Der Herr der Ringe – Die zwei Türme (2002) · Human Nature (2001) · Schatten der Wahrheit (2000) · Kin (1999) · Der Schmale Grat (1998) · Dead Letter Office (1998) · Doing Time for Patsy Cline (1997) · The Well (1997) · Love Serenade (1996) · Sex Is a Four Letter Word (1995) · The Nostradamus Kid (1993) · Wege der Liebe (1992) · Emmas Krieg (1986)

genoss sie ihre Schauspielausbildung am renommierten „National Institute of Dramatic Art".

Für ihre Leistungen in „Dead Letter Office", „The Well" und „Love Serenade" („Liebes-Serenade") erhielt sie jeweils den Film Critics Circle Australia Award. Das „Australian Film Institute" verlieh ihr Auszeichnungen für „In the Winter Dark", „The Well" und „Daydream Believer". Weiterhin konnte man sie bereits bei vielen australischen Theaterproduktionen auf der Bühne sehen. Zur Zeit lebt sie mit dem Schauspielkollegen Richard Roxburgh („Mission Impossible 2") zusammen.

Brad Dourif *(Grima Schlangenzunge)*

Besessene oder geistesgestörte Charaktere sind die Passion des leidenschaftlichen Schauspielers. Dennoch dauerte es einige Zeit, bis sich Peter Jackson für Dourif entschieden hatte. Er wollte einen Schauspieler, der sowohl die hinterhältigen, verräterischen Charaktereigenschaften spielen als auch

Auswahl-Filmographie

Der Herr der Ringe – Die Rückkehr des Königs (2003) · Der Herr der Ringe – Die zwei Türme (2002) · The Ghost (2000) · God's Army 3 (2000) · Shadow Hours (2000) · Cypress Edge (1999) · The Storytellers (1999) · Chucky und seine Braut (1999) · The Prophecy 3: The Ascent (1999) · Düstere Legenden (1999) · Freeze – Operation Nachtwache (1998) · Senseless (1998) · 40 Large (1998) · Bloody Wedding – Die Braut muss warten (1997) · Alien – Die Wiedergeburt (1997) · Female Justice (1996) · Lebenslang in Alcatraz (1996) · Monster aus Stahl (1995) · Phoenix (1995) · Wild Palms (1993) · Amos & Andrew – Zwei fast perfekte Chaoten (1993) · Final Judgement – Henker im Messgewand (1992) · Aura (1992) · London schafft alle (1992) · Chucky 3 (1991) · Critters 4 (1991) · Der Exorzist 3 (1991) · Stephen Kings Nachtschicht (1991) · Chucky 2 – Die Mörderpuppe ist zurück (1990) · Spuk am Lagerfeuer (1990) · Geheimprotokoll (1990) · Fire Syndrome (1990) · Chucky – Die Mörderpuppe (1989) · Mississippi Burning – Die Wurzeln des Hasses (1988) · Fatal Beauty (1987) · Blue Velvet (1986) · Dune – Der Wüstenplanet (1984) · Der Ketzer (1979) · Die Augen der Laura Mars (1978) · Gruppenbild mit Dame (1977) · Einer flog über's Kuckucksnest (1976)

werte Laufbahn vorzuweisen. Er führte bei über 80 Theaterstücken Regie. Von 1977 bis 1987 war er der künstlerische Leiter der berühmten „Stage Company of South Australia" und hat mit fast allen australischen Theatern zusammengearbeitet. 1997 bis 2000 war er dramaturgischer Leiter der „Brent St. School of Arts" in Sydney. Im Kinobereich könnte sich „Der Herr der Ringe" als Durchbruch für ihn erweisen.

Auswahl-Filmographie

Der Herr der Ringe – Die Rückkehr des Königs (2003) · Der Herr der Ringe – Die zwei Türme (2002) · Die Affenmaske (2000) · Virtual Nightmare (2000) · The Nostradamus Kid (1993) · The Dreaming (1988) · Call Me Mr. Brown (1986)

gleichzeitig unterwürfig und kriecherisch erscheinen kann. Für die Fans von Brad Dourif stand von vornherein fest, dass er für diese Rolle wie geboren sei.

Bradford Claude Dourif wurde am 18. März 1950 in Huntington in West Virginia geboren und besuchte von 1963 bis 1965 die „Aiken Preparatory School" in Aiken. 1981 bis 1986 lernte er Schauspiel und Regie an der Columbia University in New York. Er ist Gründungmitglied des „Circle Repertory Theatre", New York, wo er drei Jahre verbrachte. Dourif wurde während seiner Laufbahn mit Preisen nur so überschüttet. Bereits sein Debüt als Billy Bibbit in Milos Formans „Einer flog über's Kuckucksnest" bescherte ihm eine Nominierung für den Academy Award. Brad Dourif erhielt außerdem einen britischen Oscar (BAFTA) als bester Nebendarsteller und einen Golden Globe Award als Bester Nachwuchsdarsteller. Aufmerksame Zuschauer von Fernsehserien werden den Darsteller bereits in den TV-Serien „Akte X", „Geschichten aus der Gruft" oder „Raumschiff Voyager" entdeckt haben. Seine private Leidenschaft gilt dem australischen Instrument Didgeridoo.

John Noble *(Denethor II)*

„Es ist mein Job, die Menschlichkeit dieses Mannes zu zeigen. Er wird buchstäblich von seinem Kummer und seiner Furcht in den Wahnsinn getrieben", beschreibt John Noble die Rolle des gebrochenen Truchsess von Minas Tirth.

Seit über 25 Jahren erfreut John Noble sein Publikum als Schauspieler auf Bühnen in Australien und London, aber auch im Bereich der Regie hat er eine bemerkens-

Bernard Hill *(König Théoden)*

Geboren wurde Bernard Hill am 17. Dezember 1944 in Manchester (England). Hill ist ein alter Hase in der Schauspielbranche und sowohl auf der Leinwand als auch auf den Theaterbühnen in Großbritannien zu Hause. Seinen absoluten Durchbruch erlebte er als Kapitän des Unglückskreuzers Titanic im gleichnamigen Film von James Cameron. Die Rolle von König Théoden sollte für den Profi kein Problem darstellen, gleicht sie doch sehr den Shakespear'schen Königen, mit denen Hill eine Menge Erfahrung hat.

Auswahl-Filmographie

Der Herr der Ringe – Die Rückkehr des Königs (2003) · Der Herr der Ringe – Die zwei Türme (2002) · The Criminal (2000) · Blessed Art Thou (2000) · The Titanic Chronicles (1999) · The Loss of Sexual Innocence (1999) · Ein Sommernachtstraum (1999) · Ein wahres Verbrechen (1999) · The Criminal (1999) · Titanic (1997) · The Mill on the Floss (1997) · Der Wind in den Weiden (1996) · Der Geist und die Dunkelheit (1996) · Madagascar Skin (1995) · Double X: The Name of the Game (1992) · Land der schwarzen Sonne (1990) · Shirley Valentine – Auf Wiedersehen, mein lieber Mann (1990) · Verschwörung der Frauen (1988) · Robin Hoods tollkühne Erben (1985) · The Bounty (1984) · Gandhi (1982) · Selbstjustiz (1976)

3.9 Die Produktions-Chroniken

August 1998

Am 24. August gibt New Line Cinema bekannt, dass sie zusammen mit dem Regisseur Peter Jackson J.R.R. Tolkiens Trilogie „Der Herr der Ringe" in drei Teilen auf die Kinoleinwand bringen wollen. Alle drei Teile sollen simultan gefilmt werden.

Ein Hobbit unter Hobbits ...

Dezember 1998

Peter Jackson beantwortet bereits zum zweiten Mal die Fragen der Fans auf der Filmwebsite Ain't It Cool News. Beharrlich hält sich das Gerücht, Sean Connery würde eine Rolle in der Filmtrilogie übernehmen.

April 1999

Erste Foto- und Video-Aufnahmen vom Bau des Hobbingen-Sets tauchen in der neuseeländischen Presse auf, nachdem die Tages-

zeitung „The Herald" verdächtige Aktivitäten auf einer privaten Farm zwischen Matamata und Karapiro beobachtet hat.
Das Vorsprechen für über 15.000 Statisten beginnt am letzten Wochenende des Monats.

Mai 1999

Immer häufiger tauchen auf Fansites im Internet Gerüchte auf, dass Elijah Wood Frodo Beutlin spielen wird, wobei sich andere Besetzungsgerüchte aus dieser Zeit, unter ihnen Namen wie Sean Connery, Keanu Reeves und Warwick Davis, nicht bewahrheiten. Außerdem kursieren Gerüchte, dass Sir Ian McKellen sich mit New Line Cinema getroffen habe, um über die Rolle des Gandalf zu sprechen.

Juni 1999

Die offizielle Website geht am 9. Juni online und präsentiert erste atemberaubende Designs der Vorproduktion.

Juli 1999

New Line gibt offiziell bekannt, dass Elijah Wood am 8. Juli den Vertrag für die Hauptrolle des Frodo Beutlin unterschrieben hat, gefolgt von der Information, dass Sean Astin Sam Gamdschie spielen wird.
Der Monat endet mit neuen Gerüchten, dass Sir Ian McKellen für die Rolle von Gandalf und Sir Ian Holm für die Rolle von Bilbo Beutlin verpflichtet werden. Außerdem wird bekannt gegeben, dass Stuart Townsend die Rolle von Aragorn übernehmen soll, der jedoch kurz nach Drehstart im Oktober durch Viggo Mortensen ersetzt wird.

August 1999

Fans enthüllen Mitte August zum ersten Mal das Gerücht, dass Liv Tyler sich in Gesprächen befände, die Rolle der Arwen in der Trilogie zu übernehmen. Diese Meldung wird später von Michael DeLuca von New Line bestätigt. Es wird ebenfalls bekannt gegeben, dass Christopher Lee Saruman spielen wird.

September 1999

Ein englischer Fan trifft den Schauspieler John Rhys-Davies am Flughafen. Rhys-Davies erzählt, dass er für die Rolle des Zwergen Gimli zugesagt hat. Ain't It Cool News ergänzt die Neuigkeit durch die Mitteilung, dass Orlando Bloom als Legolas unterschrieben hat. Die führende Sean-Bean-Website berichtet, dass der Schauspieler für die Rolle des Boromir unterschrieben hat.

Oktober 1999

Am 11. Oktober fällt die erste Klappe in Wellington, Neuseeland. Am ersten Drehtag wird eine Wanderszene der Hobbits auf dem Mount Victoria gedreht, einem bewaldeten Hügel in Wellington.

Stuart Townsend wird nach drei Drehtagen durch Viggo Mortensen ersetzt. Außerdem müssen einige neuseeländische Armeeangehörige, die als Statisten für mehrere große Kampfszenen besetzt worden waren, wegen ihres Einsatzes im Zuge der Friedensmission in Ost-Timor ausscheiden. Dies führt zu einer erneuten Darstellersuche am Ende des Monats.

An unterschiedlichen Orten wie Manakau, Harcourt Park, Mount Victoria und Fort Dorset werden diesen Monat Szenen wie die Überquerung des Flusses Branduin durch die Hobbits und Innenaufnahmen im „Tänzelnden Pony" gedreht.

November 1999

Zu Beginn dieses Monats wird die Produktion nach Wanaka, Queenstown, verlegt. Der November endet damit, dass mehrere Sets, darunter die Wetterspitzen-Kulisse, von rekordverdächtigen Regenfällen und Überflutungen weggeschwemmt werden.

Nach dem Dreh einiger Schlacht- und Verfolgungsszenen an Orten wie Kepler Mire, Mount Owen, Hinuera, Wakatipu und Wanaka gönnen sich die Darsteller und die Crew einen Monat Pause, um im Januar, nach der Ankunft von Sir Ian McKellen, am Hobbingen-Set fortzufahren.

Januar 2000

Zu Beginn des Jahres geht die Produktion in eine neue Phase als Sir Ian McKellen hinzustößt, nachdem er seine Arbeit für „X-Men – Der Film" abgeschlossen hat. McKellen startet etwa zur gleichen Zeit die „Herr der Ringe"-Rubrik auf seiner eigenen offiziellen Website. Er aktualisiert sie regelmäßig mit seinen Gedanken zur Rolle des Gandalf und beantwortet die E-Mails der Fans. Produzent Tim Sanders verlässt Mitte Januar auf eigenen Wunsch das Projekt.

Sean Bean (Boromir) und ein Ork-Statist.

Februar 2000

Die zweite Stufe der offiziellen Website startet am 19. Februar mit einem ersten Bericht „Live vom Drehort".

Im Februar werden Szenen in Orthanc, Helms Klamm, Beutelsend und Bruchtal gedreht.

März 2000

New Line Cinema gestattet Ausstellern auf der SHO*WEST Convention vom 6. bis 9. März in Las Vegas, Nevada, einen ersten Blick auf den Film. Der Ausschnitt von ungefähr sechs Minuten Länge beeindruckt die Zuschauer offenbar ungemein und Berichte über seinen Inhalt gelangten auch auf Fansites im Internet.

Die Zeitschrift „Vanity Fair" veröffentlicht das erste Foto der Darsteller in Kostümen.

E!Online enthüllt in ihrer speziellen Sektion „Force of the Hobbit" die Besetzungen von Hugo Weaving als Elrond und Miranda Otto als Éowyn.

Später im Monat werden die Verpflichtungen von David Wenham, Marton Csokas und Craig Parker bekannt gegeben. Sie werden Faramir, Celeborn und Haldir spielen.

Diesen Monat werden in den „Street Stone Film Studios" Szenen von Gandalfs Gefangenschaft im Turm Orthanc gedreht.

April 2000

Am 7. April wird der erste Trailer mit Aufnahmen vom Making Of und vom Film ins Internet gestellt und innerhalb der ersten 24 Stunden rekordverdächtige 1,67 Millionen Mal runtergeladen. Parallel dreht das Team einige frühe Prologszenen am Ruapehu-Vulkan im Tongariro National und eine Szene in Orthanc.

Mai 2000

Im Mai ist in den „Street Stone Film Studios" Drehbeginn für die wichtige Szene im Rat von Elrond. Des Weiteren werden einige in Mordor und Helms Klamm fertig gestellt.

Juni 2000

Eine planmäßige Produktionspause von einem Monat beginnt Ende des Monats, wobei Cate Blanchett allerdings für zehn zusätzliche Drehtage am Set bleibt. Zu den vorher produzierten Szenen gehört auch der, an der Fernside Lodge gedrehte, letzte Blick vom Fluss auf Lothlórien.

Juli 2000

Der neuseeländische Schauspieler Mark Ferguson hat sich der Produktion angeschlossen, um Gil-galad zu spielen, den letzten Hochkönig der Noldor.

Die komplette Darstellertruppe und Crew setzt die Produktion am 24. Juli fort.

August 2000

Zu den aufgenommenen Szenen gehören jene in Isengard, entlang des Flusses Andu-

in und an den Hängen des Amon Hen. Außerdem werden am Mount Ruapehu Schicksalsberg-Szenen gedreht.
Ende August beginnen Dreharbeiten auf dem 1500 Meter hohen Mount Olympus und an der Golden Bay.

November 2000
In den Studios in Miramar werden Szenen im Fangorn-Wald gedreht. Die Blue-Screen-Unit dreht Szenen für die Spezial-Effekte.

Dezember 2000
In New York und Los Angeles ist der „Herr der Ringe"-Teaser-Trailer das erste Mal am 12. Januar 2001 im Vorspann der Premiere von „Thirteen Days" zu sehen. In Deutschland startet der Trailer am 19. Januar.
Am Rande des Mount Victoria in Wellington werden Szenen mit Rohirrim gedreht. Außerdem beginnen am 10. Dezember die Dreharbeiten am Set von Minas Tirith.
Die Dreharbeiten werden am 22. Dezember offiziell mit einer riesigen Party im Hafen von Wellington beendet.

Januar 2001
Mark Stetson („Blade Runner), berühmter Experte für Effekte, verlässt die Produktion. Es ist unklar, ob seine Arbeit beendet ist oder ob es Differenzen gab.
Die offizielle Seite zum Film startet in einem neuen Design. Am 19. Januar wird der erste Kino-Trailer ins Internet gestellt. Gegen Ende des Monats verlässt Michael DeLuca die Produktionsfirma New Line Cinema. Durch den Zusammenschluss mit Time Warner/AOL werden Arbeitsplätze abgebaut.

Februar 2001
In Neuseeland werden einige Szenen nachgedreht, ein üblicher Prozess der Nachproduktion.

Gandalf holt den Einen Ring aus dem Feuer.

März 2001
Das erste offizielle Teaserposter (mit Frodo) wird veröffentlicht.

April 2001
Nördlich von Wellington werden einige Anduin-Szenen nachgedreht. Die Postproduktion läuft auf Hochtouren.

Mai 2001
Bei den Filmfestspielen in Cannes werden einem ausgesuchten Publikum die ersten fertigen 25 Minuten präsentiert. Pressevertreter sind begeistert. Die anschließende LOTR-Party ist die teuerste Party in Cannes.
Am 25. Mai wird der zweite Kino-Trailer veröffentlicht.

Dezember 2001
Am 19. Dezember wird der erste Teil mit dem Titel „Der Herr der Ringe – Die Gefährten" in den USA anlaufen. Einen Tag später bereits in den deutschen Kinos.

„Den Sterblichen, ewig dem Tode verfallen, neun."

Kapitel 4

Tolkien-Fans im Cyberrausch

von Stefan Servos

Als August 1998 bekannt wurde, dass „Der Herr der Ringe" in drei Teilen verfilmt werden sollte, liefen weltweit die Internetleitungen heiß. Noch nie zuvor gab es einen so großen Online-Hype wie beim „Herr der Ringe". Zwar hatten bereits die Filme „Blair Witch Project" und „Star Wars: Episode 1" für reichlich Online-Wirbel gesorgt, aber was Mitte 1998 über die Web-Community hereinbrach übertraf die kühnsten Erwartungen. Niemand hatte damit gerechnet, dass sich die Tolkien-Fans auf der ganzen Welt auf einer Plattform zusammenfinden, sich organisieren und gemeinsam die Verfilmung beobachten würden. Selbst die Produktionsfirma New Line Cinema wirkte im ersten Moment etwas überrumpelt, bis sie die Chancen, die ihnen das Internet bot, erkannte und wahrnahm. In der Zwischenzeit hatten die Fans das Schiff bereits gekapert und ein nicht mehr enden wollender Informationsfluss entstand. In kürzester Zeit verbreiteten sich Fotos in der ganzen Welt und jeder wollte sehen, wie zwei Nazgûl-Darsteller in der Drehpause eine Zigarette rauchen oder Arwen auf ihren Auftritt wartet. Fan-Seiten schlossen sich zusammen und tauschten Erfahrungen aus. Das Internet bot den Tolkien-Anhängern die Möglichkeit, auf anonymen Wegen geheime Informationen über die Filmproduktion für die ganze Welt zugänglich zu machen. Nachdem bei New Line Cinema eine kurze Panik ausgebrochen war, fasste man sich schnell wieder und beschloss, das Medium zu nutzen. Warum sollte man den schlechten Beispielen aus der Vergangenheit folgen? Produktionsfirmen wie Fox oder Paramount hatten genug schlechte Presse bekommen, als sie Fanseiten zu den Fernsehserien „Buffy" oder „Star Trek" schließen lassen wollten. Das ist fast so, als ob man den Fans gerichtlich verbietet, Fan zu sein. Und eine Kontrolle ist im Internet nicht möglich. Dafür aber bietet dieses moderne Medium viele neue Möglichkeiten, von denen sowohl Fans als auch Produktionsfirmen nie zuvor zu träumen wagten. Erstmals war es möglich, eine beständige Kommunikation aufzubauen. Die Fans konnten aktiv am Geschehen beteiligt werden. Selbstverständlich bedeutete dies auch mehr Arbeit und damit mehr Kosten, aber Peter Jackson hatte für sein erstes Exklusiv-Interview nicht ohne Grund eine Fanseite (www.aintitcoolnews.com) ausgesucht. Die Investitionen und die Arbeiten haben sich mehr als gelohnt. Der Online-Start der offiziellen Website zum Film hatte die ungeteilte Aufmerksamkeit der Web-Community.

Und als im April 1999 der erste Preview-Trailer exklusiv ins Internet gestellt wurde, schauten sich in den ersten 24 Stunden 1,7 Millionen User die ersten bewegten Bilder der Filmtrilogie an – der Trailer zu „Star Wars: Episode 1" konnte bei seiner Web-Premiere gerade mal eine Millionen Klicks verbuchen. Gleichzeitig war es gelungen, die virtuellen Grenzen zu durchbrechen, denn mit diesen neuen Rekordzahlen auf der Pressemeldung schaffte es die Nachricht vom Online-Tolkien-Hype auch in die gängigen Medien wie Fernsehen und Radio. Die Nachricht vom Hype im Internet verbreitete sich wie ein Lauffeuer und immer mehr User strömten auf die Tolkien-Seiten. New Line Cinema präsentierte alle Neuigkeiten zur Verfilmung fast ausschließlich nur noch im Internet und verwöhnte die Web-Community, wo es nur ging. Das ging so weit, dass der damalige New Line Vorsitzende Michael De-Luca seine E-Mail-Adresse für die Fans im Web veröffentlichte und Gordon Paddison, Senior Vice President für interaktive Medien bei New Line Cinema, sich bei Telefonaten mit den Fans die Nächte um die Ohren schlug. „Der Hype im Netz ist einfach unglaublich", erzählt Paddison. „Die Fans sind ganz verrückt nach jedem noch so kleinen Infohäppchen, Foto oder Videoschnipsel. Wir haben zwar mit hohem Traffic gerechnet, dass der Run auf die Seite aber derart groß sein würde, hätten wir nie erwartet." Die Ära der geschlossenen Sets und der totalen Kontrolle durch Hollywood-Mogule scheint vorbei. Die Horde der begeisterten Fans aufzuhalten, dürfte schwerer sein als eine donnernde Büffelherde zu stoppen.

Dass selbst einige der Schauspieler den Weg zu den Fans übers Internet wählten, ist in Anbetracht dieser Umstände fast nicht mehr verwunderlich. Gandalf-Darsteller Sir Ian McKellen beantwortet auf seiner Website (www.mckellen.com) regelmäßig die E-Mails der Fans und berichtete monatlich über seine Erlebnisse bei den Dreharbeiten.

Auf den folgenden Seiten sollen einige wichtige Internetseiten zum Thema Tolkien und „Der Herr der Ringe" vorgestellt werden, die sich nicht nur mit der Filmtrilogie beschäftigen. Es handelt sich natürlich nur um eine sehr kleine Auswahl von Seiten und es gibt eine Menge weiterer Seiten dieser Qualität.

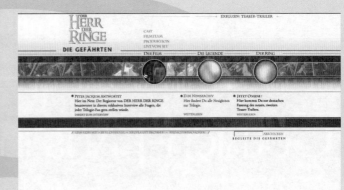

www.lordoftherings.net – The official LOTR-Trilogy-Site

www.lordoftherings.net – Der große Zwillingsbruder der deutschen Seite unterscheidet sich auf den ersten Blick kaum von dieser. Doch leider müssen sich die meisten User mit der HTML-Version dieser Seite begnügen, da die Flash-Version nur auf ganz wenigen Rechnern einwandfrei läuft. Diese offizielle Filmseite von New Line Cinema ist inhaltlich noch etwas umfangreicher als ihr deutsches Gegenstück. Es gibt einige zusätzliche Real-Video-Clips und auch immer wieder exklusive Specials, mit denen die deutsche Seite nicht aufwarten kann. Kein Wunder, dass diese Seite eine Menge Online-Preise eingeheimst hat und rekordverdächtigen Traffic verzeichnet.

www.derherrderringe-film.de – Die offizielle Seite zur Filmtrilogie

www.derherrderringe-film.de – Die offizielle deutsche Seite des Kinowelt Filmverleihs kommt im stilvollen Einheitsdesign der Filmtrilogie daher. Sie lässt sich wahlweise als HTML-Version oder als Flash-Version anschauen. Wer die Flash-Version wählt, sollte unbedingt eine Soundkarte besitzen. In den Navigationsbuttons wabert atmosphärischer Nebel, der sich bei Mausberührung verzieht und ein Bild des Films freigibt, dazu ertönen mystische Klänge wie aus den Tiefen von Moria. Das Menü ist recht unkompliziert gestrickt und es wird schnell ersichtlich, wo man welche Informationen findet. Die drei wichtigsten News werden jeweils direkt auf der Hauptseite angerissen. Die Seite

bietet eine Menge offizielle Informationen, die über den üblichen Standard einer Filmseite weit hinausgehen. Neben allgemeinen Angaben zu Darstellern und der Crew gibt es auch ausführliche Dokumentationen des Produktionsablaufes mit kurzen Audio-Clips oder Real-Video-Sequenzen. Ebenfalls als Real-Video-Clips gibt es Peter Jacksons Antworten auf die Fragen der Fans. Im News-Bereich werden die Fans regelmäßig über den aktuellen Stand der Produktion informiert und auf einer interaktiven Landkarte gibt es Aufklärung über Mittelerde und seine Bewohner. Im Multimedia-Bereich kann man sich die Kinotrailer anschauen oder sich Wallpapers, Bildschirmschoner und den offiziellen Browser downloaden. Einziges Manko des Multimediabereichs: Fast alle Video-Clips kann man sich nur im Real-Streaming anschauen, was bedeutet, dass User mit einer langsamen Internetverbindung nur Standbilder in Briefmarkengröße zu sehen bekommen.

www.herr-der-ringe-film.de – Der Herr der Ringe – Film-News

Da es sich um die Internetseite des Autors handelt, wird hier keine Bewertung, sondern nur eine um Sachlichkeit bemühte Beschreibung folgen. Diese inoffizielle deutsche Seite zu Verfilmung bietet fast täglich die neusten Infos zur Filmtrilogie. Zusätzlich gibt es detaillierte Biografien der Darsteller und des Regisseurs, Erläuterungen zum Stand der Produktion und ausführliche Analysen der Trailer. In zahlreichen Galerien gibt es Hunderte offizieller und inoffizieller Fotos der Dreharbeiten und im Multimedia-Bereich kann man sich alle Trailer, Fernsehbeiträge und Sounds der Filmtrilogie runterladen. Per News-

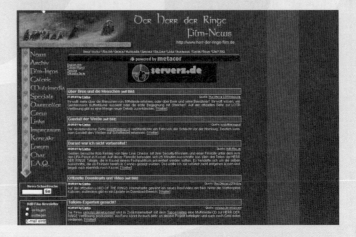

letter kann man sich die wichtigsten Nachrichten auch direkt an die eigene Mailbox schicken lassen. Wer andere Leute treffen will, die ebenfalls von Tolkiens Werken begeistert sind und sich auf die Filmtrilogie freuen, sollte unbedingt den Chat oder das Forum aufsuchen. Funktionalität steht bei der Gestaltung der Seite an erster Stelle. Das Menü in der linken Spalte führt überschaubar zu den Unterkategorien und verzichtet dabei auf aufwändige Animationen oder andere Spielereien. Auf aktuelle Aktionen und Specials wird gesondert hingewiesen.

www.tolkiengesellschaft.de —
Die Deutsche Tolkiengesellschaft e.V.

Die Offizielle Deutsche Tolkiengesellschaft e.V. (kurz DTG) vertritt den Autor J.R.R. Tolkien in Deutschland mit einem sehr professionellen, nüchternen Internetauftritt. Es gibt keine animierten Gifs, keine Flash-Animationen und keine Sounds – der Besucher merkt schnell, bei Tolkien kommt es auf den Inhalt an. Das Hauptmenü ist sehr übersichtlich gestaltet und wenn man wirklich nicht das findet, was man sucht, hilft einem eine praktische Suchfunktion weiter. Auf der Seite der Deutschen Tolkien Gesellschaft gibt es alles, was der Tolkien-Anhänger begehrt. Neben regelmäßigen News rund um Tolkiens Werke informiert die DTG über eigene Aktivitäten und berichtet von Fantreffen aus ganz Europa. Wer der Tolkien Gesellschaft beitreten will, kann dies auch direkt über die Internetseite tun. Professionelle Rezensionen von Büchern, Spielen, Filmen und Hörspielen vermitteln einen guten Überblick und eine ausführliche Biografie beleuchtet das Leben des Oxford-Professors. In einem Forum kann man mit anderen Fans diskutieren und die Rubrik „News & Specials" lädt zum Stöbern ein.

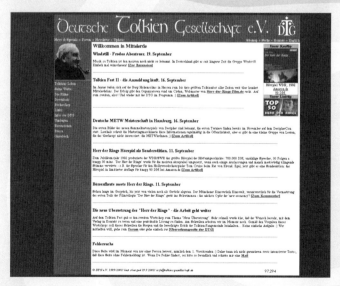

www.mittelerde-online.de —
Dol Banred

Wer sich diese Seite anschauen will, sollte unbedingt den neusten Shockwave-Player installiert haben, denn die verschiedenen Menüs sind zum Teil interaktiv. Diese sehr umfangreiche Inter-

netseite gilt als der wichtigste Online-Treffpunkt für Mittelerde-Rollenspieler. Es gibt so gut wie alles zum Thema MERS und XMaster (XMaster ist ein neues kostenloses Spielsystem, das man sich auf der Seite runterladen kann), aber auch Nicht-Rollenspieler werden ihren Spaß haben. Und obschon man leicht den Überblick über das umfangreiche Programm verliert, so macht es doch eine Menge Spaß, sich durch die einzelnen Kategorien zu bewegen und immer wieder neue Details zu entdecken. Nur sehr wenige Seiten im Internet bieten ein so professionelles und doch verspieltes Design, das dem Thema Rollenspiel gerecht wird. Es werden Abenteuer vorgestellt, Völker und Berufe eingehend beschrieben und die Zeitalter von Mittelerde geschildert. Wer noch eine Spielgruppe in seiner Umgebung sucht, kann sich in die Spielerdatenbank eintragen. Eine sehr umfangreiche Linksammlung rundet das Angebot ab. Wer diese Seite besucht, sollte eine Menge Zeit mitbringen, denn es gibt sehr viel zu entdecken.

www.jrrt.de.tt —
J.R.R. Tolkien

Diese deutsche Fan-Seite wirkt durch den dunklen, angenehmen Hintergrund sehr edel und hochwertig. Sie ist vor allem für Neueinsteiger in Sachen Tolkien exzellent geeignet. Die unkomplizierte und übersichtliche Menüführung erleichtert die Suche nach bestimmten Informationen. Tolkien und seine Werke werden eingehend vorgestellt und die Hintergründe beleuchtet. Die Fotogalerie präsentiert schwarzweiß–Fotos vom Autor und dessen Zeichnungen und Skizzen zu seinen Werken.

Der Cyberbesucher merkt schnell: Hier steht der Autor J.R.R. Tolkien im Mittelpunkt. Regelmäßige Besucher werden mit News zum Thema Tolkien auf dem Laufenden gehalten und wer nicht so viel Zeit hat, kann sich die News per Newsletter direkt nach Hause bestellen. In einer Sonderrubrik gibt es außerdem seit kurzem auch Infos und News zur Verfilmung und einen kurzen Überblick über die Fakten.

www.glyphweb.com/arda – The Encyclopedia of Arda

Wo liegt Gabilgathol und wann war noch einmal Yestarë? Tolkiens Kosmos ist bekanntlich sehr umfangreich und bei den Abertausenden von Namen, Orten und Zeiten ist es nicht leicht, den Überblick zu behalten. Aus diesem Grund gibt es die Encyclopedia of Arda, ein Online-Lexikon mit allen Begriffen aus Tolkiens Werken. Ein umfangreiches Nachschlagewerk mit vielen speziellen Informationen zu Epochen, Daten und Stammbäumen. Bei jeder Erklärung finden sich außerdem weiterführende Links zum Thema und zuweilen Landkarten oder Abbildungen. Diese Seite sollte jeder Tolkien-Fan unbedingt den Favoriten hinzufügen, denn meines Wissens ist sie einzigartig im Internet.

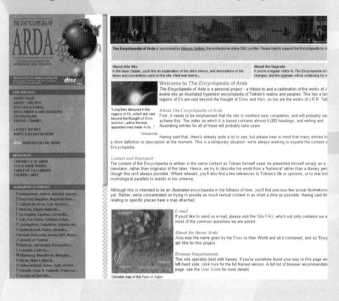

www.tolkienonline.com – Tolkien Online – The One Ring

Diese amerikanische Fanseite war eine der ersten Seiten mit exklusiven News zur Filmtrilogie. Sie präsentiert sich in einem atmosphärischen Mittelerde-Look. Auf einem Pergament-Hintergrund, eingerahmt von grünen Marmorsäulen, gibt es tägliche Nachrichten zu Tolkien, seinen Werken und der Verfilmung. In den vielen Unterkategorien, wie beispielsweise „Literatur", „Spiele" oder „Sammlerstücke" gibt es ausführliche Berichte zu nahezu jedem Tolkien-Produkt der Welt, egal ob Sammelkarten, Biografie oder Computerspiel. In einer Kunst-Galerie werden tonnenweise Bilder von bekannten und unbekannten Tolkien-Künstlern präsentiert, fast täglich kommen neue Bilder hinzu. Auch die Multimedia-Rubrik ist immer wieder einen Besuch wert – ob Videos, Animationen oder Desk-

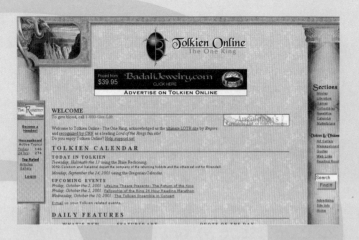

top-Themes, alles ist vorhanden. Im Laufe der Jahre hat sich hier eine riesige Sammlung angehäuft.

www.ringbearer.org – Ringbearer.org

Hier wird Tolkien-Fandom groß geschrieben – wichtigstes Thema ist natürlich die Filmtrilogie. Ringbearer gibt es seit 1995 und von Anfang an hat Webmaster Joram kräftig in der Gerüchteküche mitgemischt. Unter anderem enthüllte er, dass Liv Tyler in die Rolle von Arwen schlüpfen würde. Der graue Hintergrund mit dem Gandalf im Logo verbreitet eine mystische Stimmung und es macht Spaß, die einzelnen Kategorien zu durchforsten. Kein Wunder, dass Gandalf-Darsteller Sir Ian McKellen diesen Webmaster unbedingt treffen wollte.

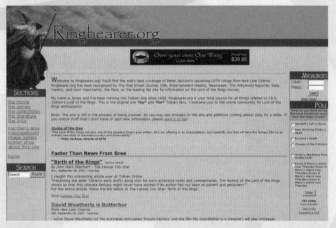

www.bag-end.de – Edoras – Bag-End

Trotz des englischen Namens handelt es sich um eine deutschsprachige Tolkien-Seite, die einiges zu bieten hat. Von Anfang an merkt der User, dass sich hier ein echter Tolkien-Fan eine Menge Mühe gegeben hat. Im atmosphärischen Ambiente gibt es ausführliche Hintergrundinformationen zu Tolkiens Welt Mittelerde und den verschiedenen Ländern, wie beispielsweise Gondor oder Rohan. Auch für Tolkien-Experten gibt es noch einiges zu entdecken. In der Rubrik „Radio Mittelerde" kann man dem

Autor Tolkien lauschen, während er verschiedene Passagen seines Romans vorliest. Es gibt eine ausführlich bebilderte Kurzfassung des „Herrn der Ringe" und die Runen der Zwerge und Elben kann man sich als Schriftarten für den Computer runterladen. Und wer dann noch Lust auf andere Tolkien-Seite bekommen hat, kann direkt den Tolkien-Webring „Die Gefährten" besuchen.

www.gorn.de –
Gorn´s Rollenspielseite

Diese Seite ist ein weiterer wichtiger Anlaufpunkt für alle Rollenspieler, die gerne in Tolkiens Welt Mittelerde abtauchen, um dort spannende Abenteuer zu erleben. Sowohl zum klassischen MERS-, als auch zum fortgeschrittenen Rolemaster-System, gibt es Download-Sektionen mit Charaktergeneratoren, Kräuterlisten und Abenteuern. Regelmäßige Besucher der Seite können mit anderen Mittelerde-Rollenspielern im Forum diskutieren und in Datenbanken NSCs (Nicht-Spieler-Charaktere) und Gegenstände austauschen. Anfängern erklärt Webmaster Gorn in der Rubrik „Rollenspiel", worum es eigentlich geht und welche Bücher es zu den jeweiligen Systemen gibt. Wer den „Herrn der Ringe" gelesen und Lust auf mehr hat, kann in der Rubrik „Bücher" Kritiken zu Gorns Lieblingsfantasy-Schmökern lesen. Bei dem hochwertigen Angebot stört es nicht, dass das Design der Seite eher nüchtern und ohne Schnörkel daherkommt.

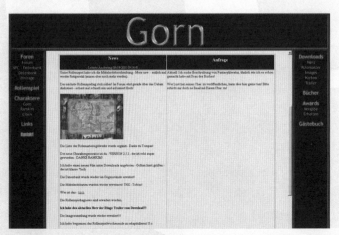

www.gandalfs-welt.de –
Gandalfs Welt

Wer Gandalfs Welt betritt, stößt auf eine Internetseite, die noch ständig wächst, aber auch bereits eine Menge Informationen enthält. Vor allem für die Tolkien-Fans, die wissen wollen, was in den Zeitaltern vor dem „Herr der Ringe" in Tolkiens Kosmos passiert ist, gibt es Beschreibungen der wichtigen Personen, Orte und ausführliche Zeittafeln der Geschehnisse. Das ansprechende Design verbindet den Flair Mittelerdes mit Funktiona-

lität, und jede Rubrik wird durch ein passendes Zitat aus Tolkiens Werken eingeleitet. In einer interaktiven Landkarte kann jeder Fan seine geographischen Kenntnisse auffrischen und anschließend im Forum darüber diskutieren. Selbstverständlich darf auch die obligatorische Linksammlung nicht fehlen. Auf jeden Fall einen Besuch wert.

www.tolkien-archives.com –
The Tolkien-Archives

Die englischsprachige Seite besticht durch ihr dunkles, gediegenes Design und man hat tatsächlich das Gefühl, in einem Archiv gelandet zu sein, welches aber nicht verstaubt ist, sondern immer auf dem neusten Stand. Die Seite umfasst eine riesige Sammlung an Briefen, Gedichten und Landkarten. In der „Audio Library" kann man sich Roman-Lesungen von Professor Tolkien als MP3-Files anhören oder durch ihn inspirierte Musik runterladen. Die ansehnliche Essay-Sammlung ist wohl einzigartig im Internet. Ob Zeichnungen, Computergrafiken oder Fotos, in der Rubrik „Fan-Artwork" gibt es die unzähligen kleinen Kunstwerke von Tolkien-Anhängern anzuschauen.

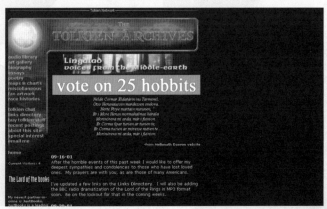

Kapitel 5

Der Fantasy-Film – Die vielen Tode eines Genres

von Stefan Servos

Der Fantasy-Film ist tot, es lebe der Fantasy-Film. – Wenn ich im Folgenden über das Genre des Fantasy-Films schreibe, dann meine ich weder Science-Fiction-Filme („Krieg der Sterne") noch historische Epen („Braveheart"), sondern spreche von einem Genre, das in der Literaturform seit einigen Jahren große Erfolge feiert, aber auf der Leinwand nie mehr als ein Nischendasein fristete. Ich spreche von „Heroic Fantasy" und von „Sword & Sorcery", von Elfen, Orks, Magie und Drachen, von tapferen Helden, die epische Abenteuer in fernen Welten erleben. Weshalb gelingt es diesem Genre nicht, auch auf der Leinwand erfolgreich zu sein?

Die Geschichte des Fantasy-Films ist eine Geschichte voller Missverständnisse, es ist eine traurige Geschichte über ein Filmgenre, das es eigentlich nie wirklich gab. Es ist die Geschichte über den Versuch, ein Genre zu erschaffen, einen Versuch, der zum Scheitern verurteilt war – aber warum? Die meisten Fantasy-Filme versagen schon von vornherein an der anscheinend mangelnden Phantasie der Macher, was höchst erstaunlich ist. Bei all den mehr oder weniger begabten Romanautoren sollte es doch wenigstens einen geben, der Stoff für einen guten Fantasy-Film liefern könnte. Auch im Computerspiele-Sektor hat das Fantasy-Genre längst die Oberhand gewonnen, und die Spielzusammenhänge sind erfahrungsgemäß alles andere als simpel. Daher kann es doch nicht sein, dass nahezu alle Filme auf ein einziges Schema festgefahren sind: Ein Held begibt sich auf eine Suche oder Reise, trifft Verbündete, bekämpft das Böse und rettet die Welt. Das Ganze wird mit einem Drachen, Einhorn oder Kobold gewürzt und schon hat man einen guten Fantasy-Film? Falsch! So einfach geht es nicht.

Anscheinend war die Filmindustrie seit jeher unfähig, ein episches Fantasy-Werk zu schaffen. Fantasy-Filme mussten stets

Ein schlecht gelaunter Zyklop aus „Sindbads 7. Reise".

lustig und familienfreundlich oder auch stumpfsinnig sein, denn nur dann, so dachten wohl die Produzenten, bringen sie noch ein paar Mark ein. Aber wenn ein Regisseur seinen Film nicht ernst nimmt, dann kann der Film nicht funktionieren. Und auch wenn es immer wieder Lichtblicke gab, so kam das Genre im Großen und Ganzen nicht über ein Nischendasein hinaus. Mit der Zeit begann das apathische Publikum Fantasy-Filme schon als „gut" zu bezeichnen, wenn sie einfach nur „erträglich" waren.

Gleichwohl, wie fing alles an? Den Weg für die Fantasy-Filme bereiteten die phantastischen Filme aus den Anfängen des Zelluloid-Zeitalters. Fritz Langs „Die Nibelungen: Siegfried" von 1924 und „King Kong und die weiße Frau" aus dem Jahr 1933 entführten den Zuschauer in nie zuvor gesehene Welten. Die Magie dieser Filme faszinierte die Menschen, und die damals noch recht einfachen Animationen waren ein Durchbruch in der Tricktechnik. Auf diesem Erfolg bauten die Filmemacher auf. Als viele Jahre später Ray Harryhausen in seinen Filmen durch die Stop-Motion-Technik Kämpfe zwischen riesigen Echsen austragen ließ, staunte die Welt nicht schlecht, und seine Filme wie „Sindbads 7. Reise" (1958) oder „Jason und die Argonauten" (1963) wurden zu Klassikern des phantastischen Films.

Lange Zeit gab es nichts anderes. (Über Ralph Bakshis „Der Herr der Ringe"- Debakel, das 1978 außer Konkurrenz startete, erfahren Sie mehr in Kapitel 3.2.)

Ray Harryhausens finales Meisterwerk „Kampf der Titanen", das furiose Abenteuer des Göttersohns Perseus, kam 1981 in die Kinos. Dies hätte die Ära des Fantasy-Films einläuten können, und tatsächlich folgten ein Jahr darauf eine ganze Reihe von Versuchen, das Fantasy-Genre endgültig aus der Taufe zu heben. 1982 sollte also das wahre Geburtsjahr des Fantasy-Films werden, doch Aufstieg und Niedergang erfolgten noch im selben Jahr. Während im amerikanischen Fernsehen das mittelmäßige Drama „Mazes and Monsters" („Labyrinth der Monster") mit Tom Hanks als rollenspielsüchtigem Studenten lief, lieferten sich auf der Leinwand Stabpuppen, Einhörner und Muskelprotze ein Duell.

„Der dunkle Kristall" von den Muppet-Schöpfern Jim Henson und Frank „Yoda" Oz entführte die Zuschauer in eine phantastische Welt, in der die Stereotype des tapferen, aber unbedarften Helden, der „Gelfling" Jen, sich auf die Suche nach einem dunklen Kristall begibt, um die Welt vor dem Untergang zu bewahren. Er glaubt, dass er der letzte seiner Art ist, bis er auf das Gelfling-Mädchen Kira trifft. Sie begleitet ihn auf seiner abenteuerlichen Reise. Mit Hilfe der Hexe Aughra gelangt er bis in die finstere Festung der raubvogelartigen, bösen Skeksis, um eine alte Prophezeiung zu erfüllen. Die Geschichte war recht einfach gestrickt und entsprechend vorhersehbar. Allenfalls bei Kindern kam Spannung auf. Doch davon abgesehen beeindruckte der Film durch seine außergewöhnliche visuelle Umsetzung und die einzigartig verspielten Puppenkreationen.

Im gleichen Jahr erschien die Rankin/Bass-Produktion „Das letzte Einhorn" auf der Leinwand. Dieses Werk hätte den Titel „Der letzte Fantasy-Film" verdient, denn wie eine Allegorie auf das Fantasy-Genre schildert der Film märchenhaft, aber dennoch tiefgründig, die Erkenntnis eines Einhorns, dass es das letzte seiner Art ist. Zusammen mit dem Nachwuchszauberer Schmendrick und der Räuberbraut Molly macht es sich auf die Suche nach seinen Artgenossen. Leider war auch dieser Film auf die lieben Kleinen zugeschnitten und der kitschige, japanische Zeichenstil zudem sehr gewöhnungsbedürftig.

„Conan – Der Barbar" mit Arnold Schwarzenegger als wortkargem Muskelkrieger versetzte dem Genre schließlich Mitte 1982 einen Stoß, den es so schnell nicht vergessen sollte. Mit der visuell beeindruckenden Umsetzung des Heldenepos von Robert E. Howard löste Regisseur und Drehbuchautor John Milius eine wahrhaft ärgerliche Fantasy-Muskelprotz-Welle aus. Noch im gleichen Jahr entwickelte der Spielzeughersteller Mattel „He-Man and the Masters of the Universe", eine Serie Anabolika süchtiger Actionfiguren, und die Low-Budget-Produktion „Beastmaster – Der Befreier", in der sich Marc Singer als Muskelheld durch die kalifornische Wüste schlägt, folgte kurze Zeit später. Das Fantasy-Genre rutschte immer tiefer in die Trash-Sparte, aber es sollte noch schlimmer kommen: Die italie-

nische Produktion „Troll – Das Schwert der Macht" (1983) mit einem furchtbaren Miles O'Keeffe („Tarzan – Herr des Urwalds") in der Hauptrolle und der verblödete Bodybuilder-Film „Die Barbaren" (1987) waren an Stumpfsinn nicht mehr zu überbieten.

Die einzigen Lichtblicke in den 80ern waren allesamt Kinderfilme, mit denen sich auch die erwachsenen Fantasy-Fans zufrieden geben mussten. „Die unendliche Geschichte" (1984), inszeniert von Wolfgang Petersen, lebte vor allem auf Grund der guten Story, und das, obwohl die Handlung nach dem ersten Buchkapitel abbrach. Autor Michael Ende war so unzufrieden mit dem Film, dass er seinen Namen aus dem Abspann streichen ließ. Ironischerweise traf dieser Film den Nerv des Genres, denn er behandelt ein akutes Thema: den Verlust der Phantasie.

1985 turnte der damals noch junge Tom Cruise als Jack in Ridley Scotts „Legende" durch den Märchenwald. Der grausame Herr der Dunkelheit (Tim Curry mit riesigen Hörnern) will das letzte Einhorn töten, um die Welt in ewige Finsternis zu tauchen. Um das Zauberwesen anzulocken, entführt er die Prinzessin und Vorzeige-Jungfrau Lily (Mia Sara). Jack und sein elfischer Freund Gump (David Bennent) begeben sich auf die Reise in die Festung des Bösen, um die Jungfrau und gleich nebenbei die Welt zu retten. Bereits hier begannen sich die Geschichten langsam zu wiederholen und mal wieder war es weniger die Handlung als vielmehr der visuelle Stil, der diesen Film auszeichnete. Ridley Scott („Alien", „Blade Runner") ist bekannt für pedantische Bildkompositionen und der Film ist in dieser Hinsicht ein Meisterwerk – aber was nutzen die schönsten Bilder bei einer belanglosen Story?

Ein Jahr später kamen erneut die Kinder auf ihre Kosten. Die Macher von „Der dunkle Kristall" meldeten sich mit einem neuen Werk zurück. Der poppige Fantasy-Film „Die Reise ins Labyrinth" von Jim Henson bot viele knuffelige Kobolde, Trolle, Gnome und jede Menge zeitgenössische Musik. Sarah (Jennifer Connelly) soll eigentlich auf ihren kleinen Bruder Toby aufpassen, doch Jareth (David Bowie), der fiese König der Kobolde, entführt den kleinen Bruder in sein Reich. Nun bleiben Sarah nur noch 13 Stunden, um ihren Bruder wieder zu befreien. Doch der Weg zur Koboldstadt führt durch ein riesiges Labyrinth voll kurioser Gestalten. Das Ergebnis ist eine Fantasy-Muppetshow mit den gewohnten Musikeinlagen.

1988 brachte George Lucas („Krieg der Sterne") „Willow" in die Kinos. Der Streifen wurde

Der edle Ritter hat ausgedient:
„Xena – Die Kriegerprinzessin" hilft sich selbst.

von den Fantasy-Fans begeistert aufgenommen. Die Erwartungen waren bereits so tief gesunken, dass ihnen selbst die oberflächliche Abenteuergeschichte um den Nelwyn Willow Ufgood (Warwick Davies) wie ein filmisches Wunderwerk vorkam. George Lucas schuf im „Star Wars"-Stil sein eigenes Mittelerde und wählte als Drehort die neuseeländische Landschaft. Die Geschichte ist eine Ansammlung von Bibelzitaten und „Herr der Ringe"-Beschreibungen: Als die böse Königin Bavmorda von der Weissagung erfährt, dass ein Kind sie vom Thron stoßen werde, ordnet sie die Ermordung aller Neugeborenen an (Herodes). Nur ein Baby überlebt dieses grausame Gemetzel, weil es von der Amme in einem Weidenkorb auf einem Fluss ausgesetzt wird (Moses). Der Nelwyn (Hobbit) Willow Ufgood findet das Kind und bringt es in sein Dorf (Hobbingen), wo der Dorfrat beschließt, dass Willow das Kind zurück zu den Menschen bringen muss. Die Nelwyns wollen keinen Ärger riskieren und so bleibt Willow keine andere Wahl. Nach kurzer Reise trifft er auf den Schwertkämpfer Madmartigan (sympathisch gespielt von Val Kilmer), der ihn auf seiner Reise begleitet. Zusammen begegnen sie Drachen, Trollen, Feen und Brownies. Nie war ein Film so nah an Tolkiens Geist vorbeigeschlittert. Viele Fantasy-Fans hatten einen neuen Lieblingsfilm, doch bei der breiten Masse fiel auch dieses Werk durch. Der finanzielle Flop verschwand schnell in den Videotheken.

Danach war erst einmal lange Zeit Ruhe im Karton. Schon allein bei dem Wort „Fantasy" zuckten die Filmbosse in Hollywood zusammen, und kein Produzent wollte es mehr auf sich nehmen, ein weiteres Debakel zu produzieren. Es schien, als sei dieses Genre nicht geeignet für die Kinoleinwand und als solle es immer nur den Büchern, Comics und Computerspielen vorbehalten sein. Der Fantasy-Film war tot.

Doch Totgeglaubte leben länger – Mitte der 90er Jahre kam es zu einem merkwürdigem Phänomen. Das Fantasy-Genre schaltete auf Notstrom und ging erneut an den Start, denn es hatte ein neues Medium gefunden, das es bisher völlig ignoriert hatte – das Fernsehen. Alles begann mit einer Fernsehserie um den Göttersohn „Hercules" mit Kevin Sorbo in der Hauptrolle. Obwohl die Serie anfangs die gewohnten Erwartungen – einfach gestrickte Handlung und billige Kulissen – erfüllte, fand sie immer mehr Anhänger und nach und nach schwappte ein wahrer TV-Fantasy-Boom auch nach Deutschland. Es folgte die Serie „Xena – Die Kriegerprinzessin" (mit Lucy Lawless), die

Abenteuer in Serie: „Hercules" hat noch viel vor sich

sich nun auch an anspruchsvollere Themen wagte, und Fantasy war plötzlich wieder „in". Seltsamerweise schien das Fantasy-Genre eine magnetische Anziehungskraft für lieblosen Müll zu besitzen, denn alle Serien, die am Erfolg von „Hercules" und „Xena" partizipieren wollten, erwiesen sich als ziemliche Rohrkrepierer: „Conan, der Abenteurer" (mit Ralph Moeller), „Robin Hood" (mit wechselnden Hauptdarstellern), „Sindbads Abenteuer" und als Höhepunkt der Talfahrt „Tell – Im Kampf gegen Lord Xax". Doch bevor das Genre endgültig seinen x-ten Unter-

Der Dieb, der zum Held wurde: Ridley (Justin Whalin) in „Dungeons & Dragons".

gang erleben konnte, hatte es genug Schwung bekommen, um auch wieder auf den Kinoleinwänden aufzutauchen.

So brachte Regisseur Rob Cohen („Daylight") 1996 das Fantasy-Märchen „Dragonheart" mit dem ersten voll animierten Drachen aus dem Hause ILM in die Kinos. Die Geschichte entführt ins 10. Jahrhundert und handelt von dem heldenhaften Bowen (Dennis Quaid), einem der letzten Ritter, die sich dem alten Ehrenkodex verpflichtet haben. Als Bowens Schützling Prinz Einon (David Thewlis) bei einer Schlacht schwer verletzt wird, sieht Bowen nur noch eine Möglichkeit: Ein Drache muss dem jungen Prinz das Leben retten. So geschieht es. Viele Jahre später hat sich der junge Prinz zu einem tyrannischen Despoten entwickelt und knechtet seine Untertanen. Ritter Bowen glaubt, dass der Drache seinerzeit das Herz des Prinzen vergiftet habe und tritt einen Rachefeldzug gegen die Untiere an. Verbittert zieht er als Drachentöter durch die Welt, bis er auf den letzten überlebenden Drachen trifft. Es ist derselbe Drache, der Prinz Einon einst das Leben rettete und sein Name ist Draco. Zwischen den beiden Rivalen entsteht eine tiefe Freundschaft und Bowen findet heraus, dass er sich die ganzen Jahre geirrt hat. Nicht der Drache war schuld an dem Sinneswandel des Prinzen, es war der Prinz selbst. Die beiden verbünden sich und ziehen gemeinsam mit dem Mönch Gilbert (Pete Postlethwaite) und der Jungfrau Kara (Dina Meyer) in den Kampf gegen den bösen Tyrannen. Auch wenn der Film wieder auf ein ziemlich breites Publikum gemünzt war und fast eine Prise zu viel Humor enthielt, so wurde er recht wohlwollend vom Publikum gefeiert und für seine hervorragenden Computer-Effekte sogar für den Oscar nominiert. Hollywood musste sich für diesen Film nicht schämen.

Nach zehnjähriger Suche fand nun auch endlich Rollenspieler Courtney Solomon einen Produzenten für sein Drehbuch mit dem Titel „Dungeons & Dragons". Der Regieneuling hatte sich mit 20 die Rechte für eine Verfilmung des Rollenspiels gesichert und wollte nun umsetzen, worauf die Fantasy-Gemeinde so lange gewartet hatte: ein ansprechendes Abenteuer in einer aufregenden Fantasy-Welt mit Orks, Elfen, Drachen und Zauberern.

Was allerdings dann im Jahre 2000 in die Kinos kam, war alles andere als kreativ: Wie so oft im Helden-Alltag bestimmt der alte Kampf zwischen Gut und Böse das Geschehen. Für viele Jahrhunderte herrschte Frieden im Kaiserreich Izmer, aber der Preis dafür ist hoch, denn das Volk hungert unter der Herrschaft des Kaisers und seines Magier-Konzils. Instrument der Macht ist ein altes magisches Szepter, mit dem man die goldenen Drachen kontrollieren kann. Als der Kaiser einem Attentat zum Opfer fällt, rückt der nächste Erbe auf den Thron nach, hier setzt die Handlung des Films ein. Der Erbe ist die 17-jährige Prinzessin Savina („American Beauty" Thora Birch), die bedeutende Änderungen an dem Regierungsstil vornehmen möchte. Dem Volk soll es ab sofort besser gehen. Doch ein Mitglied des Magier-Konzils ist über die Pläne der neuen Kaiserin nicht sehr glücklich. Der konservative Erzmagier Profion (Jeremy Irons) schmiedet seit langem dunkle Pläne in seinem Turm. Nun, da das Reich durch den Regierungswechsel geschwächt ist, wittert er seine Chance. Um an das königliche Szepter zu kommen, überzeugt er mit einem hinterhältigen Plan den Rat der Magier, dass Savina ihrer Aufgabe nicht gewachsen sei. Savina reagiert prompt und schickt ihre vertrauenswürdigste Waldläuferin, die Halbelfe Norda (Kristen Wilson), auf eine selbstmörderische Mission. Sie soll ein altes Artefakt beschaffen, mit dem man sich die roten Drachen unterwerfen kann. Auf diese Art und Weise möchte Savina das Gleichgewicht der Kräfte wiederherstellen. Profion jedoch deckt den Plan auf und eine mörderische Jagd beginnt. Unterstützt wird Norda bei ihrer Suche von dem Dieb Ridley (Justin Whalin), seinem Kumpel Snails (Marlon Wayans), der Magierin Marina (Zoe McLellan) und dem missgelaunten Zwergenkrieger Elwood (Lee Arenberg). Der Film scheiterte an der lieblos zusammengeschusterten Geschichte, den billigen Computer-Effekten, den Plastikkostümen und den schlecht agierenden Akteuren. Hinzu kam ein völlig unverständliches Ende der Geschichte. Nur durch die DVD gelang es noch, das relativ niedrige Budget von 35 Millionen Dollar wieder einzuspielen.

Mehr oder minder ein trauriger Rückblick auf ein Genre, das immer wieder versucht hat, sich durch aufwändige Effekte oder tolle Masken zu rehabilitieren und dabei das Wesentliche übersehen hat: die Geschichte. Bevor die ersten Bytes eines Monsters errechnet werden, bevor Maskenbildner Monster aus Gummi formen oder smarte Darsteller gecastet werden, sollten sich die Macher zunächst über eine phantasievolle, gute Story im Klaren sein, denn diese bildet den Hauptbestandteil für einen guten Fantasy-Film. Es ist keine Kunst, 100 Drachen gleichzeitig eine Stadt angreifen zu lassen, die Kunst ist es, auf diese Mittel zu verzichten und dennoch Spannung aufzubauen. Auch wenn gigantomanische Schlachten und riesige Monster schön und gut sind, so sind sie dennoch nur ein Mittel zum Zweck. Im Mittelpunkt sollte immer der Inhalt stehen.

„Herr der Ringe"-Regisseur Peter Jackson möchte sich daher nicht in die Tradition dieser Fantasy-Filme einreihen und betonte von Anfang an, dass er keinen Fantasy-Film drehe. Sein „Herr der Ringe" sei ein historisches Epos, eher im Stil von „Braveheart" und nicht wie dieser „ausdruckslose Fantasy-Kauderwelsch ‚Willow'", wie er sagt. „Dieser Film gibt mir die Chance, zu neuen Gründen aufzubrechen. Alle Film-Genres der letzten 100 Jahre wurden gut ausgeübt, aber diese Art von Fantasy-Geschichte gab es noch nie. Wenn wir alles richtig machen, werden wir die Ersten in diesem Genre sein. Es gibt keine größere Herausforderung für einen Filmemacher."

Gespräche unter Männern: Bowen (Dennis Quaid) und Draco in „Dragonheart".

Kapitel 6

Ein Streifzug durch die Fantasy-Literatur

von Andreas Kasprzak

Eine der schönsten Gaben, die dem Menschen gegeben wurde, ist die Phantasie. Die Phantasie – so heißt es – beflügelt unseren Geist, selbst im scheinbar heillosen Vernunftmenschen rührt sie mitunter tiefe Gefühle an, den Eingekerkerten (wortwörtlich wie metaphorisch) lässt sie seine Ketten sprengen, den Wirklichkeitsmüden entführt sie in ferne, wunderbare Welten. Bedauernswert, wer sich selbst als „phantasielos" bezeichnet ... Eine literarische Strömung, die sich zuvorderst dem Ausleben blühender Phantasie verschrieben hat, ist das Fantasy-Genre.

Der Fantasy-Autor L. Sprague de Camp beschrieb Fantasy in der Einleitung zu seiner Anthologie „Swords & Sorcery" (1963) als „eine bestimmte Art von Geschichten, die sich nicht in der Welt, wie sie ist, war oder sein wird abspielen, sondern in der Welt, wie sie sein sollte. [...] Es sind phantastische Abenteuergeschichten, die sich in imaginären prähistorischen oder mittelalterlichen Welten abspielen, als alle Männer stark, alle Frauen schön und alle Probleme einfach zu lösen waren."

Wie die gesamte phantastische Literatur wurzelt auch die Fantasy in alten Sagen, Legenden und Volksmärchen und existiert somit – wenn nicht unter dem Namen, so doch im Prinzip – bereits seit Urzeiten. Bereits die Neandertaler vor 30.000 Jahren fertigten Höhlenmalereien an, die genauso von Wundern und Heldentaten erzählten, wie es die Heerscharen heutiger Fantasy-Autoren tun. Die ältesten, schriftlich festgehaltenen Texte sind gewissermaßen phantastischer Natur, wie beispielsweise das babylonische „Gilgamesch"-Epos um den Heldenkönig von Uruk, der auf seiner Suche nach der Unsterblichkeit die Grenzen der menschlichen Welt hinter sich lässt, oder die indischen Nationalepen „Rumayana" und „Mahabharata", in denen heldenhafte Krieger mit magischen Waffen gegen böse Zauberer und schreckliche Fabelwesen in die Schlacht ziehen. Nicht minder wundersam geht es in Homers „Odyssee" zu, in der es der einsame Held Odysseus auf seiner Irrfahrt durchs gesamte Mittelmeer mit ganzen Scharen von Gestaltwandlern, Zy-

klopen und anderen Monstrositäten zu tun bekommt. Überhaupt sind die griechischen und römischen Sagen ein regelrechtes Füllhorn phantastischer Motive, von denen viele aus der Fantasy längst nicht mehr wegzudenken sind.

Setzen wir unsere Zeitreise durch die Fantasy-Literatur fort, stoßen wir weiter nördlich auf das älteste und einzige vollständig erhaltene altgermanische Heldenepos „Beowulf", in dem der Geatenheld Beowulf es mit dem Seeungeheuer Grendel aufnimmt; wir treffen auf die Schlange von Midgard, den Drachen Fafnir und den apokalyptischen Wolf Fenris. Im deutschsprachigen Raum leisteten vor allem die Heldenepen „Waltharius", das „Rolandslied" und das um das Jahr 1200 entstandene „Nibelungenlied" ihren Beitrag zur Entstehung des Fantasy-Genres .

Eine schier unerschöpfliche Quelle für Fantasy-Autoren lieferte seit jeher auch die sagenhafte Gestalt des keltischen Königs Artus, der um das Jahr 500 in Britannien geherrscht haben soll. In der Literatur tauchte er erstmals gegen Ende des 8. Jahrhunderts in einer lateinischen Chronik auf, bevor der deutsche Dichter Wolfram von Eschenbach die Abenteuer König Artus und der Ritter seiner Tafelrunde auf der Suche nach dem Heiligen Gral in seinem „Parzival" verarbeitete, einem der ältesten deutschen Heldenepen des Mittelalters.

Doch während viele der Kreaturen und Geschichten dieser düsteren Zeit unzweifelhaft auf den Umstand zurückzuführen sind, dass die Menschen damals wesentlich abergläubischer waren als heutzutage und wirklich glaubten, dass die Dämonen, Monster und Drachen, von denen sie sich im Flüsterton am Lagerfeuer erzählten, sie holen kommen würden, wenn sie nicht auf der Hut seien, schwand das Interesse an der Fantasy auch später, im Zeitalter von Elektrizität und Dampfmaschine, nicht. Dass so vieles, was man zuvor für unmöglich gehalten hätte, inzwischen Realität geworden war, tat der Faszination der Menschen gegenüber dem Unvorstellbaren keinerlei Abbruch. Im Gegenteil: Dasselbe Jahrhundert, das uns die bahnbrechenden

Erfindungen von Thomas Edison und Alexander Bell brachte, bescherte uns die Geschichten der junge Alice in wundersamen Parallelwelten, Henry Rider Haggards phantastische Romane um den unerschrockenen Elefantenjäger Allan Quatermain, der mit seinen Abenteuern rund um längst untergegangene Zivilisationen „unsere jungenhafte Sehnsucht nach verborgenen Schätzen und geheimnisvollen Riten im dunklen Afrika befriedigt" (Rein A. Zondergeld), Edgar Rice Burroughs' „Tarzan"-Erzählungen, die auf dieselben Bedürfnisse abzielen, und nicht zuletzt Mary Wollstonecraft Shelleys berühmter Roman „Frankenstein oder Der moderne Prometheus", der im Grenzbereich zwischen Science Fiction, Fantasy und unheimlicher Phantastik angesiedelt ist und uns neben einer anrührenden, spannenden Geschichte ganz nebenbei auch noch eine neue Art von Bösewicht bescherte, der fortan in unzähligen Filmen und Büchern für Unglauben und Entsetzen sorgen sollte: den verrückten Wissenschaftler.

Doch obwohl auch das neuere Maschinenzeitalter eine ganze Reihe bedeutender Phantasten hervorbrachte, darunter unter anderem James Branch Cabell, Abraham Merritt und Lord Dunsany, ging es mit der Fantasy allmählich bergab. Stattdessen trat die Science Fiction ihren triumphalen Siegeszug an, die zwar nicht das Fantasy-Genre an sich veränderte, wohl aber das allgemeine Verständnis dessen, was Fantasy ausmache. Denn während die Science Fiction, in der es darum ging, das Unmögliche oder zumindest Unwahrscheinliche so glaubhaft wie nur möglich darzustellen, durch die Werke von Jules Verne, H. G. Wells und später Isaac Asimov und Aldous Huxley zu „ernster" Literatur avancierte, bekam die Fantasy mehr und mehr den Ruf, dass es sich hierbei um eine Literaturgattung handele, die in erster Linie für Kinder bestimmt sei, genau wie Sagen und Märchen. Dies führte dazu, dass die Fantasy in den USA von Beginn des 20. Jahrhunderts an 50 Jahre lang ein Schattendasein führte. Es gab sie zwar und sie entwickelte sich – quasi unter Ausschluss der Öffentlichkeit – auch weiter, aber die Science Fiction war in jener Zeit dank zahlreicher Magazine wie „Amazing Stories" und „Astounding Science Fiction" schlichtweg die vorherrschende Literaturgattung. Das einzige US-Magazin, das damals Fantasy veröffentlichte, war das 1923 gegründete „Weird Tales", das jedoch auch Storys aus Genres druckte, die man heute nicht mehr zur Fantasy

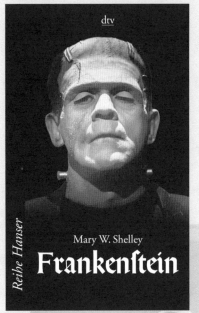

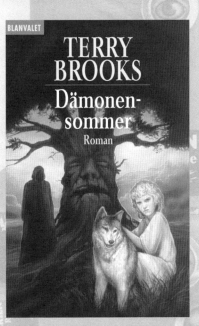

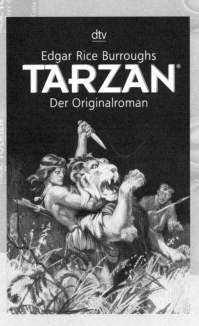

rechnen würde, wie zum Beispiel H. P. Lovecrafts Cthulhu-Geschichten, die mit ihren unbeschreiblichen Bedrohungen von den Sternen fast schon wieder am Rande der Science Fiction anzusiedeln sind.

Die Grenze zwischen Science Fiction und Fantasy zu finden, ist nicht immer einfach. Grundsätzlich kann man sagen, dass Storys über Androiden, Roboter, Raumschiffe und Außerirdische der Science Fiction zuzurechnen sind, wissenschaftliche Hirngespinste also, mit der Möglichkeit eines zukünftigen Einzuges in unsere Alltagswirklichkeit (wie im Namen Science Fiction = Wissenschaftsfiktion angelegt). Die Fantasy hingegen bedient sich all der Elemente, die man in unserer aufgeklärten westlichen Kultur allgemein für unmöglich hält: Magier, Elfen, Hexenmeister, Vampire, Einhörner, verzauberte Prinzessinnen und Spielkarten, die im Stechschritt vor einem sprechenden Teekessel auf- und abmarschieren.

Während also die Science Fiction immer populärer wurde und in den 50er Jahren zu einem Eckpfosten der amerikanischen Taschenbuch-Industrie wurde, hinkte die Fantasy meilenweit hinterher, und die wenigen Bücher, die erschienen, wie zum Beispiel „Die sterbende Erde" von Jack Vance oder die frühen Nachdrucke von Lovecraft und Robert E. Howard, verschwanden schnell wieder vom Markt, um zu gesuchten Sammlerstücken zu werden, für die man heute bei Versteigerungen Rekordsummen erhält.

Das alles änderte sich, als der Universitätsprofessor John Ronald Reuel Tolkien Mitte der 50er seinen epochalen Fantasy-Klassiker „Der Herr der Ringe" veröffentlichte, der sich vor allem bei den Studenten der Anti-Vietnam-Generation gute zehn Jahre später zu einem wahren Kultbuch entwickelte. Dies mag unter anderem darauf zurückzuführen sein, dass angesichts der Greuel eines Krieges, in dem „Gut" und „Böse" nur noch leere Worte waren, die schöne Welt von Mittelerde mit ihren klaren Schwarz-Weiß-Strukturen wie ein Paradies erschien. Hier blieben die Helden bis zum Ende heldenhaft und die Schurken abgrundtief böse bis zu ihrem gerechtfertigten Ableben. Viele Kritiker haben Tolkien deshalb Realitätsflucht und Eskapismus vorgeworfen, und vielleicht stimmt das sogar, doch bei näherer Betrachtung trifft eher Tolkiens eigene Ansicht zu, der die „Realitätsflucht" des „Herrn der Ringe" mit dem Entkommen eines Gefangenen aus seinem Kerker verglich und sie somit als ein

kostbares Stück Freiheit betrachtete. Tolkien: „Warum sollte man einen Mann verachten, der im Gefängnis sitzt und versucht, sich zu befreien und nach Hause zu gelangen? Oder der, wenn ihm das nicht möglich ist, an andere Themen denkt und über anderes spricht als nur über Gefängnisse und Kerkermauern?" Seit seinem Erscheinen 1954/55 wurde „Der Herr der Ringe" weltweit über hundert Millionen Mal verkauft; nur die Bibel ist noch „erfolgreicher".

Tolkien, ein Liebhaber der Märchenwelt des schottischen Autors George MacDonald, dessen Erwachsenenmärchen meist in der vom keltischen Glauben inspirierten Anderswelt spielten, wurde durch seine Bemühungen, eigene Phantasiesprachen zu entwickeln, dazu inspiriert, eine Welt zu erschaffen, in der diese erfundenen Sprachen „lebendig" werden würden. Er nannte diese sagenhafte Welt Mittelerde, und der Rest ist, wie man so sagt, Geschichte. „Der Herr der Ringe" weckte beim Publikum einen lange brachliegenden Hunger nach Fantasy und wurde ein derart kommerzieller Erfolg, dass die Buchverlage, die Fantasy bis dahin nicht einmal mit der Kneifzange angefasst hatten, plötzlich jedem Hobbyschreiberling Unsummen zahlten, nur damit dieser möglichst schnell irgendetwas Ähnliches produzierte. Die Folge davon war, dass der Markt mit Fantasy-Romanen förmlich überschwemmt wurde, von denen die meisten inhaltlich zwar nicht mal das Papier wert waren, auf dem sie gedruckt wurden, die sich aber dennoch in erstaunlichen Auflagen verkauften. Auch gruben die Verlage in dem Versuch, auf der Fantasy-Welle mitzuschwimmen, Bücher wieder aus, denen bislang niemand sonderliches Interesse entgegengebracht hatte. Hierzu zählten beispielsweise Robert E. Howards „Conan"-Romane, die jahrelang nur eine kleine Schar treuer Anhänger für sich verbuchen konnten und nun, quasi über Nacht, zu Bestsellern avancierten.

Howards erste „Conan"-Geschichten erschienen von 1932 bis 1936 in „Weird Tales" und stellen mit dem alles niedermetzelnden Barbaren Conan die Geburtsstunde der so genannten „Heroic Fantasy" dar, die vor allem in jüngster Zeit die Inspiration für unzählige Fantasy-Zyklen waren. Werke der Heroic Fantasy – manche Kritiker würden eher „Machwerke" dazu sagen – zeichnen sich dadurch aus, dass hier edle Helden, meist in mittelalterlich anmutenden Welten, mit magischem Kriegsgerät gewappnet gewaltige Drachen erlegen oder schöne Prinzessinnen aus den Händen böser Zauberer befreien und in ihrer Freizeit Schwerter schwingend gegen Heerscharen böser Kreaturen zu Felde ziehen, um alles niederzumetzeln, was ihnen in die Quere kommt. Die inhaltlichen Möglichkeiten in diesem Subgenre sind eher begrenzt; ja, mehr noch, wer hier nach philosophischen Elementen oder intel-

lektuellen Rätseln sucht, wird enttäuscht – so was gibt es nämlich weder bei Robert E. Howard noch bei anderen Vertretern dieser Gattung wie etwa Edgar R. Burroughs und Henry R. Haggard. Dessen ungeachtet – oder vielleicht gerade deswegen? – erfreut sich die Heroic Fantasy auch in unseren Tagen noch immer großer Beliebtheit, ebenso wie ein Subgenre des Subgenres: „Sword & Sorcery".

Im Gegensatz zur Heroic Fantasy, in der am Ende stets das edle Heldentum obsiegt, „glänzt" Sword & Sorcery in erster Linie durch skrupellose Brutalität gegen Monster und Menschen gleichermaßen. Die Grundmuster dieser Geschichten sind fast immer dieselben. Da gibt es die Glorifizierung eines archaischen, gewalttätigen Weltverständnisses, welches die „Helden" der Sword & Sorcery dazu bringt, selbst aus den nichtigsten Anlässen skrupellos zu töten, und einen fest verwurzelten Fatalismus, der es mit sich bringt, dass die Protagonisten, oft einsame Recken wie Conan und zuweilen auf der Seite des Bösen, die Strukturen der barbarischen Welt, in der sie leben, niemals in Frage stellen. Wenn sie zum Schwert greifen, dann fast immer deshalb, um sich persönliche Vorteile zu verschaffen.

Begründet wurde das Subgenre der Sword & Sorcery in den 60er Jahren von Fritz Leiber, der den Begriff selbst erfand, um die Abenteuer seiner beiden Helden im „Schwerter"-Zyklus einordnen zu können, die sich nicht gerade durch heroische Taten auszeichnen, sondern sich in den Dienst von jedem stellen, der genug zahlt, gleichgültig ob gut oder böse. Endgültig hoffähig wurde die Bezeichnung schließlich 1963, als L. Sprague de Camp, selbst glühender Vertreter der Metzelfantasy, eine seinerzeit sehr erfolgreiche Anthologie mit Sword-&-Sorcery-Geschichten publizierte. Viele moderne Fantasy-Autoren wie Michael Moorcock mit seiner Saga um Elric von Melniboné ahmen das von Robert E. Howard vor über 60 Jahren begründete Erfolgsrezept immer noch nach, und siehe da – es funktioniert nach wie vor!

Etwa zur selben Zeit als „Conan" in den USA ein breites Publikum fand, startete Ballantine Books, der Verlag, der die offizielle Ausgabe des „Herrn der Ringe" verlegte, eine von Lin Carter herausgegebene Buchreihe mit dem zweideutigen Titel „Adult Fantasy", in der alle wichtigen Fantasy-Klassiker wie die Werke von E. R. Eddison, James Branch Cabell oder Mervyn Peake einem modernen Publikum nahe gebracht wurden. Diese Autoren gingen einen vollkommen anderen Weg als Robert E. Howard. Statt mit Blut und Gemetzel spielten sie vornehmlich mit Märchen, wie sie uns aus den „Erzählungen von 1001 Nacht" oder den „Hausmärchen" der Gebrüder Grimm überliefert sind. Beeinflusst wurden diese Autoren von deutschen Romantikern wie Clemens Brentano und Ludwig Bechstein, die der Fantasy einen Teil ihrer „Unschuld" zurückgaben, und plötzlich tummelten sich statt Drachen und Menschen fressenden Ungeheuern wundersame Trolle, liebliche Elfen und freundliche Zauberer in den Wäldern, Tälern und Dörfern friedliebender, harmonischer Welten, womit Cabell, Peake & Co. den Grundstein zu einem weiteren Subgenre der Fantasy legten: der so genannten „High Fantasy". Eines der populärsten Beispiele dieser Gattung ist Lyman Frank Baums 1900 erstveröffentlichter Roman „Der Zauberer von Oz", der ganz bewusst auf die amerikanische Sehnsucht nach eigenen Mythen und Märchen gemünzt ist und auch hierzulande – nicht zuletzt wegen der wunderbaren Verfilmung von 1939 mit dem damaligen Kinderstar Judy Garland – zu einem riesigen Hit wurde.

Im Gegensatz zur Prophezeiung der Verlage, dass sich das Interesse der Leser an Fantasy, das durch den „Herrn der Ringe" geweckt worden war, bald wieder legen würde, rollte der Boom weiter, und nach einer Weile machten die Tolkien-Nachahmer neuen Schriftstellern Platz, die sich anschickten, mit ihren eigenen, originären Fantasy-Welten ein großes Publikum für sich zu gewinnen. Ende der 60er Jahre nahm Ursula K. LeGuin ihre eindringliche, feinfühlige „Erdsee"-Saga in Angriff, die zwar ursprünglich als Jugendbuchserie konzipiert war, sich durch die ruhige, schlichte Erzählweise der Autorin, die komplexen Charaktere und die originelle Hintergrundgeschichte jedoch zu einem echten Fantasy-Juwel entwickelte, das selbst gehobene Niveauansprüche befriedigte. Anfang der 80er begann der Engländer Terry Pratchett mit seinen „Scheibenwelt"-Romanen in bis dahin nicht gekannter Weise das humoristische Potenzial des Genres zu erforschen, indem er mittlerweile gängige Klischees wie den großen Helden oder den nicht minder großen Zauberer aufgriff und anschließend ad absurdum führte. In jüngster Zeit waren es Autoren wie Robert Jordan mit seinem monumentalen Zyklus vom „Rad der Zeit" oder Tad Williams mit seiner Chronik von „Osten Ard", die sich ihren festen Platz im Pantheon der modernen Fantasy gesichert haben, ebenso wie Anne McCaffrey mit ihren „Pern"-Romanen, die das uralte Drachenmotiv mit ureigenen Elementen der Science Fiction zu einem weiteren Subgenre der Fantasy vereint: zur so genannten „Science Fantasy".

Begründet wurde die Science Fantasy gewissermaßen von „Tarzan"-Schöpfer Edgar Rice Burroughs, der mit mehreren Romanen wie „Die Marsgöttin", „Eine Marsprinzessin" und „Thuvia, das Mädchen vom Mars" seinen Beitrag zur hitzigen Diskussion um die damals gerade entdeckten Marskanäle leistete, während er seinen Helden Carson Napier später die Venus erforschen ließ. Die Parallelen zur Science Fiction sind damit unübersehbar. Wie die Science Fiction spielen auch die Geschichten der Science Fantasy in fernen Galaxien und auf fremden Sternen, im Gegensatz zur Science Fiction trifft man hier aber weder auf Außerirdische noch auf großartige technische Errungenschaften, da die von den Menschen kolonisierten Planeten technisch längst wieder in eine archaische, mittelalterliche Welt zurückgefallen sind, in der Magie und Zauberei Wissenschaft und Technik ersetzt haben.

Seit Tolkiens „Herr der Ringe" ist die Fantasy aus der Verlagswelt nicht mehr wegzudenken: Vor allem dank Marion Zimmer Bradley stieg das Interesse an Fantasy immer weiter an. Mit ihrem Meisterwerk „Die Nebel von Avalon" führte sie monatelang die Bestsellerlisten in aller Welt an, später setzte sie ihre „Avalon"-Saga mit „Die Wälder von Albion", „Die Herrin von Avalon" und „Die Priesterin von Avalon" dreifach fort. Viele Kritiker waren vom Erfolg der „Nebel von Avalon" überrascht, schließlich handelt es sich hierbei objektiv betrachtet um nichts anderes als die x-te Neuerzählung der alten Artus-Geschichten. Doch Marion Zimmer Bradley traf den Nerv der Zeit, indem sie die Saga zum ersten Mal aus der Sicht einer Frau erzählte – aus der von Artus' Geliebten und Schwester Morgaine. Fortan galt sie als die „Königin der Fantasy", und das, obwohl in ihren Werken statt Zauberei, Tapferkeit und Heldenmut die Pflichten und Sorgen der Frauen und Mütter jener lange zurückliegenden Epoche im Mittelpunkt stehen.

Fantasy ist heute so populär wie nie zuvor. Immer wieder kommen neue Romane und Zyklen auf den Markt, und von Zeit zu Zeit entstehen auch heute noch neue Subgenres, zuletzt die so genannte „Dark Fantasy", in der sich Elemente der Fantasy mit denen der unheimlichen Literatur vermischen, beispielsweise, wenn klassische Gestalten des Schauerromans wie Vampire oder Werwölfe durch die traumartigen Welten der Fantasy geistern. Gute Beispiele hierfür sind die Werke von Tanith Lee oder Freda Warrington, deren Vampirromane mit ihren teilweise überaus surrealen Gestalten stets im Grenzbereich zwischen Horror und Fantasy angesiedelt sind. Gleiches gilt für Terry Brooks, der mit seinem Roman „Dämonensommer" vor kurzem einen neuen, viel beachteten Dark-Fantasy-Zyklus gestartet hat, der im realen 20. Jahrhundert angesiedelt ist, in das nach und nach unerklärliche Naturkräfte, Trolle und Dämonen Einzug halten. Doch gleichgültig, mit welcher Spielart der Fantasy man es zu tun hat, am Ende haben sämtliche Werke des Genres eines gemein: Es geht darum, uns eine Welt zu zeigen, die so spannend und wundervoll ist, dass sie uns für ein paar Stunden aus dem „grauen Alltag" zu entführen vermag, die all unsere kleinen Probleme angesichts epischer Konflikte für die Dauer eines Buches nichtig erscheinen lässt und nicht zuletzt, die unsere Phantasie anregt und zum Träumen verleitet – denn was wäre der Mensch ohne Träume?

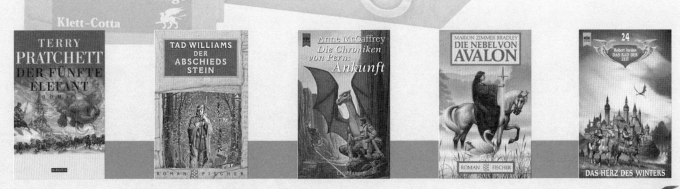

Kapitel 7

Rollenspiele und Rätsel

von Stefan Servos

7.1 Ein Plädoyer für Fantasy-Rollenspiele

„Als ihr die Taverne ‚Zum Weidenbaum' durch die Eingangstür betretet, blickt euch die finstere Gestalt am Kamin mit durchdringendem Blick an. Obwohl ihre Augen vom Schatten der dunklen Kapuze verborgen werden, scheint ihr ein Funkeln in ihnen zu erkennen. Die Gestalt trägt einen langen Mantel und die dreckigen Stiefel hat sie weit von sich gestreckt. Plötzlich hebt sie den Arm und winkt euch zu sich herüber. Was macht ihr nun?"

Eine Gruppe von Studenten sitzt um einen Tisch, während einer von ihnen, der Spielleiter, gerade diese Szenerie beschrieben hat. Auf dem Tisch liegen einige Bücher, eine Menge seltsamer Würfel, Stifte und einige Blatt Papier – ein Fantasy-Rollenspiel.

Rollenspiele leben von Vorstellungskraft und dem Einfallsreichtum ihrer Spieler. Es geht darum, ganze Abenteuer im Kopf zu erleben. Der Spielleiter erzählt eine Geschichte, das so genannte Abenteuer, durch das sich die Spieler-Gruppe bewegt. Jeder Mitspieler hat sich zuvor den Regeln entsprechend eine Person ausgedacht, die er in dieser Geschichte verkörpert – Zwergenkrieger, Söldner oder Elbenmagier sind da nur einige Beispiele. Während des Abenteuers stößt die Gruppe auf immer wieder neue Rätsel, Fallen oder Monster, die es zu bezwingen gilt. Diese Herausforderungen müssen teilweise durch intelligente Einfälle, teilweise aber auch nur durch Würfelglück gelöst werden. Der Spielleiter beschreibt währenddessen immer wieder die Umgebung (ein Wald, eine Höhle, eine Ruine usw ...) und schlüpft in die Rolle der Nebenpersonen (Feinde, Verbündete, Monster, usw ...). Wie sich die Spiel-Charaktere in den jeweiligen Situationen verhalten, entscheiden die Spieler selbst. Hört sich kompliziert an? Ist es aber gar nicht. Dennoch: Erst die Beteiligung selbst eröffnet einem die geheimnisumwitterte Welt der Fantasy-Rollenspiele.

Die Wurzel des Rollenspiels liegt in den frühen 60er Jahren, in den so genannten Tabletop-Wargames. Bei diesen damals sehr beliebten Strategie-Spielen handelte es sich um Kriegssimulationen, die man mit Hilfe von Unmengen Zinnfiguren in einer Modell-Landschaft bestritt. Ein leidenschaftlicher Tabletop-Spieler war Gary Gygax, der ein System entwickelte, in dem man keine Armee mehr lenkte, sondern nur noch einen einzelnen Helden. Und da einfache Modell-Landschaften zu langweilig waren, ließ Gygax seine Figuren durch monsterverseuchte Kerker-Labyrinthe, so genannte Dungeons, irren. Als Vorbild für seine Welten dienten ihm Tolkiens „Der Herr der Ringe" und die mythische, europäische Sagenwelt. Das erste Rollenspiel mit dem Namen „Dungeons & Dragons" war geboren. Aber noch war das ganze System unausgereift. Es ging nicht darum, ein komplexes, zusammenhängendes Abenteuer zu erleben, sondern einfach nur, alle Monster im Dungeon abzuschlachten. Viele Spieler wurden dessen bald überdrüssig und stellten sich vor, wie toll es doch wäre, wenn die Durchquerung des Dungeons einen Sinn hätte, wenn man beispielsweise einen sagenhaften Schatz oder eine verschleppte Prinzessin am Ende finden würde. Erste Handlungselemente wurden in die Rollenspiele eingebaut und entwickelten sich zu immer umfassenderen Geschichten. Die Modell-Landschaften und die Figuren rückten immer mehr in den Hintergrund und verschwanden schließlich fast völlig vom Tisch. In den 70ern schwappte der Rollenspiel-Trend dann auch erstmalig zu uns nach Europa herüber. Seitdem gibt es eine beständige Rollenspiel-Szene, die eine ganze Fantasy-Welle nach sich zog. Nicht nur in den Buchhandlungen nahmen die Fantasy-Romane immer mehr Platz ein, auch Hollywood wurde auf dieses Genre aufmerksam. Doch warum Rollenspiele und wer sind diese Rollenspieler? Sind es weltentrückte Utopisten oder gar Anhänger einer ge-

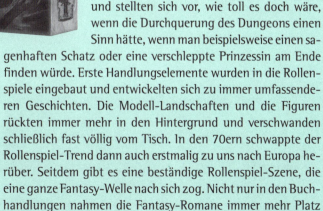

heimnisvollen Sekte? Einige vermeintlich kluge Köpfe sagen, es seien vor allem Jugendliche und junge Erwachsene, die das Bedürfnis hätten, in eine Gemeinschaft einzugehen, um ein Zusammengehörigkeitsgefühl zu verspüren, das in unserer auf Leistung getrimmten Gesellschaft kaum noch zu finden sei, da jeder Einzelne in seiner Anonymität allein gelassen würde. Beim Lesen eines Fantasy-Romans trete man zwangsläufig in eine Gemeinschaft ein. Dadurch, dass man wüsste, was Orks, Baumhirten oder Hobbits sind, könne man sich einem Kreis von Eingeweihten zugehörig fühlen und sich zugleich von der Außenwelt abheben. Dieser Effekt trete noch stärker bei den Fantasy-Rollenspielern auf, die sich zum Unverständnis ihrer Zuhörer nicht nur in Fachwörtern, sondern auch noch deren Abkürzungen unterhielten („Mein SC hatte ETW0 15 und +3 auf RK, dafür aber auch nur einen BF von 6.").

Eine weitere beliebte Theorie ist die unstillbare Sehnsucht nach einer Utopie, einer Scheinwelt, die den Spieler die mit unlösbaren Problemen angefüllte reale Welt kurze Zeit vergessen lässt. Und diese Abgrenzung von der realistischen Umgebung führt oft zu dem Vorwurf des Eskapismus. Indem die Fantasy-Rollenspiele Wünsche ersatzweise befriedigen, würden sie eine aktive Auseinandersetzung mit der Umwelt verhindern. Der Rollenspieler entfliehe seinen Problemen, indem er sich in eine Traumwelt zurückziehe, und verzichte damit auf den Versuch, sie wirklich zu bewältigen.

Eine gewisse Wahrheit lässt sich nicht leugnen, doch was ist dieser Eskapismus wirklich? Es ist eine bewusste Flucht – einfach für einige Stunden abschalten. Ebenso handeln Millionen von Bundesbürgern täglich, wenn sie sich nach der Arbeit vor den Fernseher setzen – einfach der Realität für einige Stunden entfliehen. Welche Flucht nun ist die bessere? Seifenopern und Arztserien sind ebenso fiktiv wie die Fantasy-Geschichten, aber bei ihnen besteht die Gefahr, dass man sie mit der Realität verwechselt. Es sind als Realität getarnte Fantasy-Geschichten, mit Helden und Happy End, aber die Umgebung dieser Serien suggeriert, alles sei wahr. Fiktion und Wirklichkeit mögen daher vor den Augen des ungeschulten Betrachters zunehmend verschwimmen. Das Fantasy-Rollenspiel aber ist eine Flucht, wie sie bewusster kaum vollzogen werden kann. Und Flucht muss nicht von vorneherein schlecht sein. Der Vater der High-Fantasy J.R.R. Tolkien sagte einst: „Man muss zwischen dem unterscheiden, der aus Feigheit vor dem Feind davonläuft und dem, der im Gefängnis irgendeines Tyrannen sitzt und versucht dort auszubrechen!" Sollte der sich verbreitende Eskapismus schließlich doch nur Kritik an unserer verkommenen Gesellschaft sein? Soll durch den Aufbau einer Kunstwelt das Schlechte der Realität nicht verdeckt, sondern gerade ins Bewusstsein gerückt werden? Vielleicht – aber eher unwahrscheinlich. Denn das Rollenspiel hat einen wichtigen Sinn, der bisher noch nicht aufgeführt wurde: Es soll Spaß machen! Und das ist die Hauptsache!

Vorwürfe, dass Rollenspiele gewaltverherrlichend seien, sind ebenso absurd wie die Behauptung, dass es langweilig sei. Beide Faktoren sind subjektiv und werden allein durch die Spieler, ihre Einstellung und ihr Engagement bestimmt. Rollenspiele haben vielmehr positive Effekte, vor allem bei jugendlichen Spielern. Sie regen die Phantasie und die Improvisationsgabe an und lehren unausbleiblich die Kommunikation mit anderen, da Kommunikation die Grundlage des Spiels ist.

Magische Begegnungen wie diese spielen sich bereits seit Jahren in den Köpfen der Fantasy-Rollenspieler ab.

Die Fragen

Wie gut kennen Sie Tolkiens Werke und das Leben des Oxford-Professors? Haben Sie die Produktion der Verfilmung aufmerksam verfolgt? Sind Sie ein Mittelerde-Profi? Im großen Tolkien-Quiz können Sie Ihr Wissen unter Beweis stellen. In fünf unterschiedlich schweren Kategorien gibt es Punkte zu sammeln und zum Schluss zeigt sich, ob Sie wirklich zum inneren Kreis der Tolkien-Kenner gehören.

Hobbit-Level *(sehr leicht)*

1. Aus wie vielen Personen besteht die Gemeinschaft des Rings?
2. Wie lauten ihre Namen?
3. Wie heißt das Gasthaus, in dem die Hobbits auf Aragorn treffen?
4. Wo fand Bilbo das Elbenschwert Stich?
5. Was bedeuten die Abkürzungen „J.R.R." in Tolkiens Namen?
6. Mit wie vielen Zwergen ging Bilbo in sein erstes Abenteuer?
7. In welches Tier konnte Beorn sich verwandeln?
8. Wer verkörpert die Elbe Arwen in der neuen Verfilmung?
9. Wer ist der Herr von Bruchtal?
10. Warum war Aragorns Schwert in Bree nutzlos?

Zwergen-Level *(leicht)*

1. Wie heißt der Gatte von Galadriel?
2. Wie alt wird Bilbo an dem Tag, an dem er das Auenland endgültig verlässt?
3. Wie heißt die neuseeländische Special-Effect-Firma, die für die Effekte in der Verfilmung zuständig ist?
4. Aus welchem Material war das Kettenhemd, das Bilbo Frodo schenkte?
5. Wie nannte sich Éowyn zur Tarnung?
6. Wie hieß die Wegzehrung der Elben?
7. Wie wurden die Mûmakil von den Hobbits genannt?
8. Welche Form hatte die Spitze der Riesenramme Grond?
9. Welches Heerzeichen trugen die Orks von Saruman?
10. An welchen Drachen glaubt Timm Sandigmann?

Menschen-Level *(mittel)*

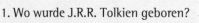

1. Wo wurde J.R.R. Tolkien geboren?
2. Roäc, der Rabe, brachte die Nachricht von Smaugs Tod, aber er sah ihn nicht sterben. Welches Tier sah den Drachen sterben?
3. Aus welchem Material bestand die Kleidung von Ghân-buri-Ghân?

4. War der Kibil-nâla ein Edelstein, ein Fluss, ein Berg oder ein Zwerg?
5. Wer war der Vater von Legolas?
6. Woher stammte Merry?
7. Welcher Maia war ein „Vogelfreund"?
8. Nenne mindestens zwei weitere Namen von Gandalf!
9. Welcher Schauspieler der neuen Filmtrilogie traf J.R.R. Tolkien zu Lebzeiten?
10. Woher hatte Helm Hammerhand seinen Namen?

Elben-Level *(schwer)*

1. In welchem Jahr erhielt J.R.R. Tolkien von der Königin den Orden und Titel eines Commander of the British Empire?
2. Welcher Hobbit-Stamm hatte die Unart, schwimmen zu gehen und mit dem Boot zum Fischen auf den Fluss zu fahren?
3. Wer ist Mauhúr?
4. Wie nannten die Hobbits die blutsaugenden, heuschreckenähnlichen Insekten aus den nördlichen Sümpfen Eriadors?
5. Von wem bekam Aragorn sein Pferd Roheryn?
6. Das „Fenster des Sonnenuntergangs" war kein Fenster, sondern ... ?
7. Wie nannten die Rohirrim die weißen Blumen, die auf den Hügelgräbern vor Edoras wuchsen?
8. Wann genau wurde J.R.R. Tolkien geboren?
9. Am 11. Oktober 1999 fiel die erste Klappe für die Filmtrilogie. Wo wurde an diesem Tag gedreht?
10. Wie kam Sauron nach Númenor?

Zauberer-Level *(fast unlösbar)*

1. Wer sagt: „Angrod ist fort, Aegnor ist fort, und Felagund ist nicht mehr. Von den Kindern Finarfins bin ich das letzte"?
2. Wer war die Gattin von Eol, dem Dunkel-Elb?
3. Das Blut welcher drei Rassen floss in den Adern von Dior?
4. In einem Brief an Forrest J. Ackerman schrieb Tolkien, Mr. Zimmerman sei allzu verliebt in welche Wörter?
5. Auf welchen Tag war Gandalfs Brief an Frodo datiert, den Butterblume übergeben sollte?
6. Wie war der Name für Belegs Schwert, nachdem es für Túrin neu geschmiedet worden war?
7. In den Anhängen des „Herrn der Ringe" wird beschrieben, dass Círdan der erste Besitzer von Narya, dem Roten Ring, war. In den „Nachrichten aus Mittelerde" wird dies widerlegt. Wer besaß den Ring angeblich vor Círdan?
8. Melkor hatte in früheren Zeitaltern eine Schutzwehr für seine Burg Utumno aufgerichtet. Woraus bestand diese Schutzwehr?
9. Welcher Charakter ist neben Gandalf der Lieblingscharakter von Sir Ian McKellen?
10. Wie wird die Tonart von den Elben genannt, in der das Lied von Beren und Lúthien wiedergegeben werden muss?

Die Antworten

Alles gewusst? Das werden wir doch mal sehen, denn hier kommen die Lösungen. Sie müssen einfach die Punkte der richtigen Antworten zusammenzählen und schon sehen Sie, was für ein Tolkien-Fan Sie wirklich sind.

Hobbit-Level

1. neun	**1** Punkt
2. Frodo, Sam, Pippin, Merry, Aragorn, Boromir, Gandalf, Gimli, Legolas	**2** Punkte
3. „Zum tänzelnden Pony"	**1** Punkt
4. in den Trollhöhlen	**2** Punkte
5. John Ronald Reuel	**1** Punkt
6. mit 13 Zwergen	**1** Punkt
7. in einen Bären	**1** Punkt
8. Liv Tyler	**1** Punkt
9. Elrond	**2** Punkte
10. weil das Schwert zerbrochen war	**1** Punkt
	____ Punkte

Zwergen-Level

1. Celeborn	**2** Punkte
2. 111 Jahre	**2** Punkte
3. WETA	**2** Punkte
4. aus dem Zwergensilber Mithril	**2** Punkte
5. Dernhelm	**2** Punkte
6. „lembas"	**2** Punkte
7. Olifanten	**3** Punkte
8. Wolfskopf	**3** Punkte
9. die weiße Hand oder Elbenrune „S"	**3** Punkte
10. nur an den „Grünen Drachen", das beste Wirtshaus von Wasserau	**3** Punkte
	____ Punkte

Menschen-Level

1. in Bloemfontein, Südafrika	**3** Punkte
2. eine Drossel	**2** Punkte
3. nur aus Gras	**3** Punkte
4. es handelt sich um den Fluss Celebrant / Silberlauf	**2** Punkte
5. König Thranduil	**3** Punkte
6. aus Bockland	**4** Punkte
7. Radagast der Braune	**3** Punkte
8. Mithrandir, Tharkûn, Olórin, Incánus, Graumantel, Sturmkrähe	**3** Punkte
9. Christopher Lee	**2** Punkte
10. Er erschlug seine Feinde mit der bloßen Faust.	**3** Punkte
	____ Punkte

Elben-Level

1. 1972	**5** Punkte
2. die Starren	**4** Punkte
3. Mauhúr war ein Ork-Anführer.	**3** Punkte
4. Zirperkirper	**4** Punkte
5. von Arwen Abendstern	**3** Punkte
6. eine Höhle hinter einem Wasserfall im Norden Ithiliens	**3** Punkte
7. Simbelmyne	**4** Punkte
8. 3. Januar 1892	**3** Punkte
9. auf dem Mount Victoria in Wellington	**4** Punkte
10. als Geisel Ar-Pharazôns	**4** Punkte
	____ Punkte

Zauberer-Level

1. Galadriel zu Celebrimbor	**6** Punkte
2. Aredhel, Schwester von Turgon	**6** Punkte
3. das Blut der Edain, der Eldar und der Maiar	**6** Punkte
4. Hypnose und hypnotisch	**6** Punkte
5. Mittjahrstag, Auenland-Jahr 1418	**6** Punkte
6. Gurthang, also „Todeseisen"	**6** Punkte
7. Gil-galad erhielt den Ring von Celebrimbor	**6** Punkte
8. aus dem Gebirge Ered Engrin, den Eisenbergen	**6** Punkte
9. Baumbart	**6** Punkte
10. ann-thennath	**6** Punkte
	____ Punkte

Insgesamt _____ Punkte

Wer hat's gewusst?! Liv Tyler spielt Arwen, die große Liebe Aragorns.

Die Auswertung

1 bis 13 Punkte

Sie scheinen die beiden wichtigsten Tolkien-Romane „Der kleine Hobbit" und „Der Herr der Ringe" gelesen zu haben und sind auf dem besten Wege, ein richtiger Fan zu werden. Aber Vorsicht! Lassen Sie die Romane nicht im Regal verstauben. Am besten lesen Sie sie noch einmal durch, bevor Sie ins Kino gehen, denn der Film kann das Buch niemals ersetzen und noch haben Sie nur eine Ahnung davon, wie gewaltig und umfangreich Tolkiens Schöpfung wirklich ist.

14 bis 37 Punkte

Vorsicht! Sie sind extrem gefährdet, wenn nicht schon infiziert! Das Tolkien-Fieber geht um.
Aber keine Angst, dieses Fieber ist nicht schädlich, sondern vielmehr heilsam. Nichts liegt näher für Sie, als Tolkiens Kosmos eingehender zu erforschen und abzutauchen in eine phantastische Welt voller zauberhafter Geschichten. Als nächstes steht wohl das „Silmarillion" an und wenn Ihnen das gefällt, dann gibt es noch eine Menge weiterer Stoff für Sie. „Das Buch der Verschollenen Geschichten" und „Nachrichten aus Mittelerde" sollten fürs Erste Ihren Hunger befriedigen.

38 bis 65 Punkte

Sie gehören bereits zur eingeschworenen Tolkien-Gemeinde, Ihnen kann man nichts vormachen. Sie mögen Tolkiens „Herr der Ringe", sind aber auch anderen Fantasy-Werken nicht abgeneigt. Klar, Tolkien ist der Begründer der Fantasy-Literatur, aber auch andere Autoren haben Lob verdient. J.R.R. Tolkiens Werke waren für Sie nur der Anfang.

66 bis 102 Punkte

Nicht schlecht – Tolkiens Schöpfungen sind Ihnen sehr vertraut. Wahrscheinlich freuen Sie sich schon seit Jahren auf die Real-Verfilmung Ihrer Bibel. Aber Sie haben auch Angst, dass „Ihr" Werk verunstaltet werden könnte; jeder Änderung sehen Sie kritisch entgegen. Die Hauptsache ist aber für Sie, dass Tolkiens Werk so vielen Menschen wie möglich zugänglich gemacht wird. Denn in Tolkiens phantastischen Kosmos einzutauchen bedeutet Vergnügen und märchenhafte Unterhaltung.

102 bis 162 Punkte

Respekt! Sie sind einer der leidenschaftlichsten Tolkien-Fans auf diesem Globus. Es scheint fast so, als würden Sie in Mittelerde zu Hause sein. Sie lieben jedes Wort aus der Feder des Professors und bewundern ihn für seine Schöpfung. Peter Jackson hätte Sie als Berater ans Set holen sollen, denn Sie kennen sich wirklich aus. Herzlichen Glückwunsch!

Schwere Prüfungen liegen auch hinter Frodo und Aragorn.

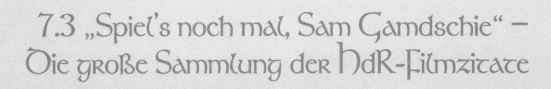

Manchmal ist es nur ein Satz, der ausreicht, um einen Film berühmt zu machen – und jeder kennt Zitate wie „The Force will be with you" („Die Macht wird mit dir sein"), „Play it once, Sam." („Spiels' noch einmal, Sam."), „Run, Forrest, run!" („Lauf, Forrest, lauf!") oder „I'm the King of the World!" („Ich bin der König der Welt!") – kurze, einfache Sätze, die sich in das Gehirn des Kinozuschauers eingebrannt haben. Für immer in die Geschichte des Films eingegangen, werden sie von den Film-Fans regelmäßig zitiert.

Wird ein Mammutwerk wie „Der Herr der Ringe" seiner Fangemeinde ebenso unvergessliche Filmzitate hinterlassen? Ich denke ja! Bereits viele der Sätze aus dem Roman werden von den Fans immer wieder gerne genannt. Die folgenden sind unter ihnen besonders beliebt:

„Viele die leben, verdienen den Tod. Und manche, die sterben, verdienen das Leben. Kannst du es ihnen geben? Dann sei auch nicht so rasch mit einem Todesurteil zur Hand." – Gandalf

„Ich kenne die Hälfte von euch nicht halb so gut, wie ich es gern möchte, und ich mag weniger als die Hälfte von euch auch nur halb so gern, wie ihr es verdient." – Bilbo

„Zum Kuckuck mit den Zwergen und ihrer Halsstarrigkeit!" – Legolas

„Misch dich nicht in Angelegenheiten von Zauberern ein, denn sie sind schwierig und rasch erzürnt." – Gildor

„Die Gemeinschaft des Ringes soll aus neun bestehen; und die Neun Wanderer sollen es mit den Neun Reitern aufnehmen, die böse sind." – Elrond

„Und geht es so nicht, dann geht es anders." – Saruman

„Mit mir brauchst du nicht zu reden wie mit den Narren, die du zu Freunden hast." – Saruman

„Ich gehe mit, wenn sie mich nicht anketten. Einer mit Verstand muss in der Gruppe sein." – Pippin

Viele dieser Zitate werden auch in der Film-Trilogie wieder auftauchen. Im Folgenden die heißesten „Berühmtes Filmzitat"-Anwärter aus dem ersten Teil „Der Herr der Ringe – Die Gefährten", geordnet nach den Personen:

Gandalf
- „A Wizard is never late, Frodo Baggins, nor is he early. He arrives precisely when he means to." (Gandalf trifft im Auenland mit etwas Verspätung auf Frodo)
- „It must be destroyed." (entscheidet Gandalf bei Elronds Rat)
- „The Dark Lord Sauron needs only this Ring to cover all the lands in a second darknes." (... zu Frodo)
- „You must remember [...] the Ring is trying to get back to its master." (Gandalf warnt Frodo)
- „In the lands of Middle-earth, legend tells of the dark Lord Sauron, and the Ring that would give him the power to enslave the world." (Gandalf erzählt Frodo die Geschichte des Ringes.)
- „It wants to be found." (Der Zauberer warnt Frodo.)
- „Let us hope our presence here may go unnoticed." (... beim Eintritt in Moria)
- „Is it secret? Is it safe?" (... zu Frodo)
- „He is seeking it!"
- „Bilbo Baggins, do not take me for some conjuror of cheap tricks!" (... zu Bilbo)
- „The Ring yearns, above all else, to return to the hand of its Master: they are one, the Ring and the Dark Lord. Frodo. He must never find it!" (... zu Frodo)
- „You can not offer me this Ring [...] through me it would wield a power too great and terrible to imagine. Do not tempt me, Frodo." (Frodo bietet Gandalf den Ring an.)
- „My dear Frodo, Hobbits really are amazing creatures. You can learn all that there is to know about their ways in a month, and yet, after a hundred years, they can still surprise you at a pinch."
- „There is only one Lord of the Rings [...] only one who can bend it to his will."
- „Pedo mellon a minno [...] Speak, friend, and enter." (... an dem Westtor von Moria)
- „Fool of a Took! Throw yourself in next time and rid us of your stupidity!" (Pippins Dummheiten gefährden die Gefährten in Moria.)

Frodo
- „What must I do?"
- „I cannot do this alone."
- „No one knows it's here, do they? Do they Gandalf?"
- „I know what I must do. But I'm afraid to do it." (... zu Galadriel)
- „I will take it [...] I will take the Ring to Mordor [...] though I do not know the way." (Bei Elronds Rat trifft Frodo die Entscheidung seines Lebens.)

Aragorn / Streicher
- „You're drawing far too much attention to yourself [...] Mr. Underhill." (Streicher warnt Frodo in Bree.)
- „You have a stout heart, little hobbit, but your courage alone will not save you."
- „They are Nazgûl, Ringwraiths, the Nine Servents of Sauron." (Streicher berichtet Frodo von den Nazgûl.)
- „If by my life or death, I can protect you, I will – you have my sword." (Aragorn schwört Frodo bei Elronds Rat seine Treue.)

Gimli

- „Moria – Khazad-dum! Greatest of the Dwarf Halls – what I would not give to look on its treasures!" (Die Gefährten betreten Moria.)
- „Now you will see, Master Elf, one of the marvels of the Northern World [...]" (Die Gefährten betreten Moria.)
- „Let them come! There is one Dwarf yet in Moria who still draws breath!" (In den Minen von Moria nähern sich die Orks.)

Galadriel

- „This task was apppointed to you, and if you do not find a way [...] no one will." (... zu Frodo)
- „You will find your courage." (... zu Frodo)
- „Even the smallest person can change the course of the future." (... zu Frodo)
- „Your coming is to us as the footsteps of Doom." (Galadriel begrüßt die Gefährten in Lothlórien.)
- „In place of the Dark Lord, you would have a Queen, not dark, but beautiful and terrible as the Dawn! Treacherous as the Sea! Stronger than the foundations of the earth [...] All shall love me and despair!" (Frodo hat Galadriel den Einen Ring angeboten.)

Elrond

- „The Ring must be cast back into the fires of Mt. Doom." (Beim Rat spricht Elrond klare Worte.)
- „It was made in the fires of Mt Doom, only there it can be unmade."
- „Nine companions to match the Nine Ringwraith [...] So be it. You shall be the Fellowship of the Ring!" (Die Ringgemeinschaft entsteht.)
- „Farewell, hold to your purpose and may the blessing of Elves and Men and all free folk go with you." (Abschied aus Imladris)

Bilbo

- „I feel thin – sort of streched, like butter scraped over too much bread. I need a holiday – a very long holiday." (Bilbo spricht in Beutelsend mit Gandalf.)
- „The thing about resolutions, I find is [...] there's always tomorrow."
- „I don't know half of you half as well as I should like; and I like less than half of you half was well as you deserve." (Bilbo spricht zu seinen Geburtstagsgästen.)

Saruman

- „Sauron's forces are already moving [...] they will find the Ring and kill the one who carries it."
- „Tell me, Gandalf the Grey, you – to whom so many look for guidance [...] how is it you can be so blind? (... zu Gandalf)
- „The world is changed, Gandalf. A new Age is at hand [...] the Age of Men, which we must rule." (... zu Gandalf)
- „Are we not the Istari? Within this frail human form does not the spirit of a Maiar live?" (... zu Gandalf)
- „I gave you the chance of aiding me willingly, but you have elected the way of pain." (... zu Gandalf)
- „Whom do you serve?" (... zu Lurtz)
- „Do you know how Orcs first came into being? They were once Elves. Taken by the Dark Powers in the First Age – tor-

tured, mutilated – a ruined and terrible form of life, bred into a slave race." (Saruman spricht mit Lurtz.)

Pippin

- „Frodo's my second cousin once-removed on his mother's side and my third cousin twice-removed on his father's side, if you can follow me." (Pippin spricht betrunken zu den Gästen des Tänzelnden Ponys.)

Sam Gamdschie

- „If I take one more step, it'll be the farthest from Home I've ever been."
- „Let him go or I'll have you, Longshanks!" (Sam bedroht Streicher.)

Arwen

- „If you want him, come and claim him." (Arwen stellt sich an der Furt den Nazgûl.)
- „The light of the Evenstar does not wax and wane [...] It is constant, even in the greatest darkness." (Arwen spricht mit Aragorn.)

Legolas

- „A shadow and a threat has been growing in my mind. Something draws near, I can feel it." (Legolas spürt Gefahr am Amon Hen.)
- „The Ring must be destroyed." (... bei Elronds Rat)
- „This is no mere Ranger. He is Aragorn, son of Arathorn [...] and you owe him your allegiance."

Boromir

- „The weapon of the enemy is a gift." (... bei Elronds Rat)
- „Let us use it against him." (... bei Elronds Rat)
- „There is evil there that does not sleep." (... bei Elronds Rat)
- „One does not simply walk into Mordor."
- „You carry the fate of us all, little one [...]" (... zu Frodo)
- „It is a strange fate that we suffer so much fear and doubt over so small a thing [...] such a little thing." (... am Caradhras)
- „You carry a heavy burden, Frodo – don't carry the weight of the dead as well." (... zu Frodo)

Haldir

- „Orcs have dared enter Lothlórien; they will not leave it alive!"
- „Caras Galadhon [...] The heart of Elvendom on earth; realm of the Lord Celeborn and of Galadriel, Lady of Light."

Gerstenmann Butterblume

- „He's one of them Rangers, dangerous folk they are. Wandering the wilds. What his right name is I've never heard: but he's known round here as Strider." (Butterblume spricht mit Sam und Frodo.)

Hamfast Gamdschie

- „You can say what you like about mad Baggins, but no one keeps a better table." (... bei Bilbos 111. Geburtstag)

Gollum

- „My Precioussssss!" (Gollums liebster Satz: „Mein Schatz!")

87

Das „Herr der Ringe"-Lexikon:

Von Adler über Hobbingen bis hin zu den Zwergen

In Tolkiens Werk wimmelt es nur so von seltsamen Kreaturen, mystischen Orten und strahlenden Helden, die trotz ihrer offenkundigen Unterschiede dennoch alle zwei Dinge gemeinsam haben: 1. ihre Originalität und 2. ihre oftmals ausgesprochen fremdartigen Namen. Damit Sie sich in der phantastischen Welt Mittelerde trotzdem zurechtfinden, präsentieren wir Ihnen in diesem Kapitel alles Wissenswerte von A wie Adler bis Z wie Zwerge.

Adler

Mit einer Flügelspannbreite von über 12 Meter haben die Riesenadler von Mittelerde den Ruf, die uneingeschränkten Herrscher der Lüfte zu sein. Zweifellos sind sie die edelsten der geflügelten Tiere, einst geschaffen zweien der gottgleichen Valar: Manwe, dem Herrn der Lüfte, und Yavanna, der Königin der Erde. Sie sind sehr alt, sehr weise und mischen sich selten in die Streitigkeiten anderer Völker ein. Sie leben zurückgezogen in ihren Horsten im Nebelgebirge und beobachten die Geschehnisse in Mittelerde aus dem Überblick ihrer erhöhten Perspektive aus. Obgleich sie nicht sehr kontaktfreudig sind, kann man sie als zuverlässige Verbündete des Guten betrachten. Wann immer eine epische Schlacht zwischen Licht und Dunkelheit ausgetragen wird, sind sie im rechten Augenblick zur Stelle, um das Kampfgeschehen zu Gunsten der freien Völker Mittelerdes herumzureißen. Unter ihrem Herrn Thorondor kämpfen sie im Krieg um die Silmarilli. In der Großen Schlacht im Krieg des Zorn, die den Untergang Angbands herbeiführt, besiegen sie die furchtbaren Feuerdrachen. Unter Gwaihir, dem größten Adler des Dritten Zeitalters, helfen sie dem Zwergenkönig Thorin Eichenschild und seinen Verbündeten in der Schlacht der Fünf Heere, die Orks zu besiegen. Und auch in der letzten Schlacht des Ringkriegs vor dem Schwarzen Tor von Mordor, greifen sie ein und unterstützen damit das in Bedrängnis geratene Heer von Gondor.

Angband

Angband, der „Eisenkerker", ist lange Zeit das Hauptquartier Melkors, des Herrn der Dunkelheit. Unter dem südwestlichen Zipfel der Eisenberge Ered Engrin gelegen, dient Angband dem „Dunklen Feind" (elbisch: Morgoth) sowohl als Festung als auch als Bergwerk, Gefängnis, Arbeitslager, Waffenschmiede, Forschungslabor und Hexenküche. In den tiefsten Kammern von Angband brennen vulkanische Feuer und die Gipfel der Feste reichen bis hoch hinauf in die Regionen des ewigen Eises. Wenige gelangen je dorthin und noch weniger kehren wieder lebend zurück.

In den frühen Kriegen der Valar, gottgleichen Urkräften aus der Schöpfungszeit Mittelerdes, diente Angband Melkor, gleichsam ein Vala, lediglich als westlicher Vorposten, während das nordöstlich gelegene Utumno sein Hauptquartier darstellte. Nachdem seine Festung jedoch durch die Valar zerstört worden waren, zog Melkor nach dem Ende seiner Gefangenschaft nach Angband und baute es mit seinem Heerführer Sauron wieder auf.

Der älteste Teil der Festungsanlage befindet sich auf der Nordseite des Gebirges, von wo aus Tunnel zu den Südhängen gegraben wurden. Das Haupttor liegt in einem von allerlei üblem Höllengetier bevölkerten Tal, das sich nach Süden zur Ebene von Ard-galen öffnet, und viele versteckte Ausfalltore erlauben den Blitzeinsatz großer Kampfverbände.
Als Angband gegen Ende des Ersten Zeitalters zerstört wurde, war die Feste so tief in der Erde verankert, dass dies den gesamten Norden des Landes in Mitleidenschaft zog. Später wurde dieses Gebiet zum größten Teil vom Meer überflutet.

Aragorn

Aragorn, der Stammesführer der Dúnedain, hat keine leichte Jugend. Nach dem frühen Tod seines Vaters Arathorn zieht seine Mutter Gilraen mit ihm nach Bruchtal, wo sich der weise Elrond um seine Erziehung kümmert, auch wenn er Aragorn über seine wahre Identität im Unklaren lässt, bis dieser 20 Jahre alt ist. Zu

Elronds Haus aufgenommen worden war. Die beiden verlieben sich ineinander und im Jahre 2980 findet ihre Verlobung auf dem Hügel Cerin Amroth statt. Beider Heirat wird jedoch erst nach dem Ende des Ringkrieges möglich, nachdem Aragorn König der wieder vereinten Reiche von Arnor und Gondor geworden ist. Arwen entscheidet sich, sterblich zu werden. Sie gebiert Aragorn einen Sohn und mehrere Töchter. Bis in das Jahr 120 im Vierten Zeitalter, dem Todeszeitpunkt Aragorns, herrschen beide gerecht und weise auf dem Thron von Minas Tirith. Arwen verlässt die Menschen und geht nach Lothlórien, wo sie am Orte ihrer Verlobung aus dem Leben scheidet.

Auenland

Das Auenland ist ein leicht bewaldetes Hügelgebiet im Lande Eriador, das sich vom Fluss Baranduin/Brandywein im Osten etwa vierzig Wegstunden nach Westen bis zu den Fernen Höhen erstreckt. Im Laufe des Dritten Zeitalters entwickelt sich das Auenland zu einem idyllischen Fleckchen Erde, und bis vor dem Ringkrieg klingen Berichte von Drachen, Trollen und Wölfen inmitten von Gemüsebeeten, Postämtern und säuberlich beschnittenen Gartenhecken fast wie Märchen.

Das Auenland ist die Heimat der Hobbits, die hier friedlich in kleinen Dörfern und vereinzelten Gehöften leben. Zu den bekannteren Ansiedlungen zählen Hobbingen, Wasserau und Michelbinge. Dank des milden Klimas und der fruchtbaren Böden eignet sich die Gegend ausgezeichnet zum Ackerbau. Mitten durch das Auenland führt die Große Oststraße, die von Michelbinge über Hobbingen nach Bruchtal führt, jedoch in der Vergangenheit selbst in Friedenszeiten nur selten genutzt wurde, da Handel mit den Nachbarländern im Leben der Hobbits keine Rolle spielt.

Nach dem Ringkrieg erweitert König Elessar (Aragorn) das Auenland um die Westmark und verfügt, dass Menschen dieses Gebiet nicht betreten dürfen, während der Bürgermeister von Michelbinge, der Thain und der Herr von Bockland zu den Ratsherren des Auenlandes und des gesamten Nördlichen Königreiches ernannt werden.

dieser Zeit verliebt Aragorn sich in Arwen, Elronds Tochter. Aber so sehr Elrond seinen Schützling auch schätzt, widerstrebt es ihm doch zutiefst, Arwen einem Sterblichen zu überlassen, weshalb er seine Zustimmung zu ihrer Beziehung an die Bedingung knüpft, Aragorn müsse zunächst zum Erneuerer der vereinigten Reiche von Arnor und Gondor werden.

Also zieht Aragorn aus und leistet viele Jahre Kriegsdienste, bis er von seinem Freund, dem Zauberer Gandalf, erfährt, dass der Eine Ring, der Meister-Ring, gefunden worden sei. In Bree macht Aragorn unter dem Namen Streicher die Bekanntschaft des augenblicklichen Ringträgers Frodo Beutlin und bringt ihn und seine Freunde zu Elrond nach Bruchtal. Erst als Teil, später als Anführer der Gemeinschaft des Ringes reist er danach Richtung Mordor, kann aber den Zerfall der Gruppe bei den Wasserfällen von Rauros nicht verhindern. Mit den verbliebenen Gefährten geht er zunächst nach Rohan, später nach Gondor und wird zum Anführer im Kampf gegen Sauron, den Dunklen König. Und nachdem alle Schlachten schließlich siegreich geschlagen sind, wird Aragorn unter dem Namen Elessar („Elbenstein") zum König von Gondor und Arnor gekrönt und kann endlich um die Hand von Arwen anhalten, mit der zusammen er für 120 Jahre gut und weise regiert.

Arwen

Im Jahre 241 des Dritten Zeitalters wird die einzige Tochter von Elrond, dem Herrn von Bruchtal, und seiner Frau Celebrian geboren. Sie erhält den Namen Arwen Abendstern und entwickelt sich zu einer der schönsten Frauen von Mittelerde. Über 2700 Jahre verbringt sie in der geschützten Abgeschiedenheit von Imladris, bevor ihr im Jahre 2951 der Thronerbe von Arnor und Gondor, Aragorn, begegnet, der nach dem Untergang Arnors in

Balin

Einer der zwölf Getreuen des Zwergenkönigs Thorin Eichenschild ist Balin. Im Jahre 2763 erblickt er im Königreich unter dem Berg das Licht der Welt. Er ist gerade sieben Jahre alt, als die Zwerge von dem Drachen Smaug aus ihrer Heimat vertrieben werden. Im Alter von jugendlichen 27 Sommern schließt sich Balin dem damaligen König Thráin, Thorins Vater, in einem blutigen Krieg gegen die Orks an, 2841 ist er erneut dessen Gefolgsmann auf einer Expedition zur Rückeroberung des Erebor, die jedoch scheitert und mit Thráins Tod endet. Jahrelang lebt Balin gemeinsam mit den anderen Zwergen im Exil in den Blauen Bergen bis er schließlich genau ein Jahrhundert später seine Chance sieht, das Versagen von damals wieder gutzumachen, indem er mit Thorin, dem amtierenden König, erneut zum Einsamen Berg aufbricht, um Smaug zu stellen. Dieses Mal haben die Zwerge Erfolg, wenngleich auch Thorin dabei ums Leben kommt. Etwas über 50 Jahre verbringt Balin im neu gegründeten Zwergenreich, dann widmet er sich einer weiteren Herausforderung: Moria, der sagenhaften Stadt unter dem Nebelgebirge. Einst hatte „Dains Fluch", ein mächtiger Balrog, die Zwerge von dort fliehen lassen, aber nach dem Sieg über Smaug scheint dies nur ein natürlicher nächster Schritt zu sein. Doch diese Aufgabe ist zu groß für ihn. Wie die Ringgemeinschaft Jahre später an seinem Grab in den Tiefen des Berges in seinem Tagebuch zu lesen vermag, begann die Neugründung des Zwergenreiches von Moria zwar viel versprechend, dann jedoch erwachte der alte Schrecken von neuem und nach fünf Jahren zermürbenden Verteidigungskämpfen kam Balin mit all seinen Gefolgsleuten ums Leben.

Balrog

Obwohl die wenigsten jemals einen Balrog zu Gesicht bekommen haben, kennt jeder in Mittelerde die grausigen Geschichten über diese mächtigen Dämonen, die in allen großen Schlachten von Beleriand als Melkors Elitetruppe oder als Kommandanten der Ork-Bataillone in Erscheinung treten. Die Balrogs sind Maiar oder andere urzeitliche Geister niederen Ranges, die Melkor in seinen Dienst gestellt und mit ihrer „flammenden" Gestalt versehen hat. Ihre Mähne brennt lichterloh, und ihre Klingen gleichen zustoßenden Flammen. Obgleich die Balrogs über eine gewisse Intelligenz verfügen, verständigen sie sich untereinander nicht durch Sprache, sondern durch Rauch- und Flammenzeichen. Im „Krieg des Zorns" am Ende des Ersten Zeitalters wurden die meisten von ihnen vernichtet, aber einige Balrogs entkamen und verkrochen sich unter der Erde. Der Balrog von Moria, auf den die Gefährten auf ihrer Reise zum Schicksalsberg stoßen, ist einer der letzten seiner Art, die es in Mittelerde noch gibt.

Barad-dûr

Wenn man den Namen Barad-dûr überhaupt ausspricht, dann im Flüsterton, denn Saurons „dunkler Turm" ist der Schrecken aller freien Völker von Mittelerde. Selbst die grässlichen Orks sind froh, wenn sie diesem Ort, in ihrer Sprache „Lugbúrz" genannt, nicht zu nahe kommen müssen. Saurons Festung steht auf einem südlichen Vorsprung des Aschengebirges und umfasst weitläufige Bergwerke, Waffenschmieden, Folterkammern und Zucht- und Dressuranstalten, in denen neue Rassen von Kampforks und andere Ungetüme herangezüchtet werden. Den Turm selbst haben wenige je gesehen, da er meistens von düsteren Wolken verhüllt wird, doch man weiß, dass die Spitze von Barad-dûr von einer eisernen Kuppel gebildet wird, in der sich das Fenster mit dem Lidlosen Auge befindet.

Sauron hat den Turm in den Dunklen Jahren des Zweiten Zeitalters erbaut. Kräfte des Erdinnern, die er in den Meister-Ring eingeschlossen hat, halten die Grundmauern zusammen, weshalb Barad-dûr auch nach seiner Eroberung durch das Letzte Bündnis der Elben und der Dúnedain am Ende des Zweiten Zeitalters nicht zerstört werden konnte – erst als der Meister-Ring viel viel später durch Frodo im Feuer der Schicksalsklüfte vernichtet wird, stürzt auch der Turm in sich zusammen. Nach seiner Vertreibung kann Sauron lange nicht nach Barad-dûr zu-

rückkehren. Seine wichtigsten Stützpunkte in dieser Zeit sind Dol Guldur, Angmar und Minas Morgul, wo die Ringgeister Saurons Rückkehr vorbereiten. Als es schließlich so weit ist, sieht man in Gondor mächtige Rauchwolken vom Orodruin, dem Schicksalsberg, aufsteigen, und ganz Mittelerde weiß: Sauron, der Dunkle Herrscher, ist wieder da.

Baumbart

Die Ents zählen zu den ältesten Lebewesen von Mittelerde und Baumbart ist der Älteste von ihnen. Baumbarts Elben-Name lautet Fangorn und so heißt auch der Wald, zu dessen Hüter man ihn bestimmt hat. Baumbart macht seinem Namen alle Ehre. Er ist über vier Meter groß und von trollähnlicher Gestalt. Er wirkt, als wäre er in Rinde gekleidet, während der untere Teil seines Gesichts von einem wallenden braunen Bart bedeckt wird, der an einen Strauch dünner, verfilzter Zweige erinnert. Wenn er reglos dasteht, kann man Baumbart leicht für einen Baumstamm halten. Er wohnt in Quellhall, in einer Laube am Fuß des Berges Methedras. Aus den Kriegen in Mittelerde hält er sich für gewöhnlich heraus; stattdessen kämpft er darum, die letzten freien Bäume von Fangorn gegen Holzfäller, Forstwirte und Straßenbauer zu verteidigen. Der Ringkrieg bildet jedoch eine Ausnahme. Da von Saruman und seiner Feste Isengart größte Gefahr für seinen Wald ausgeht, ruft er alle Ents zu einer Versammlung zusammen, bei der er sie dazu bringt, sich dem Zug der Elben gegen Isengart anzuschließen.

Beutelsend

Am oberen Ende des Beutelhaldenweges in Hobbingen und in den Fuße des Bühl hineingegraben liegt Beutelsend, die Wohnhöhle – in der Sprache der Hobbits „smial" genannt – der Familie Beutlin. Im 28. Jahrhundert des Dritten Zeitalters angelegt, lebten dort zunächst Bungo Beutlin, dann Bilbo und schließlich Frodo in der gemütlichen Heimstatt mit der grünen, runden Eingangstür, den zahlreichen runden Fenstern und dem kleinen hübschen Garten drumherum. Wie alle traditionellen Hobbit-Höhlen liegen alle Räume ebenerdig und sind durch kurze Stollen verbunden. Die Anzahl der Räume ist beachtlich: Es gibt mehrere Schlafzimmer, Esszimmer, Küchen, Bäder, Weinkeller, eine ganze Reihe Vorratskammern und sogar Zimmer, die quasi zu Kleiderschränken umgestaltet wurden und allein für Bilbos Garderobe da sind. Nach Bilbos denkwürdiger Reise mit Gandalf und den Zwergen zum Einsamen Berg und zurück, kommt das Gerücht eines Schatzes auf, der unter Beutelsend vergraben sei, und es lässt sich lange Jahre auch nicht ausrotten.

Nachdem er Beutelsend ein paar Jahrzehnte zuvor von Bilbo geerbt hat, verkauft Frodo im Jahre 3018, dem Jahr der Ringgemeinschaft, die Wohnhöhle an Lotho und Lobelia Sackheim-Beutlins, die schon seit einer halben Ewigkeit neidisch darauf geblickt hatten. Im Herbst des darauf folgenden Jahres übernimmt Saruman kurzzeitig die Herrschaft über Beutelsend und hält den „Oberst" Lotho an kurzer Leine, während er radikale Umbaumaßnahmen im Auenland anordnet. Nach der Vernichtung Sarumans bringt der heimgekehrte Frodo Beutelsend wieder auf Vordermann. Als er schließlich mit den anderen Ringträgern Mittelerde verlässt, übergibt er seinem treuen Sam Gamdschie die Höhle, der darin noch lange mit seiner Familie lebt.

Bilbo Beutlin

Bilbo Beutlin gilt als Ur-Hobbit und lebende Legende des Auenland-Volkes. Die ersten 50 Jahre seines Lebens verbringt Bilbo in beschaulicher Genügsamkeit, bis er zum Abenteurer, Meisterdieb und Ringfinder wird, als Gandalf und dreizehn Zwerge unter der Führung ihres Königs Thorin Eichenschild ihn bitten, den durch den bösen Drachen Smaug bewachten Schatz ihrer Vorväter für sie zurückzuholen. Dadurch wird Bilbo für lange Zeit der berühmteste Hobbit überhaupt, zumindest außerhalb des Auenlandes.

Innerhalb gilt er seit seiner Rückkehr als reicher, kauziger Außenseiter. Er heiratet nicht und hat keine Kinder, auch wenn er seinen jungen Vetter Frodo Beutlin adoptiert. Den Ring, den er während seiner denkwürdigen Reise in den Stollen im Nebelgebirge gefunden hat, benutzt er nur dazu, um sich unsichtbar zu machen, wenn unerwartet lästige Verwandte wie die Sackheim-Beutlins vorbeikommen. Bilbo hat keine Ahnung, was es mit dem Ring auf sich hat, der vom Dunklen Herrscher dazu geschaffen worden ist, alle Völker der Welt zu knechten.

An seinem 111. Geburtstag verabschiedet Bilbo sich mit einem großen Fest von Beutelsend, vermacht den Ring Frodo und geht fort, um die letzten 20 Jahre seines Lebens in Bruchtal zu verbringen, wo er dichtet und den Großteil des „Roten Buchs der Westmark" zusammenstellt. Am Ende des Dritten Zeitalters fährt er zusammen mit Frodo und den Trägern der drei Elbenringe in den Alten Westen. Zu diesem Zeitpunkt ist er 130 Jahre alt – älter als jemals irgendein Hobbit vor ihm.

Boromir

Boromir, der älteste Sohn des Truchsesses Denethor II. von Gondor, verlässt seine Heimat, um in Bruchtal eine Erklärung für den sonderbaren Traum zu suchen, den er regelmäßig hat. Dort wird er einer der Gefährten von Frodo Beutlin und bricht mit ihm Richtung Mordor auf. Da Boromir es für Wahnsinn hält, Frodo mit dem Ring in das Reich des Feindes ziehen zu lassen und er ihn stattdessen lieber nach Minas Tirith bringen würde, um den Ring gegen Sauron zu verwenden, versucht er, Frodo das mächtige Kleinod auf dem Wachberg Amon Hen abzunehmen, was jedoch misslingt. Als die Gefährten kurz darauf bei den Rauros-Fällen von Orks angegriffen werden, erweist Boro-

mir sich als echter Krieger und erschlägt etliche Feinde, ehe er selbst sein Leben lässt. Aragorn, Gimli und Legolas bestatten ihn unter Trauergesängen in einem Boot und lassen ihn den Fluss Anduin hinuntertreiben.

Bree

Im Osten des Auenlandes, an der Kreuzung zweier bedeutender Handelsrouten, der Großen Oststraße und der Nordstraße, befindet sich – angeblich bereits seit dem Zweiten Zeitalter – die kleine aber lebhafte Ansiedlung Bree. Ungefährt 100 Menschen und Hobbits wohnen hier gemeinsam, allerdings wird die ansässige Bevölkerung das ganze Jahr durch eine Vielzahl Reisende und Handeltreibende vergrößert. Berühmt ist Bree nicht zuletzt wegen des Gasthauses „Zum Tänzelnden Pony", das seit Generationen im Besitz der Familie Butterblume ist und als erste Quelle für Nachrichten, Klatsch und Tratsch gilt. Auf dem Weg nach Bruchtal kehrt Frodo hier unter dem Namen Herr Unterberg mit seinen Freunden Sam, Merry und Pippin ein und legt im Schankraum eine denkwürdige Vorstellung hin, als er nach der Darbietung eines schmissigen Liedes vom Tisch fällt, ihm dabei unabsichtlich der Ring auf den Finger gleitet und er unsichtbar wird. Im „Tänzelnden Pony" lernen die Hobbits auch Aragorn kennen, der sich als Waldläufer Streicher ausgibt und hier schlagen die Ringgeister auf der Suche nach dem Beutlin mit dem Einen Ring erstmalig offen zu – dank der Voraussicht Aragorns allerdings erfolglos.

Bruchtal

Nach dem Fall von Ost-in-Edhil führt der weise Elrond, der Ziehvater von Aragorn, das Volk der Elben von Eregion nach Norden und gründet im westlichen Vorland des Nebelgebirges die Festung Bruchtal, auch Imladris genannt. Elrond verschanzt sich hier nach dem Krieg um Eregion mit einem Elbenheer und hält einer jahrelangen Belagerung stand, während Sauron den größten Teil seines Heeres gegen Lindon vorrücken lässt. Nachdem Sauron mit Hilfe der Númenórer vertrieben werden kann, beschließen die Elbenfürsten, Imladris als östlichen Vorposten zu behalten. Elrond wird zum Vizeregenten von Eriador ernannt; man übergibt ihm Vilya, den Blauen Ring der Luft, der einiges dazu beiträgt, dass Imladris in den nächsten Jahrzehnten ohne großen militärischen Aufwand gehalten werden kann. In den folgenden Jahrtausenden wird Bruchtal zu einer Zuflucht für Reisende aller Art. Hier wachsen die Söhne der Dúnedain-Könige auf, nachdem ihr Reich Arnor im Norden zerschlagen worden ist, und hierher zieht sich Bilbo Beutlin zurück, um nach seinen Abenteuern am „Roten Buch der Westmark" zu schreiben und die Lieder und Sagen der Elben zu übersetzen. Auch nach Elronds Fortgang am Ende des Dritten Zeitalters ist Imladris nicht verlassen. Elronds Söhne Elladan und Elrohir bleiben in Bruchtal zurück, und mit Hilfe von Celeborn, Galadriels früherem Gatten, sorgen sie dafür, dass Imladris auch weiterhin eine Zuflucht für all jene bleibt, die Nahrung, Hilfe oder ein warmes Bett für die Nacht brauchen.

Cirith Ungol

Cirith Ungol bedeutet soviel wie „Spinnenpass" und ist ein steiler, mit in den Fels gehauenen Treppen versehener Pfad, der über das Schattengebirge, die Westgrenze von Mordor, führt. Das letzte Stück vor der Passhöhle zieht sich durch unterirdische Stollen, in denen die Riesenspinne Kankra haust, mit der es Frodo Beutlin und Sam Gamdschie auf ihrem Weg zum Schicksalsberg aufnehmen müssen.

Hinter der Spinnenhöhle befindet sich der Turm von Cirith Ungol, der den Pass und die Morgul-Straße bewacht. Der Turm wurde nach dem Krieg des Letzten Bündnisses von Gondor erbaut, fiel dann aber den Nazgûl, den Ringgeistern, in die Hände. Er dient weniger zur Abwehr von Feinden aus dem Westen als vielmehr zur Sperrung der Grenze für die Bewohner von Mordor. Als Besatzung ist eine Ork-Wache unter dem Befehl des brutalen Schagrat stationiert. Als Frodo den Orks in die Hände fällt, muss Sam ihn aus diesem Turm befreien.

Denethor II.

Denethor II., der 26. und letzte Truchsess von Gondor, ist eine ausgesprochen tragische Gestalt. Obwohl nicht älter als Aragorn, hat der frühe Tod seiner Gattin Finduilas von Dol Amroth seine Spuren bei ihm hinterlassen. Er ist ein Mann von wachem Verstand, der sich nicht scheut, sich sogar dem Blick des Lidlosen Auges zu stellen, und dennoch kann er nicht begreifen, wie Gandalf und der Weiße Rat ernsthaft in Erwägung ziehen konnten, den Ringträger auf eine so aussichtslose Reise wie die nach Mordor zu schicken. Denethor vermutet, dass Gandalf gegen ihn paktiert, um Aragorn, dem Erben König Isildurs, auf den Thron von Gondor zu verhelfen.

Als sein geliebter Sohn Boromir auf der Reise zum Schicksalsberg sein Leben lässt und sich zeigt, dass sein zweiter Sohn Faramir mit Gandalf „im Bunde" ist, verbittert Denethor zusehends. Außerdem verfällt er – ohne es zu merken – mehr und mehr dem Einfluss Saurons, der ihn durch den Palantír, einen Sehenden Stein von Númenor, hindurch verführt.

Als sein Sohn Faramir schließlich schwer verwundet in der Stadt eintrifft, verfällt er vollends dem Wahn. Er glaubt, Faramir sei bereits tot und jeder Versuch, Minas Tirith vor den Heeren Mordors zu retten, vergebens. Daher begibt er sich zu den Todesgrüften, um sich und seinen Sohn zu verbrennen. Bloß dem beherzten Eingreifen von Gandalf ist es zu verdanken, dass Faramir überlebt. Denethor hingegen kommt durch die Flammen um.

Düsterwald

Der Düsterwald ist das größte noch verbliebene Waldgebiet von Mittelerde und stellt den Lebensraum der Wald-Elben dar. Früher Grünwald genannt, legte sich nach dem ersten Jahrtausend des Dritten Zeitalters ein dunkler „Schatten" über den Wald, für den Sauron verantwortlich zeichnete, der im Süden des Forsts die Festung Dol Guldur errichtet hatte, wodurch sich allerlei hinterhältiges Getier wie Fledermäuse, Wölfe und Riesenspinnen in dem Gebiet niederließ. Dunkle Tannen verdrängten die Buchen und Eichen und gaben dem Düsterwald seinen Namen. Unter ihrem König Thranduil zogen sich die Wald-Elben in ein befestigtes Gebiet im Nordosten zurück.

Während des Ringkrieges wird Thranduils neues Reich von Sauron angegriffen und im Süden marschiert der Feind gegen Lórien auf. Nachdem es unter Aufbietung aller Kräfte gelungen ist, die Angreifer zu besiegen, treffen sich Thranduil und Celeborn in der Mitte des Waldes und geben ihm den Namen Eryn Lasgalen, „Wald der grünen Blätter".

Elben

Die Elben vereinen in sich alles Wahre und Gute; sie waren einst schön, edel, weise und tapfer, große Künstler und gefürchtete Krieger, mit denen selbst die Balrogs es nur in der Überzahl aufnahmen. In späteren Tagen ging ihre Vitalität jedoch mehr und mehr verloren, sodass sie im Dritten Zeitalter nur noch Schatten ihrer selbst sind, melancholisch, müde und der Welt überdrüssig.

Die Elben gelten als unsterblich. Wird ein Elb getötet, verliert er bloß seinen Körper, während sein Geist in Mandos' Hallen eingeht. Nach einer Zeit der Erholung oder Reinigung kann er von dort in die Welt zurückkehren und in einem anderen Leib von neuem geboren werden. Besitz ist den Elben nicht wichtig. Sie haben Respekt vor allem Leben, ja, selbst vor Waffen und Gegenständen, aber verschmähen vieles, was Technik und Fortschritt mit sich bringen, obwohl die Wissenschaft neben Kunst, Musik und Poesie ein wichtiger Teil ihrer Kultur ist.

Aufgetaucht sind die Elben erstmals im Osten von Mittelerde, am See von Cuiviénen, einer Bucht des Binnenmeeres von Helcar. Dort hat der Vala Orome sie der Legende nach bei einem seiner Jagdausflüge entdeckt. Über Jahrtausende ist das Schicksal des Elbenvolkes mit Mittelerde verbunden, bestimmen ihre Könige und Kultur die Geschicke und Geschichte der Welt. Ende des Zweiten und während des Dritten Zeitalters geben die

Elben ihre Vormachtstellung schließlich an die Menschen ab und gehen über die Grauen Anfurten in Scharen hinüber in die „Unsterblichen Lande". Anfang des Vierten Zeitalters ist das Volk von Mittelerde verschwunden.

Elrond

Elrond gilt als einer der größten Elben Mittelerdes, obgleich er streng genommen nur ein Halb-Elb ist. Er wird gemeinsam mit seinem Zwillingsbruder Elros als Sohn von Éarendil dem Seefahrer und der Elbenfürstin Elwing im Jahre 442 des Ersten Zeitalters in Arvenien an der Küste Belerieands geboren. Als Söhne eines Sterblichen und einer Unsterblichen überlassen ihnen die Valar im Anschluss an den Krieg des Zorns die Wahl, ob sie unter den Elben oder bei den Menschen leben wollen. Elrond entscheidet sich für das Leben eines Unsterblichen und bleibt beim Hochkönig der Elben Gil-galad in Lindon. Im Jahre 1695 des Zweiten Zeitalters schickt dieser Elrond nach Eregion, um den dortigen Elben im Kampf gegen Sauron zu helfen. Doch das Heer des Dunklen Herrschers erweist sich als übermächtig, und die Invasion ist nicht aufzuhalten. Daraufhin führt der Halb-Elb die Flüchtlinge bis an den Rand des Nebelgebirges, wo er an einem verborgenen Ort Bruchtal gründet, in der Elbensprache Imladris genannt. Ein

letztes Mal zieht er aus, um als Herold an Gil-galads Seite im Letzten Bund der Menschen und Elben zu kämpfen. Dabei wird Gil-galad getötet, übergibt jedoch vorher Vilya, den „Ring der Luft", an Elrond, der mit dessen Hilfe in den folgenden Jahrhunderten Bruchtal gegen alle Feinde beschützt und sein Haus in einen Rückzugsort für müde Wanderer aller Art verwandelt.

Im Jahre 100 des Dritten Zeitalters heiratet Elrond Celebrian, die Tochter Galadriels, der Elbenfürstin von Lórien. Sie schenkt ihm zwei Söhne, Elladan und Elrohir, und eine Tochter, die Arwen genannt wird. Während des gesamten Dritten Zeitalters ist Elrond, obgleich in der scheinbaren Abgeschiedenheit von Bruchtal lebend, ein bedeutender Lenker der Geschicke Mittelerdes. Unter seinem Schutz wachsen die Thronerben von Arnor auf, er ist ein leitendes Mitglied des „Weißen Rates" und während eines Rates in seinem Haus formiert sich 3018 die Ringgemeinschaft. Nach dem Ende des Ringkrieges und mit dem Ende des Dritten Zeitalters verlässt Elrond Mittelerde und segelt mit den anderen Ringträgern in die Unsterblichen Lande.

Ents

Die Ents sind das älteste Volk von Mittelerde. Weil jeder Ent mit einem bestimmten Baum verwandt ist, sehen alle anders aus, was Größe, Dicke und Farbe angeht; auch die Zahl ihrer Finger schwankt zwischen drei und neun. Gewöhnlich sind die Ents etwas mehr als doppelt so groß wie ein Mann, besitzen eine feste, borkige Haut und wohnen in Höhlen oder Lauben in der Nähe von Quellen. Sie nehmen nur flüssige Nahrung zu sich und schlafen im Stehen. Auch wenn sie nicht unsterblich sind wie die Elben, werden die Ents doch sehr alt, was unter anderem zur Folge hat, dass rasche Entscheidungen nicht unbedingt ihre Sache sind. Gemächlichkeit bestimmt ihr Dasein und gerne geben sie sich äußerst langwieriger Dichtkunst oder Gesang hin. Verärgert man die Ents jedoch, können sie vor Zorn rasen und mit bloßen Händen dicke Mauern einreißen. Beim von Baumbart angezettelten Sturm auf Sarumans Feste Isengart hält bloß der „schwarze Turm" Orthanc ihnen stand.

Im Ersten Zeitalter wanderten Ents überall in Mittelerde umher. Später kam es zur Entfremdung der Entmänner von den Entfrauen. Die Entfrauen zogen in das Gebiet südlich des Großen Grünwalds, das gegen Ende des Zweiten Zeitalters von Sauron verwüstet wurde. Von den Entfrauen fehlte anschließend jede Spur, sodass es nicht weiter verwundert, dass die Ents im Dritten Zeitalter – genau wie die Elben und Zwerge – ein schwindendes Volk sind, weil keine jungen „Entings" mehr nachwachsen. Die meisten Ents haben sich in Fangorns Wald zurückgezogen, und nur selten bekommen die Bewohner von Mittelerde einen der Baumhirten zu Gesicht.

Éowyn

König Théodens hübsche Nichte Éowyn ist eine Schildmaid von Rohan. Zusammen mit ihrem nur wenige Jahre älteren Bruder Éomer wächst sie im Hause des Königs auf und genießt eine vornehme Erziehung. Lange Zeit pflegt sie den „dank" der Intrigen von Gríma Schlangenzunge allmählich verblödenden König, doch da Männer und Frauen bei den Rohirrim so gut wie gleichberechtigt sind, lehrt man sie nebenbei Reiten und unterrichtet sie auch in der Waffenkunde.

Als sie Aragorn begegnet, verliebt sie sich sofort in den stattlichen Helden. Doch Aragorn verweigert sich ihr. Éowyn ist verzweifelt. Als Mann verkleidet und unter dem Namen Dernhelm, folgt sie zusammen mit dem Hobbit Merry Brandybock König Théoden in die Schlachten um Minas Tirith und die Pelennor-Felder. Sie sucht den Heldentod und scheint ihn auch zu finden – in Gestalt des Schwarzen Heermeisters, des Anführers der Ringgeister, dem einst prophezeit worden war, dass er „von keines Mannes Hand" fallen würde. Gemeinsam mit Merry gelingt es Éowyn, den Heermeister zu bezwingen, doch es bedarf Aragorns heilender Hände, um sie nach diesem Kampf wieder ins Leben zurückzuholen.

Während sie sich langsam vom Einfluss des verderblichen Schwarzen Atems der Nazgûl erholt, lernt sie Faramir, den Sohn des Truchsesses von Minas Tirith, kennen, der ebenfalls einer von Aragorns „Patienten" ist. Diese Begegnung gibt ihrem Leben einen neuen Sinn. Sie löst ihre Gefühle von Aragorn und heiratet Faramir. Nach dem Ringkrieg begleitet sie ihn zu seinem Fürstensitz in Ithilien, auf dem Emyn Arnen, in Sichtweite von Minas Tirith, wo sie an Faramirs Seite noch ein langes, zufriedenes Leben führt.

Faramir

Faramir heißt der zweite Sohn des Truchsesses Denethor II. von Gondor. Er begegnet Sam und Frodo in Ithilien, wo er sie in Henneth Annûn bewirtet und sich dabei vor dasselbe Problem gestellt sieht wie sein Bruder Boromir einige Tage zuvor: Soll er Frodos aussichtsloses Unterfangen, den Meister-Ring zum Schicksalsberg zu bringen, unterstützen oder lieber versuchen, den Ring in seine Gewalt zu bringen? Da Faramir weit blickender als Boromir ist und von Gandalf gelernt hat, immer mit dem Unwahrscheinlichen zu rechnen, schließt er sich den Gefährten an.

Am Ufer des Anduin wird er in schwere Verteidigungskämpfe verwickelt, als der Feind die Flussübergänge bei Osgiliath und Cair Andros stürmt. Beim Rückzug wird Faramir verwundet und gerät unter den tödlichen Schwarzen Atem der Nazgûl. In Verzweiflung und Wahn will sich Faramirs Vater Denethor II. gemeinsam mit seinem vermeintlich toten Sohn in der Familiengruft verbrennen, doch Faramir wird von Gandalf gerettet und durch Aragorns Hände geheilt. Während seiner Genesung begegnet er einer anderen „Patientin" Aragorns: Éowyn von Rohan, die genau wie er unter den verderblichen Einfluss des Schwarzen Atems der Ringgeister geraten war. Es zeigt sich, dass Faramir ein würdiger Ersatz ist für den Mann, den Éowyn nicht bekommen konnte: Aragorn. So dauert es nicht lange, bis beide in Edoras heiraten. Nach dem Ringkrieg ernennt König Elessar (Aragorn) Faramir zum Fürsten des Landstriches Ithilien.

Frodo Beutlin

Frodo ist der Adoptivsohn von Bilbo Beutlin, der einst den Meister-Ring fand und ihn später an seinen jüngeren Vetter weitergibt. Seit seine Eltern in seinem 12. Lebensjahr bei einem Bootsunglück auf dem Brandywein ertrunken sind, lebt Frodo bei Bilbo in Beutelsend.

Obwohl Frodo in vielen Dingen wie ein echter Held wirkt, sind es keine heroischen Neigungen, die ihn dazu bewegen, den Ring nach Mordor zu bringen und ihn in die Schicksalsklüfte zu werfen. Aus dem Auenland fortzugehen fällt ihm schwer, da aber seine Heimat bedroht wird, tritt er die Reise schließlich doch an und beweist dabei große Tapferkeit und Zähigkeit, obwohl der Eine Ring immer mehr an seinen Kräften zehrt und zunehmend schwerer wird, je näher sie ihrem Ziel kommen. Zuletzt ist Frodo nicht im Stande, den Ring ins Feuer zu werfen, doch Gollum, der frühere Ringträger, der sich Frodo und Sam vor Mordor halb freiwillig, halb unfreiwillig angeschlossen hat, nimmt ihm die Entscheidung ab, indem er ihm gierig den Ring-Finger abbeißt, dabei allerdings in die Schicksalsklüfte stürzt.

Nach dem Sieg über Sauron kehrt Frodo ins Auenland zurück, wo ihm Bilbo das „Rote Buch der Westmark" übergibt, das Frodo um den Bericht seiner eigenen Abenteuer ergänzt. Danach reitet er zu den Grauen Anfurten und fährt zusammen mit Bilbo und den Trägern der drei Elbenringe in den Alten Westen.

Galadriel

Galadriel, die Herrin von Lórien, ist wie alle Elben von erhabener Schönheit. Sie ist eine Seherin. Ihre Macht besteht allerdings

Gandalf

nicht in gewöhnlicher Telepathie oder Hellsicht. Sie ist stattdessen im Stande, anderen „ins Herz zu blicken" und dabei sogar solche Absichten zu entdecken, über die ihr Gegenüber sich selbst nicht einmal im Klaren ist.

Galadriel stammt aus den edelsten Häusern von Aman und ist mit den drei Licht-Elbenvölkern verwandt. Im Zeitalter der Sterne in den „Unsterblichen Landen" geboren, zieht sie bereits früh nach Mittelerde, wo sie den Grau-Elben Celeborn heiratet und ihrem Volk im Kampf gegen Melkor beisteht. Im 8. Jahrhundert des Zweiten Zeitalters hilft sie dabei, das Elbenreich von Eregion zu begründen. Als Saurons Einfluss sich in diesem Gebiet immer stärker bemerkbar macht, geht sie nach Lórien, wo sie die verstreut lebenden Wald-Elben dazu bringt, sich zu sammeln und um ihr Land zu kämpfen. Im Dritten Zeitalter wandert sie weit in Mittelerde umher, meistens zusammen mit Celeborn, mit dem sie später wieder nach Lórien zurückkehrt, um die Reste der Galadhrim vor der Vernichtung zu bewahren. Sie und Gandalf sind die Ersten, die zu einem schnellen Vorgehen gegen Sauron während seiner Zeit in Dol Guldur im Süden des Düsterwalds drängen.

Nach der Vernichtung des Meister-Ringes und dem Fall von Barad-dûr beginnt Galadriel die Last der vergangenen Jahrhunderte zu spüren. Zwei Jahre nach der Hochzeit König Elessars mit ihrer Enkelin Arwen reitet sie aus Lórien fort und besteigt gemeinsam mit Gandalf, Elrond, Frodo und Bilbo das Schiff an den Grauen Anfurten, um in den Alten Westen zu fahren.

Der Zauberer Gandalf ist der „gute Engel", der über die Abenteuer der Hobbits wacht, die Reise zum Schicksalsberg anzettelt und vielleicht am meisten dazu beiträgt, dass am Ende alles gut ausgeht. Einst in den „Unsterblichen Landen" lebend, kam Gandalf um das Jahr 1000 des Dritten Zeitalters als Sendbote der Valar nach Mittelerde. 2000 Jahre lang wanderte er umher und bekämpfte das Böse, wo es nur ging. Er begleitete Bilbo auf seiner denkwürdigen Reise zum Hort des Drachen Smaug und führt später Frodo und die Ringgemeinschaft Richtung Mordor. Nach seinem Tod im Kampf mit einem Balrog auf einer Brücke in den Mienen von Moria scheint Gandalf vernichtet, doch er kehrt überraschenderweise unter die Lebenden zurück und tritt nun als Gandalf „der Weiße" unverhohlen als Führer des Bündnisses gegen Sauron auf. Nach dem Ende des Ringkrieges besteigt er zusammen mit den anderen Ringträgern an den Grauen Anfurten das Elbenschiff, um in den Alten Westen zu fahren.

Gimli

Gimli, der Sohn des Glóin aus dem Volk der Durins, wird zusammen mit seinem Vater von Dáin Eisenfuß als Bote zu Elrond geschickt und nimmt als Vertreter der Zwerge an Frodo Beutlins Reise zum Schicksalsberg teil. Noch in Lothlórien stellt er den legendären Starrsinn der Naugrim (elbisch für: „Die Kurzgewachsenen") unter Beweis, als er sich voller Misstrauen gegen

die Elben gibt. Doch nach der Begegnung mit Galadriel, der schönen Herrin der Wald-Elben, ändert er seine Meinung. Nach der Trennung der Gefährten an den Rauros-Fällen nimmt Gimli zusammen mit Aragorn und Legolas am Krieg in Rohan teil, wo er sich als furchtloser Kämpfer großen Ruhm erwirbt. Später, in den Jahren nach dem Ringkrieg, lässt er sich mit einer Gruppe Zwerge vom Einsamen Berg (wo einst Smaug bezwungen worden war) in Aglarond nieder.

Als einziger Zwerg soll Gimli angeblich zusammen mit seinem Freund Legolas in den Alten Westen gefahren sein, doch das weiß niemand so genau.

Gollum

Gollum ist der erste und letzte Besitzer des wieder gefundenen Meister-Ringes. Ursprünglich war er ein Hobbit namens Sméagol vom Stamm der Starren, doch der Ring hat ihn stark verändert – innerlich wie äußerlich –, und als Bilbo Beutlin ihn in den Stollen unter dem Nebelgebirge trifft, kann er sich kaum noch an seine Herkunft erinnern. Sein Vetter Déagol hatte den Ring einst beim Fischen im Anduin gefunden; Sméagol behauptete, er stünde ihm zu und erwürgte seinen Vetter, als er den Ring nicht hergeben wollte. Daraufhin wurde er von seinem Volk verstoßen und wanderte den Anduin aufwärts. Weil er jedoch Sonnen- und Mondlicht hasste, verkroch er sich in den Höhlen unter dem Nebelgebirge, wo er über 400 Jahre lang hauste und zu Gollum wurde.

Als er den Ring schließlich durch Bilbo verliert, gibt dies seinem Leben einen neuen Sinn: Er muss den Ring wieder erlangen. Auf seiner Suche nach Bilbo fällt er Sauron in die Hände und erzählt ihm alles über den Ring und den „Beutlin aus dem Auenland", wodurch er Saurons Aufmerksamkeit auf Frodo lenkt. Zwar lässt Sauron Gollum laufen, doch schon bald nach seinem Fortgang aus Mordor wird er wieder gefangen, diesmal von Aragorn und Gandalf, die ihn dem Gewahrsam der Wald-Elben im Düsterwald überlassen. Gollum kann jedoch fliegen und folgt Frodo und den Gefährten bis zum Schicksalsberg, wo er – wenn auch unfreiwillig – für die Zerstörung des Einen Ringes sorgt, indem er Frodo, der sich nicht von dem Ring trennen kann, kurzerhand den Finger mitsamt Ring abbeißt und dabei in die Flammen der Schicksalsklüfte stürzt.

Gondor

Gondor, was soviel bedeutet wie „Steinland", ist das südliche Königreich der Dúnedain, das Ende des Zweiten Zeitalters von Isildur und Anárion gegründet und später von Anárions Erben regiert wird. Das Kerngebiet des Reiches stellen die Gebiete Ithilien, Anórien und das Land südlich des Weißen Gebirges dar. Zu den größten Städten Gondors zählen Osgiliath, der Hafen Pelargir und die benachbarten Minas Ithil und Minas Anor, die später in Minas Morgul und Minas Tirith umbenannt werden – letztere wird während des Ringkrieges zur Hauptstadt von Gondor.

In der Blütezeit des Reiches erstreckten sich Gondors Grenzen nach Süden bis Harad, nach Nordwesten bis zur Grauflut und nach Nordosten über große Teile von Rhovanion. Doch die Dúnedain sind ein schwindendes Volk. Einerseits mischte sich ihr Blut zusehends mit anderen Menschenvölkern, andererseits wurde die Bevölkerung von Gondor durch die Große Pest im Jahre 1636 des Dritten Zeitalters gehörig dezimiert. Nur wenige Jahrzehnte später musste sich das Reich in mehreren Kriegen behaupten. Arnor, das nördliche Königreich der Dúnedain ging dabei verloren und Isildurs Erben mussten ins Exil. In Gondor erlosch die Königslinie Anárions ganz und Truchsesse begannen die Geschicke des Reiches zu lenken, was sie aber so schlecht taten, dass im folgenden Jahrtausend alle Gebiete in Rhovanion verloren gingen und der Anduin nur mit Mühe als Grenze gegen die Ostlinge behauptet werden konnte.

Unter dem letzten regierenden Truchsess Denethor II. muss Gondor später alle noch verbliebenen Kräfte aufbieten, um wenigstens Minas Tirith gegen die Eroberung durch Saurons Truppen zu verteidigen. Da bei der Musterung der Hilfstruppen nicht mal 3000 Mann zusammenkommen, wäre die Stadt ohne die Hilfe von Gandalf, Aragorn und der Rohirrim verloren gewesen. Nach dem Ende des Ringkrieges wird Gondor von König Elessar wieder mit Arnor vereinigt und kann seine Macht durch Bündnisverträge und Kriege später sogar erneut nach Osten und Süden ausdehnen.

Gríma Schlangenzunge

Schlangenzunge – diesen Spitznamen trägt Gríma, der engste Ratgeber von König Théoden, der im Geheimen mit dem bösen Zauberer Saruman paktiert. Dem König redet er Krankheiten ein, die sich nur dadurch heilen ließen, dass Théoden sich nicht mehr von seinem Thron wegrühre, Licht und frische Luft vermeide und die anstrengenden Staatsgeschäfte seinem treuen Diener Gríma übertrüge.

Dies führt sogar so weit, dass Théoden mit seinen Marschällen nicht mehr selbst spricht, sondern seinen Willen nur noch durch Gríma kundtun lässt.

Als Gríma versucht, sich Éowyn, der Nichte des Königs, unsittlich zu nähern, wird er von Éowyns Bruder Éomer davon abgehalten. Seitdem setzt Gríma alles daran, Éomer beim König in Misskredit zu bringen. Nachdem Gandalf ihn enttarnt hat, sucht Gríma bei Saruman Zuflucht, der ihn behandelt wie einen Sklaven. Auf Sarumans Befehl hin ermordet Gríma Lotho Sackheim-Beutlin, den „Oberst" des neu strukturierten Auenlandes. Erst nach der Befreiung des Auenlandes findet Gríma den Mut, sich an Saruman zu rächen, und schneidet dem abgehalfterten Zauberer die Kehle durch, ehe er durch die Pfeile der Hobbits stirbt.

Hobbingen

Hobbingen ist ein Dorf im Westen des Auenlandes, nördlich der Großen Oststraße. Am nahen Fluss Wässer steht die Mühle der Familie Sandigmann, an der Straße zum dicht benachbarten Wasserau ist das Wirtshaus „Zum Efeubusch" zu finden, während die komfortabelsten Wohnhöhlen in Beutelsend auf dem Bühl sind, wo Bilbo und Frodo Beutlin zu Beginn des Rindkriegs wohnen.

Vor dem Krieg lag Hobbingen inmitten einer idyllischen Landschaft, die von Feldern, Hecken und hübschen Gärten beherrscht wurde, doch als die vier Hobbits Frodo, Sam, Merry und Pippin nach dem Krieg heimkehren, bietet sich ihnen ein völlig anderes Bild: Entlang der Wasserauer Straße hat man sämtliche Bäume gefällt, die schönen Hecken sind niedergetrampelt worden und Schuppen aus Teerpappe säumen den Weg nach Beutelsend. Doch dank der tatkräftigen Hilfe der Freunde werden die verantwortlichen Strolche verjagt, und schon ein Jahr später ist das Dorf wieder komplett aufgebaut und alles sieht so aus wie immer.

Hobbits

Hobbits sind kleine Wesen mit riesigen, behaarten Füßen, die sie in erster Linie dazu benutzen, Vertretern anderer Völker aus dem Weg zu gehen. Wegen ihrer geringen Größe von knapp einem Meter zwanzig werden die Hobbits von den anderen Völkern auch „Halblinge" genannt. Ausgerechnet diese unscheinbaren kleinen Leute aus dem Auenland erweisen sich im Ringkrieg als Saurons gefährlichste Gegner, und das, obwohl sie weder sehr kriegerisch noch der Magie kundig sind.

In den alten Tagen hatten die Hobbits am Oberlauf des Anduin gelebt, doch als das Leben dort gefährlicher wurde, zog es sie immer weiter nach Westen, bis sie sich schließlich im Hügelland westlich den Baranduin niederließen.

Die Hobbits sind ein Volk von Bauern, Gärtnern und Handwerkern und neigen zu einer beschaulichen, sesshaften Lebensweise, ohne sonderlich viel Interesse für andere Dinge als ihr leibliches Wohl und das ihrer Sippe aufzubringen. Sie wohnen gewöhnlich nicht in Häusern, sondern in so genannten Smials; das sind in einen Hügel gegrabene, labyrinthische Stollen, die unzählige kleine Kammern miteinander verbinden. Doch es handelt sich natürlich nicht um feuchte Erdlöcher, sondern vielmehr um behagliche Wohnhöhlen mit kleinen Fenstern und Kaminzimmern und unglaublich vielen sinnlosen Andenken (so genannten „Mathoms").

Im Gegensatz zu den Elben oder Zwergen, die ihre eigenen Sprachen besitzen, scheint die Sprache der Hobbits seit jeher die der benachbarten Menschenvölker gewesen zu sein, wenn sie auch über einige Wörter verfügen, die aus dem Sprachschatz der Rohirrim entliehen sind. Ihre Zeitrechnung basiert auf dem Auenland-Kalender, der mit dem Jahr 1601 des Dritten Zeitalters als Jahr 1 nach der Besiedelung des Auenlandes begann. Die berühmtesten aller Hobbits sind Bilbo Beutlin und sein Vetter Frodo, zu lokalen Legenden zählen der Orkschlächter Bandobras „Bullenrassler" Tuk und Tobold Hornbläser, der das überaus beliebte Pfeifenkraut einführte.

Isengart

Der Name Isengart bezeichnet Sarumans Festung im „Tal des Zauberers", in den südlichen Ausläufern des Nebelgebirges. Isengart ist eine kreisrunde Ebene von etwa einer Meile Durchmesser, umgeben von einem Ringwall aus schwarzem Stein. Auf der Südseite, wo eine Straße zu den Furten des Isen führt, befindet sich das einzige Tor. Im Innenhof der Festung liegen die Eingänge zu unzähligen unterirdischen Schächten, in denen Schmieden, Schmelzöfen, Maschinenräume, Wolfsställe sowie Schatz- und Warenkammern untergebracht sind. Im Zentrum der Anlage ragt ein 150 Meter hoher Turm aus Felsgestein auf, der „Orthanc" genannt wird. Das ist Sarumans Wohnsitz, der sich hier nach der Vertreibung der Dunländer durch König Fréaláf von Rohan mit Erlaubnis des Truchsessen Beren niederließ. 200 Jahre lang respektierte Saruman die Oberhoheit der Truchsesse und verhielt sich als loyaler Verbündeter, doch als Sauron nach Mordor zurückkehrt, beginnt der Zauberer schließlich, sich wie ein souveräner Gebieter aufzuführen. Heimlich wirbt er Orks und Dunländer an und rüstet sie als Privatarmee aus. Niemand ist im Stande, Saruman aus seinem Turm herauszuholen, auch nicht, nachdem die Elben und die Ents Isengart eingenommen und zerstört haben. Erst nach Ende des Ringkrieges verlässt er Orthanc. Die Ents gewähren ihm freien Abzug. Anschließend wird der Turm verschlossen und der Schlüssel König Elessar (Aragorn) übergeben, damit nie wieder jemand dort lebt.

Legolas

Legolas ist der Sohn Thranduils, des Königs der Wald-Elben. Im Jahre 3018 des Dritten Zeitalters kommt er mit einer Botschaft seines Vaters nach Bruchtal und wird dort von Elrond zu einem der Gefährten bestimmt, die Frodo dabei helfen sollen, den Meister-Ring zum Schicksalsberg zu bringen. Verstehen kann das niemand so richtig, denn Legolas ist nur ein blasser Nachkömmling der alten Elbenkrieger. Allerdings ist er ein guter Bogenschütze und besitzt scharfe Augen.

Während ihrer gemeinsamen Reise freundet er sich mit dem Zwergen Gimli an. Seite an Seite kämpfen sie in den großen Schlachten des Ringkrieges und teilen sich in den Kampfpausen die Kopfzahl der getöteten Feinde mit. Nach dem Krieg bleiben sie noch einige Zeit zusammen und besuchen unter anderem den Wald von Fangorn und die Grotten von Aglarond. Nach dem Tod von König Elessar (Aragorn) soll Legolas als Letzter aus der Gemeinschaft des Ringes zusammen mit seinem Freund Gimli in den Alten Westen gefahren sein.

Lórien

In früherer Zeit reichte Lórien, richtiger: Lothlórien (elbisch für: „Das Land der träumenden Blüten"), vom Nebelgebirge bis weit über den Anduin und in den Großen Grünwald hinein. Heute bezeichnet der Name Lórien das Waldgebiet zwischen den Flüssen Anduin und Celebrant.

Lórien ist die Heimat der Galadhrim, eines Wald-Elbenvolks, bei dem sich im Verlauf des Zweiten Zeitalters Galadriel und Celeborn mit einem Gefolge von Noldor (Tief-Elben) und Sindar

(Grau-Elben) niederließen. Im Herzen Lóriens liegt Caras Galadhon, die Stadt der Galadhrim, auf einem mit hohen Mallorn-Bäumen bewachsenen Hügel. Die Einwohner der Stadt leben nicht in Hütten, sondern in so genannten „Fletts", hölzernen Plattformen, auf den Bäumen. In der Krone des höchsten Baumes ist das Flett, wo Celeborn und Galadriel ihre Gäste empfangen; es ist überdacht und geschmückt wie eine Königshalle. Galadriels Macht und die Kraft des Elbenringes Nenya schützen Lórien vor allem Übel, schirmen den Wald jedoch auch so stark von der Außenwelt ab, dass der Forst den Menschen in Gondor und Rohan unheimlich wurde und sie ihm irgendwann den Namen Dwimordene gaben – Geistertal.

Melkor

Melkor, von den Elben „Morgoth ", der „Dunkle Feind der Welt" genannt, ist einer der gottähnlichen Vala, der Herr der Dunkelheit. Seit ihrer Schöpfung hasst er Mittelerde aus tiefster Seele. Doch seine Machtgelüste werden stets durchkreuzt. Während seiner langen Gefangenschaft in Valinor zur ständigen Heuchelei gezwungen, kennt die Wut um seinen verletzten Stolz keine Grenzen. Die physische Vernichtung seiner Gegner genügt Melkor nicht mehr: Sie müssen zuvor entehrt, geschändet und korrumpiert werden, damit keinerlei Andenken an sie bleibt.

Etwas von seinem destruktiven Wesen gibt er an Sauron weiter, der seinem Herrn zu Ehren einen Tempel errichten lässt, in dem Melkor Menschenopfer dargebracht werden. Stärker jedoch tritt Melkors Verderbtheit bei den Orks zutage, die seine „Lust an Tod und Trümmern" teilen und zu ihrem Lebenszweck erheben.

Meister-Ring

Als Meister-Ring wird der Ring bezeichnet, den Sauron im Feuer des Schicksalsberges schmiedet, um die geringeren Ringe der Macht damit zu beherrschen. Er ist glatt, schmal und aus einem Metall gefertigt, das zwar wie Gold aussieht, aber so unnach-giebig ist, dass der Ring nur in den Feuern vernichtet werden kann, in denen er einst entstanden ist. Wirft man ihn in normales Feuer, werden allein glühende, altertümliche Elbenrunen sichtbar, die innen und außen in den Ring graviert sind und in der Sprache Mordors seine Bestimmung verheißen: „Ein Ring, sie zu knechten – sie alle zu finden, ins Dunkel zu treiben und ewig zu binden."

Wenn Sauron den Einen Ring ansteckte, konnte er die Gedanken derer lesen, die einen der anderen Ringe trugen, und ihre Geschicke lenken. Gleichzeitig liegt in dem Meister-Ring der Wille Saurons, selbst dann noch, als er in andere Hände gelangt, weshalb er auf seinen Besitzer stets einen unheilvollen Einfluss ausübt. Er zehrt an den Lebenskräften seines Trägers und zieht ihn mit der Zeit ins Reich der körperlosen Schatten hinüber. Außerdem ist der Ring im Stande, seinen Träger unsichtbar zu machen, jedoch um den Preis, dass der Ring noch mehr an Einfluss gewinnt.

Die Originalinschrift des Einen Ringes!

Seit Sauron den Meister-Ring verloren hat, wechselt er mehrmals den Besitzer; erst besitzt ihn Isildur, danach das Höhlenwesen Gollum und zuletzt die beiden Hobbits Bilbo und Frodo Beutlin. Von allen ist Bilbo der Einzige, der den Ring freiwillig wieder hergibt. Während Boromir, Denethor und Saruman glauben, der Ring ließe sich auch gegen Sauron einsetzen, sind Gandalf, Galadriel und Elrond der Meinung, dass jeder, der den Ring trüge, von Saurons Macht korrumpiert werde, sodass es keine andere Möglichkeit gebe, als den Ring zu vernichten. Als dies schließlich geschieht, stürzt Saurons Festung Barad-dûr ein und ein Großteil von Saurons Macht schwindet, sodass es den Truppen des Westens gelingt, ihn zu besiegen, gerade als sich das Blatt bei der Schlacht um die Hauptstadt von Mordor gegen sie zu wenden droht.

Meriadoc „Merry" Brandybock

Meriadoc Brandybock vom Brandyschloss, kurz Merry genannt, ist der Sohn der Hobbits Saradoc und Esmeralda Brandybock. Merry gehört zu den Hobbits, die den Ringträger Frodo Beutlin auf seiner gefahrvollen Reise zum Schicksalsberg begleiten sollen.

Nahe den Rauros-Fällen gerät Merry zusammen mit seinem Vetter Pippin in die Gefangenschaft einer Horde Orks und wird von den Gefährten getrennt. Am Rande des Fangorn-Waldes können sich die beiden jedoch befreien und flüchten in den Forst, wo sie auf Baumbart treffen, den Ältesten des Ent-Volkes, mit dem sie später gegen Sarumans Festung Isengart zu Felde ziehen. Als Knappe von König Théoden reitet Merry mit den Rohirrim nach Minas Tirith und überwindet bei der Schlacht auf den Pelennor-Feldern gemeinsam mit Éowyn den Schwarzen Heermeister, den Anführer der Nazgûl. Für diese Tat wird er später zum Ritter geschlagen. Bei der Befreiung des Auenlandes ist Merry einer der Anführer in der Schlacht von Wasserau.

Nach dem Tod seines Vaters wird er zum Herrn von Bockland und geht wegen der vielen großartigen Feste, die er gibt, als „Meriadoc der Prächtige" in die Annalen der Hobbits ein. König Elessar ernennt ihn schließlich zum Ratsherrn des Nördlichen Königreichs. Im hohen Alter geht Merry noch einmal mit Pippin auf die Reise, um Edoras zu besuchen und Abschied von seinem alten Freund Éomer zu nehmen. Die letzten Jahre seines Lebens verbringt Merry in Gondor, wo er als gelehrter Hobbit verschiedene Schriften über die Wissenschaften des Auenlandes verfasst, darunter „Die Kräuterkunde des Auenlandes" und „Die Jahreszählung".

Minas Tirith

Im 17. Jahrhundert des Dritten Zeitalters, mit dem Niedergang von Osgiliath, wird die Stadt Minas Anor („Turm der Sonne") zur Hauptstadt des Königreichs Gondor. Im Jahre 2002, nach der Eroberung seiner Schwesterstadt Minas Ithil („Turm des Mondes") durch die Nazgûl und deren Umbenennung in Minas Morgul („Turm der Geister"), erhält auch Minas Anor einen neuen, seinen heutigen Namen und wird zu Minas Tirith („Turm der Wache").

Die Stadt ist in sieben Stufen auf einem Vorsprung des Berges Mindolluin erbaut. Jede Stufe ist mit einer Mauer aus hellem Gestein umgeben. Die siebente Stufe liegt 200 Meter über der Ebene des Pelennor. Dort steht Ecthelions Turm, der um das Jahr 1900 im Dritten Zeitalter von König Calimehtar erbaut worden ist. Der untere Teil des Turms stellt den „Palast der Könige" dar.

In ihrer langen Geschichte vor dem Ringkrieg wurde die Stadt zwar weder erobert noch belagert, da Minas Tirith jedoch fortwährend unter Bevölkerungsschwund litt, ist die Stadt so gut wie verlassen, als Saurons Heere schließlich aufmarschieren.

Mordor

Mordor, das „schwarze Land" im Südosten von Mittelerde, ist Saurons Hoheitsgebiet, wo er vom Jahr 1000 des Zweiten Zeitalters an seine Kräfte sammelt. Im Norden, Westen und Süden ist es von steil aufragenden Bergketten umschlossen, während die öden Ebenen von Gorgoroth im Nordwesten das Machtzentrum des Landes darstellen. Die wichtigsten militärischen Anlagen befinden sich allerdings bei Minas Morgul und im Tal von Udûn. Auf einem Vorsprung des Aschengebirges ragt Barad-dûr auf, Saurons Festung, die der „Abscheuliche" so gut wie nie verlässt. Dies ist der Teil von Mordor, den Frodo Beutlin und sein Freund und Gefährte Sam Gamdschie auf ihrem Marsch zum Schicksalsberg durchqueren.

Der Nordosten Mordors ist ein karges Steppenland, das den Namen Lithlad („Aschenfeld") trägt, während der Süden Mordors dazu dient, Saurons Armeen mit Nahrungsmitteln zu versorgen. Auf riesigen Plantagen rund um das Núrnen-Meer schuften versklavte Menschen unter der Aufsicht von Orks. Nach Saurons Niederlage im Ringkrieg bringt König Elessar (Aragorn) diesen Sklaven die Freiheit und überlässt ihnen das Land, damit sie sich hier eine Zukunft aufbauen können.

Bewohner im herkömmlichen Sinn hat Mordor kaum; es dient vielmehr als Heerlager, in dem Menschen, Orks und kriegstaugliches Getier aus allen Winkeln von Mittelerde zusammengezogen, gedrillt und im Umgang mit neuartigen Waffen geschult werden. Die administrative Gewalt liegt in den Händen des Kommandanten von Barad-dûr. Sauron selbst und die Nazgûl stehen über allen Gesetzen, doch mit der Vernichtung des Herrscherringes schwindet Saurons Macht und Barad-dûr unter. Allerdings weiß man, dass manche von Saurons Getreuen dem Niedergang des Reiches entkamen und auch den von Gondor durchgeführten „Säuberungsmaßnahmen" entgingen. Wo sich diese Flüchtlinge jedoch versteckt halten, ist ungewiss.

Moria

Moria ist eine uralte Zwergenstadt unter dem Nebelgebirge. Ursprünglich hieß sie Khazad-dûm, was in der Sprache der Zwerge schlicht „Zwergenbinge" bedeutet. Schon Durin, der sagenhafte Vorvater der Zwerge, soll in den Höhlen oberhalb des Schattenbachtals seinen Wohnsitz gehabt haben. Im Laufe der Jahrtausende breitete sich Moria in vielen übereinander liegenden Schichten fast über das gesamte Massiv der Berge Barazinbar, Zirak-Zigil und Bundushathûr aus. Ihren Höhepunkt erreicht die Stadt im Zweiten Zeitalter, als sich viele Zwerge aus den zerstörten Orten Nogrod und Belegost hierher zurückziehen. Große Bedeutung erlangt Moria auch deshalb, weil hier Mithril abgebaut wird, ein Metall, das nirgendwo anders in Mittelerde zu finden ist und von den großen Schmieden der Noldor (Tief-Elben) hoch geschätzt wird. Inwieweit die Zwerge zu dieser Zeit mit Sauron in Berührung kommen, ist unbekannt; allerdings besitzt König Durin III. einen der Sieben Ringe der Macht. Im Jahre 1697, während Sauron gegen die Elben kämpft und ganze Landstriche verwüstet werden, verschließen die Zwerge die Tore von Khazad-dûm und verschwinden einfach aus dem Weltgeschehen.

Im Dritten Zeitalter dringen die Zwerge auf der Suche nach Mithril immer tiefer in den Berg ein und stoßen dabei auf einen Balrog, der sich hier jahrhundertelang verborgen hielt. Nachdem König Durin VI. und sein Sohn Náin I. von dem Ungetüm getötet worden sind, flüchten die Zwerge, und das verlassene Moria wird von Saurons Geschöpfen bevölkert. Zweimal versuchen die Zwerge später, in ihre Stadt zurückzukehren, doch beide Versuche schlagen unter verheerenden Verlusten fehl, sodass Moria in Saurons Händen bleibt, bis 3019 die Gemeinschaft des Ringes die unterirdischen Hallen durchquert und es auf der Brücke am Osttor zum Zweikampf zwischen Gandalf und dem Balrog kommt. Danach ist Moria zwar wieder frei, wird von den Zwergen aber nie wieder zurückgefordert.

Nazgûl

Die Nazgûl sind neun mysteriöse Reiter mit schwarzen Pferden, die schwarze Mäntel tragen und ihre Gesichter unter schwarzen Kapuzen verbergen, sodass manche bezweifeln, dass sie unter dem Stoff überhaupt einen physischen Körper besitzen. Obwohl sie nicht unverwundbar sind, fügen gewöhnliche Schwerter ihnen keinen Schaden zu.

Ihre größte Schwachstelle ist, dass sie direkt mit Saurons Willen verbunden sind. Als das Heer von Ar-Pharazôn gegen Ende des Zweiten Zeitalters den Dunklen Herrscher in die Defensive treibt, versagt auch den Ringgeistern der Mut, und als ihr Meister nach dem Krieg gegen das Letzte Bündnis für 1000 Jahre untertauchen muss, lassen sich die Nazgûl ebenfalls nirgendwo blicken.

Die Nazgûl haben die Neun Ringe der Macht getragen, die Sauron einst an die Menschen verteilt hatte. Ihr Oberster ist der Schwarze Heermeister, größer als die anderen Ringgeister und eine Krone auf seinem Helm tragend. Drei der Nazgûl sollen früher Fürsten aus edlem númenórischen Geschlecht gewesen sein, bevor die Ringe der Macht sie zu Schatten machten.

Ihr Hauptquartier ist die Stadt Minas Morgul, die sie im Jahre 2002 des Dritten Zeitalters erobert haben. Von dort aus bereiten sie Saurons Rückkehr vor. Als der Meister-Ring zerstört wird, ist dies gleichzeitig auch das Ende der Nazgûl, die wie Sternschnuppen am Nachthimmel verglühen.

Orks

Von allen Völkern Mittelerdes sind die Orks dasjenige, das allgemein am meisten verachtet wird; selbst ihre Verbündeten

gehen den Orks aus dem Weg. Niemand hat Mitleid mit ihnen, und die Elben, Menschen und Zwerge vernichten sie, wo sie nur können. Die Weisen von Eressea glauben, Orks seien zu Beginn des Ersten Zeitalters von Melkor aus verwilderten Dunkel-Elben gezüchtet worden, doch das sind bloß Legenden. Mit Sicherheit kann niemand sagen, woher die Orks ursprünglich gekommen sind.

Orks sind kleinwüchsig, von dunkler Hautfarbe und besitzen Schlitzaugen, Schnüffelnasen und Mäuler voller Reißzähne. Sie hassen alles Schöne. Da das Sonnenlicht sie schwächt, hausen sie in unterirdischen Höhlen und Stollen. Sie kennen weder Kultur noch Hygiene und sind im Allgemeinen zänkisch und aufmüpfig, doch sobald jemand ihnen gegenüber einen ausreichend harten, befehlenden Ton anschlägt, gehorchen sie blind. Die Orks bilden daher Saurons Hauptstreitmacht.

Die wenigsten von ihnen sind uns namentlich bekannt, aber die Rasse lässt sich in zwei verschiedene Arten unterteilen: die Snaga und die Uruk-hai. Die Snaga sind kleinere Orks und stammen von den ältesten Orkrassen des Ersten Zeitalters ab. Seit der Vernichtung des Reiches von Angmar und dem Rachefeldzug der Zwerge haben die Snagas schwere Zeiten durchgemacht, doch sie vermehren sich schneller als ihre Feinde sie töten können. Sie stellen den Großteil der Fußtruppen und der Wolfsreiter in den Heeren von Mordor. Die Uruk-hai hingegen sind groß gewachsene Kampforks, die Sauron im Dritten Zeitalter gezüchtet hat. Sie sind fast so groß wie Menschen, flink, ausdauernd und unempfindlich gegen Sonnenlicht. Viele Orkvölker der niederen Rassen werden von einer Uruk-Kaste beherrscht. Im Ringkrieg setzen aber sowohl Saruman als auch Sauron ganze Uruk-Einheiten ein, die im Kampf gnadenlos alles niedermachen, was ihnen in die Quere kommt.

Peregrin „Pippin" Tuk

Peregrin Tuk, von seinen Freunden schlicht Pippin genannt, ist der Sohn des Thain Paladin Tuk und der jüngste der Hobbits, die Frodo auf seiner Reise zum Schicksalsberg begleiten. Als die Ringgemeinschaft bei den Rauros-Fällen zerfällt, gerät Pippin zusammen mit seinem Vetter Merry in die Gefangenschaft der Orks und wird von ihnen verschleppt. Erst am Rande des Waldes Fangorn gelingt es ihnen, sich zu befreien.

Später gerät Pippin „dank" Gríma Schlangenzunge unter den Einfluss des Lidlosen Auges. Um zu verhindern, dass er sich oder anderen durch seine Neugierde Schaden zufügt, nimmt Gandalf ihn mit nach Minas Tirith, wo Pippin in den Dienst des Truchsessen Denethor tritt. Er nimmt an der Schlacht vor dem Morannon teil und wird nach dem Sieg zum Ritter von Gondor geschlagen. Bei der Befreiung des Auenlandes ist es Pippin, der die Tuk-Hobbits aus Buckelstadt und den Grünbergen zu Hilfe holt. Nachdem er von König Elessar zum Ratsherrn des Nördlichen Königreichs ernannt worden ist, reitet Pippin im Jahre 1464 der Auenlandzeitrechnung mit Merry nach Süden. Er lässt sich in Gondor nieder, wo er die letzten Jahre seines Lebens in Frieden verbringt.

Ringe der Macht

In den ersten Jahrhunderten des Zweiten Zeitalters wanderte in Mittelerde ein rätselhafter Geselle namens Annatar umher, der sich bei den freien Völkern bald großer Beliebtheit erfreute, da er mit Ratschlägen und Reichtümern nicht geizte. Die Noldor (Tief-Elben) von Eregion nahmen begierig seine Kenntnisse in der magischen Schmiedekunst auf. So stellten die Juwelenschmiede des Volkes, allen voran Feanors Enkel Celebrimbor, eine Reihe von Ringen aus Gold oder Mithril her, die verschiedene magische Eigenschaften besaßen. Und obwohl die Ringe für ihre Besitzer viel Gutes bewirkten, brachten sie doch auch großes Unglück, denn Annatar war niemand anderes als Sauron, Melkors mächtigster Diener. Heimlich hatte er sich einen Meister-Ring geschmiedet, dem alle anderen Ringe untertan sein sollten.

Sauron forderte alle Ringe für sich, aber Celebrimbor gelang es, zumindest die drei Elbenringe Vilya, Nenya und Narya in Sicherheit zu bringen. Im Zweiten Zeitalter verteilte Sauron die Ringe, die er besaß, unter den Zwergen- und Menschenfürsten, die er unter seine Kontrolle bringen wollte. Er gab den Menschen neun Ringe, deren Träger zu Königen, Magiern und Feldherren wurden. Sie lebten sehr lange, doch der verderbliche Einfluss der Ringe ließ sie nach und nach zu den Ringgeistern werden.

Später, im Dritten Zeitalter, nachdem Sauron den Meister-Ring verloren hat, ist er bemüht, die Ringe wieder in seinen Besitz zu bringen, da sie gegen ihn verwendet werden können,

sollte der Eine Ring seinen Feinden in die Hände fallen. Die neun Ringträger der Menschen verführt er, drei der sieben Zwergenringe kann er ebenfalls erringen – der Rest ist vom Drachenfeuer vernichtet worden. Allein die drei Elbenringe bleiben ihm verwehrt. Doch alle Macht der Ringe ist dahin, als der Eine Ring im Schicksalsberg zerstört wird.

Ringkrieg

Als Ringkrieg bezeichnet man den großen Krieg gegen Ende des Dritten Zeitalters, in dem Sauron am Ende besiegt und Barad-dûr zerstört wird. Der Zauberer Gandalf hegt den Verdacht, dass Sauron den Krieg nur deshalb vom Zaun bricht, um seine Feinde zu überwältigen, ehe sie sich darüber einigen können, wie sie mit dem Meister-Ring, der sich in ihrem Besitz befindet, verfahren sollen. Um Sauron von ihrem Plan, den Einen Ring zu vernichten abzulenken, suchen die Verbündeten unter der Führung von Gandalf und Aragorn den Kampf mit dem Dunklen Herrscher.

Die wichtigsten Ereignisse des Ringkrieges sind der Angriff zweier großer Heere aus Udûn und Minas Morgul auf Anórien und den Pelennor, die Attacken von Dol Guldur auf Lórien, die stets zurückgeschlagen werden können, und die Schlacht von Thal, bei der König Brand und Dáin Eisenfuß beim Sturm der Ostlinge auf Rhûn ihr Leben lassen.

Die Vernichtung des Herrscherringes sorgt dafür, dass die Völker des Westens die Oberhand gewinnen und Sauron letztlich besiegen. Saurons Reich Mordor zerfällt und die Wiederherstellung des Vereinigten Königreichs von Arnor und Gondor bringt Mittelerde endlich den Frieden.

Rohirrim

Die Rohirrim, in der Sprache von Gondor bedeutet dies „Herren der Pferde" sind ein Reitervolk aus dem Norden Mittelerdes.

Einst kamen sie unter ihrem König Eorl dem Jungen dem bedrängten Heer von Gondor auf den Feldern von Celebrant gegen die Orks zu Hilfe, seitdem bewohnen sie Rohan, die Riddermark, eine selbstständige Provinz im Norden Gondors.

Die Rohirrim sind ein edles Volk. Ihr blondes Haar flechten sie meist zu Zöpfen, zum Schutze tragen sie schimmernde Harnische und Kettenhemden und ihre Waffen, Schwerter und Speere sind stets reich verziert. Schon von weitem kann man ihre grünen Schilde mit der goldenen Sonne und ihre Banner mit dem weißen Pferd erkennen. Die Pferde der Rohirrim gehören zu den besten in Mittelerde. Sie gehören der Rasse der Mearas an, die der Legende nach der Linie von Nahar, dem Ross der gottgleichen Vala Orome, abstammen.

In den Ausläufern des Weißen Gebirges liegt die Hauptstadt des Volkes der Rohirrim, Edoras. Hier findet sich auch der Königshof von Eorls Geschlecht, die Halle Meduseld, die berühmt ist für ihr goldenes Dach, das sich über den Thronsaal spannt. In ihr residiert erst Eorl, später der berühmte Anführer Helm Hammerhand, dessen Tapferkeit und Stärke weit über die Grenzen Rohans gerühmt und gefürchtet sind. Mit seinem Tod ging die erste Linie der Könige der Rohirrim zuende. Während des Ringkriegs ist Théoden, mit dessen Tod wenig später auf den Pelennor-Feldern die zweite Königslinie endet, der Herrscher über die Rohirrim. Anfangs steht er unter dem Einfluss des bösen Zauberers Saruman, doch durch Gandalf und die Gefährten befreit, erhebt er sich ein letztes Mal und wird zur strahlenden Leitfigur seines Volkes in der Schlacht um die Hornburg und später bei der Belagerung von Minas Tirith. Nach seinem Tod durch den König der Ringgeister wird sein Schwestersohn Éomer der König über die Reiter von Rohan. Unter ihm verbünden sich die Rohirrim erneut mit dem neuen Königreich Gondor und garantieren durch Expeditionen in den Süden und Osten den dauerhaften Frieden des Vierten Zeitalters.

Sam Gamdschie

Samweis Gamdschie, genannt Sam, ist der Sohn von Bilbo Beutlins Gärtner Hamfast Gamdschie. Von Bilbo lernt Sam Lesen und Schreiben. Als er darum bittet, seinen Freund Frodo auf dessen Reise zum Schicksalsberg begleiten zu dürfen, so ist sein Beweggrund dafür, dass er unbedingt Elben sehen will, von denen er schon so viel gehört hat.

Als einziger der neun Gefährten begleitet Sam Frodo bis zum Schicksalsberg, nachdem er Frodo zuvor aus der Gefangenschaft im Turm von Cirith Ungol befreit hat. Sams Lebensdevise ist einfach: Er kämpft nicht für oder gegen jemand Bestimmtes, wie den Weißen Rat oder den Dunklen Herrscher, sondern immer nur für oder gegen die Dinge, die ihn direkt betreffen. Der Ringkrieg wird eigentlich über seinen Kopf hinweg geführt, ohne dass es ihn sonderlich kümmert.

Wie alle Hobbits ist auch Sam im Herzen ein friedliebender Geselle. Nach seiner Rückkehr aus Mordor heiratet er seine Jugendfreundin Rosie Hüttinger und bekommt mit ihr dreizehn Kinder. Anno 1427 Auenlandzeit wird Sam zum Bürgermeister von Hobbingen gewählt und sechsmal in diesem Amt bestätigt. König Elessar (Aragorn) ernennt ihn später, wie auch seine Freunde Merry und Pippin, zum Ratsherren des Nördlichen Königreiches. Nach dem Tod seiner Frau Rosie fährt Sam auf einem Elbenschiff in den Alten Westen, nachdem er seiner Tochter Elanor zuvor die von ihm vervollständigte Handschrift des „Roten Buchs der Westmark" übergeben hat.

Saruman

Saruman ist der erste der Zauberer, die um das Jahr 1000 des Dritten Zeitalters in Mittelerde erscheinen. Er gibt sich vor allem mit den Menschen ab und ist in Gondor hoch angesehen, wo er lange in den Archiven forscht. Viele Jahre ist Saruman loyal gegenüber Gondor und Rohan, bis er merkt, dass es mit der Suche nach dem Meister-Ring ernst wird. Von da an verfolgt er zwischen den Fronten seine eigenen Ziele.

Saruman errichtet die Feste Isengart und nimmt Orks und Dunländer in seine Dienste, die für ihn nach dem Ring suchen. Später gerät er unter den Einfluss Saurons. Saruman hofft noch immer, den Ring in seinen Besitz bringen zu können, und ist bereit, hierfür notfalls auch als Saurons Verbündeter und Vasall den Gang der Dinge zu lenken. Nach seiner Niederlage im Krieg mit Rohan wird Saruman von Gandalf aus dem Orden der Istari ausgestoßen. Auch seine Pläne, sich das Auenland zu unterwerfen, schlagen fehl.

Schließlich findet Saruman durch seinen Diener Gríma Schlangenzunge den Tod, der ihm wegen all der erlittenen Schmach und Erniedrigung auf der Schwelle von Beutelsend die Kehle durchschneidet. Dabei verliert Saruman seine leibliche Hülle. Doch auch sein Geist ist nicht mehr in den „Unsterblichen Landen" willkommen.

Sauron

Sauron, der Dunkle König, ist die Wurzel allen Übels. Weil er so abscheulich anzusehen ist, hält er sich im Turm von Barad-dûr verborgen und tritt nie persönlich in Erscheinung, sodass niemand weiß, wie er genau aussieht, und diejenigen, die es vielleicht wissen, schweigen. Nur sein Lidloses Auge, das ruhelos über die Lande schweift, wird manchmal sichtbar. Ähnlich wie später der Zauberer Saruman scheint Sauron um Zivilisation, Fortschritt und Aufklärung bemüht, und als er sich bereit zeigt, die Geheimnisse seiner Schmiedekunst preiszugeben, können nur noch so konservative Fürsten wie Círdan oder Galadriel ihm widerstehen.

Mit Saurons Hilfe schaffen die Schmiede von Ost-in-Edhil die Ringe der Macht, ohne zu ahnen, dass Sauron einen Meister-Ring für sich selbst angefertigt hat, der alle anderen kontrolliert. Um den Einen Ring zu schaffen, musste Sauron einen Großteil seiner dämonischen Energie opfern, die nun in dem Ring steckt und ihm an anderer Stelle fehlt. So erliegt Sauron zuerst in Eriador der vereinten Macht Gil-galads und der Númenórer, dann wird er von Gil-galad und Elendil im Kampf bezwungen und muss den Ring (mitsamt Finger) ebenso hergeben wie seine Gestalt. Bei allen offenen Kämpfen unterliegt er, sodass er lieber aus dem Dunkel heraus die Fäden zieht.

Nach dem Verlust des Meister-Ringes geistert Sauron eine Zeit lang als körperloser Schatten durch die Wildnis des Ostens, bis er schließlich die Festung Dol Guldur errichtet und mit Hilfe der Ringgeister die Suche nach dem Einen Ring aufnimmt. Von Gollum erfährt Sauron, dass der Ring sich bei einem gewissen Beutlin im Auenland befindet. Doch die Nazgûl verfehlen ihre Aufgabe, den Ring zu erbeuten, und so startet Sauron einen Krieg an allen Fronten, um seinen Feinden keine Zeit zu lassen, den Ring gegen ihn zu verwenden. Auf den Gedanken, dass sie versuchen könnten, den Ring zu vernichten, kommt er nicht.

Nach dem Sturz seiner Festung Barad-dûr am Ende des Ringkrieges erlischt Saurons Macht, er verschwindet in den Schatten und erscheint nie wieder in Mittelerde.

Schicksalsberg

Amon Amarth oder Schicksalsberg – so nannten die Dúnedain von Gondor den Orodruin, den „rotflammenden Berg" in Mordor, als er gegen Ende des Zweiten Zeitalters von neuem Rauchwolken auszustoßen begann, ein Zeichen dafür, dass Sauron zurückgekehrt war.

Der 1500 Meter hohe Vulkan steht in der Ebene von Gorgoroth, westlich von Saurons Festung Barad-dûr. Als Frodo und Sam den Berg erklimmen, kommen sie auf eine gepflasterte Straße, die von Barad-dûr zu den Feuerkammern führt, wo die Feuer des Vulkans aus den Felsspalten lodern. Hier hat Sauron einst den Meister-Ring geschmiedet und nur hier kann er wieder vernichtet werden. Saurons Macht über den Vulkan ist in den Ring eingeschlossen und als der Ring dem Feuer wiedergegeben wird, entlädt sich der Orodruin in einem gewaltigen Ausbruch, bei dem Barad-dûr zerstört wird und die Nazgûl am Himmel verglühen.

Smaug

Smaug der Goldene ist der größte der wenigen Feuerdrachen des Dritten Zeitalters. Mit seinen gewaltigen, fledermausartigen Flügeln vermag er sich hoch in die Luft zu schwingen, sein Körper wird durch einen undurchdringbaren Schuppenpanzer vor jedwedem Angriff geschützt. Sein Bauch jedoch, dessen weiches Fleisch ihn verwundbar machen würde, ist über und über mit Edelsteinen bedeckt, die im Laufe der Jahrhunderte, die er auf seinem Hort liegend verbracht hat, in die Haut eingewachsen sind. Dieser tausendfach schimmernde und glitzernde Schild hat Smaug seinen Beinamen „der Goldene" eingetragen.

Smaugs Herkunft ist unbekannt. Es ist möglich, dass er gemeinsam mit den anderen Feuerdrachen im späten Ersten Zeitalter in Angband geboren wurde. Mit Sicherheit lebte er im Grauen Gebirge, bevor er im Jahre 2770 des Dritten Zeitalters zum Einsamen Berg, dem Erebor, kommt, den Landstrich Thal verwüstet und die Zwerge aus ihrem Reich unter dem Berg vertreibt. Gut 170 Jahre räkelt er sich auf den Reichtümern der ehemaligen Bewohner des Erebor, bevor eine kleine Schar tapferer

Gesellen unter der Führung des Zwergenkönigs Thorin Eichenschild ihn aus seiner Trägheit reißt, indem sie ihm einen Teil seines Schatzes stiehlt. Von unbändiger Wut erfüllt erhebt sich der Drache und fällt über die nahe Seestadt Esgaroth her. Bei diesem letzten Angriff wird er jedoch durch Bard den Bogenschützen getroffen, der ihm einen zielgenauen Pfeil durch eine Lücke im Edelstein-Panzer schießt und das Untier damit zur Strecke bringt.

Théoden

Théoden, der 17. König von Rohan, folgt seinem Vater Thengel anno 2980 im Dritten Zeitalter mit gerade mal 32 Jahren auf den Thron. Sein engster Ratgeber Gríma Schlangenzunge, der heimlich mit Saruman paktiert, treibt ihn unter dem Vorwand, der König müsse seine Gesundheit schonen, in die frühzeitige Senilität. Erst Gandalfs Eingreifen reißt Théoden aus seiner Lethargie, und nach seiner Heilung macht Théoden als König eine ausgezeichnete Figur. Er führt das Heer der Rohirrim in die Schlachten bei der Hornburg und auf dem Pelennor, wo Théoden den Häuptling der Haradrim besiegt und dafür sorgt, dass das Banner von Rohan über der gesamten Nordhälfte des Pelennor weht. Dann jedoch wird Silbermähne, Théodens Pferd, von einem Pfeil getroffen. Das Tier stürzt und begräbt den König unter sich, der dabei schwerste innere Verletzungen davonträgt. Bevor er stirbt, verleiht Théoden seinem Bedauern Ausdruck, nie eine Pfeife mit dem Kraut der Halblinge geraucht zu haben. Da Théodens einziger Sohn Théodred einige Wochen zuvor an den Furten von Isen im Kampf gefallen ist, wird Théodens Neffe Éomer der neue König von Rohan.

Thorin Eichenschild

Eines Tages steht vor der Tür des Hobbits Bilbo Beutlin zusammen mit 12 Gefährten ein Zwerg namens Thorin Eichenschild, König des Volkes von Durin in der Verbannung, und heuert den verdutzten Hobbit als Meisterdieb an, um das Gold der Zwerge, das in ihrem „Reich unter dem Berg" im Erebor liegt, dem Drachen Smaug zu entreißen, der es ihnen einst geraubt hatte.

Thorin wird im Jahre 2746 des Dritten Zeitalters in den Höhlen des Erebor geboren. Er ist der Sohn von Thráin und der Enkel des amtierenden Zwergenkönigs Thrór. Er ist erst 24, als im Jahre 2770 die Zwerge von dem Drachen Smaug angegriffen und aus ihrem Reich vertrieben werden. In der Schlacht von Azanulbizar wird Thorin entwaffnet und verteidigt sich den Rest des Kampfes allein mit einem Eichenzweig. Daraufhin erhält er den Beinamen Eichenschild. Nach dem Tod seines Vaters während eines zum Scheitern verurteilten Versuches, zum Erebor zurückzukehren, wird er 2845 zu Thorin II, dem König der Zwerge in der Verbannung. Sein Volk lebt mittlerweile in einer Kolonie in den Blauen Bergen und harrt dort seiner Rückkehr in die angestammte Heimat. Fast ein Jahrhundert später, 2941, ist es dann schließlich soweit: Thorin zieht gemeinsam mit 12 treuen Gefolgsleuten und dem Hobbit Bilbo zum Erebor. Nach zahlreichen Abenteuern im Ne-

belgebirge und Düsterwald erreichen sie auch den Einsamen Berg und in einem Kampf wird Smaug getötet. Die Wiederherstellung des Zwergenreiches ist für Thorin allerdings nur von kurzer Dauer, denn in der nachfolgenden Schlacht der Fünf Heere wird er tödlich verwundet und stirbt wenig später in den befreiten Hallen seiner Ahnen.

Tom Bombadil

Der ewig fröhliche Tom Bombadil mit seiner blauen Jacke, den gelben Stiefeln und der blauen Feder am Hut wirkt stets wie eine zum Leben erwachte Kasperle-Figur. Tom liebt das Leben, frönt ausgiebig starken alkoholischen Getränken und wandert tagaus, tagein durch die Wälder. Über die Geschöpfe des Waldes weiß er bestens Bescheid, ebenso wie über viele Dinge, die das Auenland oder die Hobbits betreffen. Seine Frohnatur ist so stark, dass selbst die Macht des Herrscherringes ihm nichts anhaben kann: Als er den Ring an seinen Finger steckt, bleibt er dennoch sichtbar.

Am liebsten tanzt Tom durch die Gegend und trällert Nonsenslieder. Selbst die Weisen von Mittelerde wissen nicht genau, wer oder was er ist, und fragt man seine Gattin Goldbeere danach, bekommt man nur zur Antwort, er wäre „der Meister von Wald, Wasser und Berg". Elrond ist Tom in einem früheren Zeitalter begegnet, und bereits da war er uralt; manche sagten gar, es gab ihn schon immer. In seinem Wald besitzt Tom große Macht, doch Gandalf rät dem Weisen davon ab, ihn in den Kampf gegen Sauron zu ziehen. Würde man ihm den Einen Ring überlassen, damit er darauf aufpasse, würde er ihn wahrscheinlich bloß wegwerfen. Selbst heute noch ist Tom Bombadil in Mittelerde ein Mysterium.

Trolle

Diese humanoiden Monster treten in den unterschiedlichsten Arten auf – Bergtrolle, Höhlentrolle oder Steintrolle. Es sind große, schwerfällige Riesen, die nicht gerade vor Intelligenz strotzen, was sie zu vortrefflichen Dienern des Bösen macht, sind sie doch leicht zu beherrschen und leicht zu führen – leider allerdings auch leicht durch einen gewitzten Gegner zu überlisten. Die meisten dieser beschränkten Hünen können nicht einmal sprechen und die, die es doch tun, haben eine derbe Sprache. Im Kampf sind sie wild und töten ohne jeden Skrupel und oft auch ohne jeden Grund. Als Waffen benutzen sie Keulen aus großen Knochen, Holz oder Feuerstein. Meist leben sie alleine oder in kleinen Familienverbänden in Höhlen, in denen sie sinnlos Schätze ihrer vernichteten Feinde auftürmen. Beim ersten Tageslicht müssen sie sich in ihren Unterschlupfen verstecken, denn sonst werden sie wieder zu dem, woraus sie einst erschaffen wurden: zu leblosen, kalten Felsen.

Die Trolle wurden im Ersten Zeitalter der Sterne von Melkor in den Tiefen des Eisenkerkers Angband zum Leben erweckt. Es heißt, er habe sie erschaffen, um den Ents mit ebenbürtiger Kraft entgegentreten zu können.

Gegen Ende des Dritten Zeitalters züchtet der böse Herrscher Sauron eine ganz neue Art von Trollen. Es sind die Bergtrolle, die in der Schwarzen Sprache der Orks Olog-hai genannt werden. Sie sind schlauer und vertragen Tageslicht. Ihre Haut besteht aus harten, grünlichen Schuppen, ihre Füße haben keine Zehen und sie sind bei weitem nicht so plump wie ihre anderen Artgenossen. Einige von ihnen kämpfen sogar mit richtigen Waffen und Schilden. Sauron setzt sie im Krieg gegen die Menschen ein. Sie sind ihm sehr nützlich, da sie ohne größere Anstrengung die schwere Kriegsmaschinerie des Dunklen Herrschers zu ziehen vermögen. Obendrein ist es ihnen dank ihrer Ausdauer möglich, Tag und Nacht zu marschieren, wenn es sein muss.

Uruk-hai

Im Dritten Zeitalter züchtet Sauron eine neue, stärkere Rasse von Orks, genannt Uruk-hai oder kurz Uruks. Der Name stammt aus der Sprache der Orks und bedeutet schlicht und ergreifend „Ork-Rasse". Erstmalig erscheinen die fast menschengroßen, wilden Scheusale im Jahre 2475. Zu Scharen strömen sie aus den Toren von Mordor und Minas Morgul, erobern Ithilien und zerstören Osgiliath, die bedeutendste Stadt von Gondor.

Im Gegensatz zu den früheren Orks sind die Uruks stärker, ausdauernder und sie scheuen das Licht nicht. Sie sind schwarzhäutig, schwarzblütig und luchsäugig, mit großen Schwertern und Speeren bewaffnet und schützen sich durch Plattenrüstungen, Kettenhemden und starke Rundschilde. Ihre Fähigkeit zur raschen Vermehrung macht sie zu einem vortrefflichen Rückgrat von Saurons Armee. Auch Saruman erkennt ihr Potenzial und züchtet in Isengart seine eigenen Uruks. Sich selbst halten die Uruk-hai für etwas Besseres. Sie sind stolz auf ihre kämpferische Überlegenheit, und oft erheben sie sich zu Anführern von Rotten normaler Orks, die sie verächtlich „snaga" nennen, was in der Schwarzen Sprache „Sklave" bedeutet.

Zwerge

Die Zwerge sind ein Volk von Schmieden, Steinmetzen und Bergleuten, die meist in unterirdischen Bauten im Gebirge leben. Im Allgemeinen gelten sie als tüchtige Handwerker, tapfere Krieger und zuverlässige Verbündete, wenn sie auch sehr eigensinnig, aufdringlich und sogar habgierig sind. Sie lieben alles Schöne – solange es aus Metall, Kristall oder Gestein besteht –, legen aber dennoch wenig Wert auf ein gepflegtes Äußeres oder elegante Manieren.

Nach den Legenden der Elben wurden die Zwerge von dem Vala Aule erschaffen. Da Aule schwierige Zeiten auf Mittelerde zukommen sah, machte er die Zwerge klein, zäh und stark. Während die Elben der Ansicht sind, dass die Zwerge nach ihrem Tod wieder zu dem Stein werden, aus dem sie einst geschaffen wurden, glauben die Zwerge selbst, dass sie nach ihrem Ableben von Aule in Mandos' Hallen geführt werden.

Die Zwerge gliedern sich in sieben Stämme, von denen jeder einst einen eigenen König hatte. Der älteste und angesehenste davon ist Durin, der in der Zwergenstadt Khazad-dûm lebte. Obwohl Khazad-dûm seit jeher der Wohnsitz von Durins Volk war, wandern etliche Zwerge im Ersten Zeitalter weiter nach Westen und gründen hier die Städte Belegost und Nogrod, doch als ihre Heimatorte im Krieg zerstört werden, kehren viele der Überlebenden nach Khazad-dûm zurück. Um das Jahr 1980 des Dritten Zeitalters stoßen die Zwerge beim Abbau einer Mithril-Ader auf einen Balrog, der dort eingeschlossen lag und nun freikommt, um die Zwerge aus ihrer Stadt zu vertreiben.

Daraufhin verstreuen sich die Zwerge über die Gebirge im Norden, doch Edelmetalle finden sich dort nur spärlich, und das kostbare Mithril ist an keinem Ort Mittelerdes außer Khazad-dûm zu finden, das nun Moria genannt wird – der „Dunkle Abgrund". Die Zwerge unternehmen deshalb mehrere Versuche, Moria zurückzuerobern, aber selbst nach ihrem Sieg über die Orks in der Schlacht vom Schattenbachtal müssen sie vor dem Balrog das Feld räumen. Sauron versucht, sich die Zwergenkönige dadurch gefügig zu machen, dass er jedem von ihnen einen der Ringe der Macht überlässt. Doch gegen die legendäre Dickköpfigkeit der Zwerge kommen selbst seine magischen Kräfte nicht an – ganz im Gegenteil.

Zusammen mit den Wald-Elben und den Menschen von Thal besiegen die Zwerge Saurons Ork-Armee in der Schlacht der fünf Heere, und unter König Dáin Eisenfuß kämpfen sie im Ringkrieg erfolgreich gegen die mit Sauron verbündeten Ostlinge. Ähnlich wie die Elben sind auch die Zwerge im Dritten Zeitalter ein schwindendes Volk, da es zunehmend weniger Frauen als Männer gibt – wenngleich man als Außenstehender kaum im Stande ist, bei den Zwergen die Geschlechter zu unterscheiden. Frauen wie Männer haben Bärte, ihre Körper werden unter dicken Lagen Kleidung vollständig verdeckt und zudem sind Zwerge bezüglich ihres Geschlechts nicht sehr gesprächig. Überhaupt halten die Zwerge sich Fremden gegenüber stets sehr bedeckt, was so weit geht, dass sie sogar ihre Sprache, das Khuzdul, vor anderen Völkern geheim halten, sodass unser Wissen über diese Rasse allein auf den Überlieferungen der anderen Völker von Mittelerde basiert.

Gimli

Danksagung

Ich danke allen Crewmitgliedern und Schauspielern,
die mit ihren ausführlichen und spannenden Berichten vom Set
dieses SPACE VIEW-Special erst möglich gemacht haben,
allen voran John Forde von E!Online und Darsteller Ian McKellen
für ihre umfangreichen Schilderungen der Dreharbeiten.
Sehr hilfreich bei meinen Recherchen waren auch der
Kinowelt Filmverleih, Ain't It Cool News, Der Spiegel,
New Line Cinema, The Internet Movie Database und Klett-Cotta.

Weiterhin danke ich J.R.R. Tolkien für sein Lebenswerk,
das mich und Millionen anderer Leser immer wieder in eine faszinierende
und wunderbare Welt entführt, und Peter Jackson für sein gewaltiges,
mutiges Vorhaben, dieses Werk auf die Leinwand zu bringen.

Stefan Servos

PHANTASTISCHE HIGHLIGHTS
von HEEL

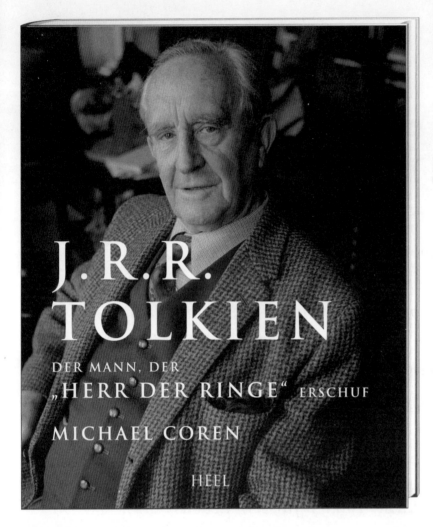

Michael Coren
J.R.R. Tolkien –
Der Mann der „Herr der Ringe" erschuf
136 Seiten, über 20 s/w-Abbildungen,
197 x 235 mm, gebunden mit Schutzumschlag
EUR (D) 20,-/DM 39,12
ISBN 3-89880-038-5

J.R.R. Tolkien, der Schöpfer von „Der kleine Hobbit" und der „Herr der Ringe"-Trilogie, gehört zu den beliebtesten Schriftstellern unserer Zeit. Noch immer werden seine Werke von Millionen Fans verschlungen. In dieser bezaubernden, liebevoll bebilderten Biographie zeichnet Autor Michael Coren das bewegte Leben des Mannes hinter dem Mythos nach: Seine ersten Lebensjahre in Südafrika, der tragische frühe Tod seiner Eltern, Tolkiens Kindheit in England, seine große Liebe Edith und seine Kinder. Lesen Sie über Tolkiens Jahre an der Universität Oxford, seinen literarischen Durchbruch und lernen Sie den Mann kennen, der über 50 Millionen Leser verzauberte!

Thomas Höhl / Peter Osteried
SPACE VIEW-Special
Kultserien:
Ally McBeal, Die 4. Staffel
160 Seiten, ca. 200 farbige Abbildungen, 210 x 297 mm, broschiert
EUR (D) 14,80 / DM 28,95
ISBN 3-89880-018-0

Peter Osteried
SPACE VIEW-Special
Vampirserien:
Buffy & Angel
112 Seiten, ca. 100 teils farbige Fotos, 210 x 280 mm, broschiert
EUR (D) 11,50/DM 22,50
ISBN 3-89365-880-7

Klaus Michels / Berit Lempe
SPACE VIEW-Special
Internetguide:
Harry Potter
96 Seiten, über 50 farbige Fotos, 210 x 280 mm, broschiert
EUR (D) 10,-/DM 19,55
ISBN 3-89365-902-1

Tony Reeves
Der große Film-Reiseführer
1500 Schauplätze des internationalen Films
ca. 415 Seiten, ca. 1000 teils farbige Abbildungen, 149 x 225 mm, broschiert,
ca. EUR (D) 25,50/DM 49,87
ISBN 3-89880-022-9

SPACE-ABO

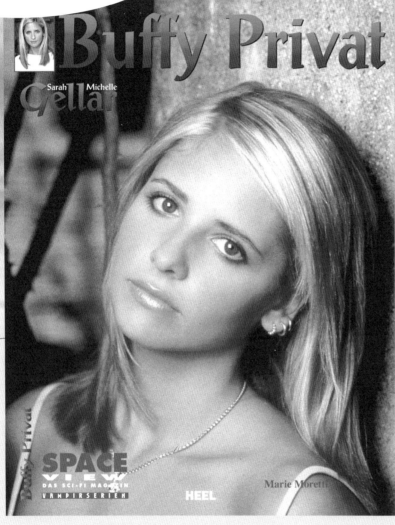